悦读丛书

浙江省社科普及全额资助项目

浙江省社科规划重点课题

——12ZD15——

浙江省社科规划一般课题

——13KPCB07YB——

依法纳税 合理节税

——个人涉税政策解读

林松池 著

浙江工商大学出版社
ZHEJIANG GONGSHANG UNIVERSITY PRESS

图书在版编目(CIP)数据

依法纳税，合理节税 ：个人涉税政策解读 / 林松池著. —杭州 ：浙江工商大学出版社，2014.6

ISBN 978-7-5178-0497-0

Ⅰ.①依… Ⅱ.①林… Ⅲ.①个人所得税－税法－基本知识－中国 Ⅳ.①D922.222

中国版本图书馆 CIP 数据核字(2014)第 109672 号

依法纳税，合理节税

——个人涉税政策解读

林松池 著

责任编辑 余宇炜 任晓燕
责任校对 傅 恒
封面设计 王好驰
责任印制 包建辉
出版发行 浙江工商大学出版社
(杭州市教工路 198 号 邮政编码 310012)
(E-mail:zjgsupress@163.com)
(网址:http://www.zjgsupress.com)
电话:0571-88904980,88831806(传真)
排 版 杭州朝曦图文设计有限公司
印 刷 杭州五象印务有限公司
开 本 710mm×1000mm 1/16
印 张 14
字 数 244 千
版 印 次 2014 年 6 月第 1 版 2014 年 6 月第 1 次印刷
书 号 ISBN 978-7-5178-0497-0
定 价 33.80 元

浙江工商大学出版社营销部邮购电话 0571-88904970

前　言

每个人在日常生活中都会面临税收问题。作为员工,需要面对工资、奖金、社会保险、住房补贴、差旅费、话费补贴、餐费、偶然所得、捐赠以及股票期权等个税事项。作为非员工,需要面对股息红利投资、经营利润、劳动报酬、财产转让、著作权、专利权等个税、营业税事项。个人购置车辆会涉及车辆购置税、增值税、消费税、车船税事项,个人买卖、租赁房产会涉及营业税、印花税、契税、土地增值税、城镇土地使用税、房产税事项,税是每个人都绕不开的话题。对于普通读者来说,税纷繁复杂,迫切需要一本系统介绍最新个人涉税业务政策解读的著作,能轻松应付日常经营活动的涉税事项。

本书以个人日常经营涉税业务为主线,从政策分析和纳税操作的角度,通过案例分析、疑难解答等方法,深入细致地探讨了最新个人涉税政策及纳税操作技巧。首先,告诉读者应该交什么税,交多少的问题;其次,介绍现行的税收优惠政策,税收筹划方法,告诉读者如何在不违反法律的前提下,尽可能地减轻税负,获得最大收益。

CONTENTS | 目录

第一章　税收基础

第一节　认识税收和税法

一、税收和税法的定义

(一)税收的概念及其特征

1. 税收的概念

税收是国家为实现其职能的需要,凭借政治权力,按照法律规定,参与国民收入分配和再分配,强制、无偿地征取财政收入的一种分配形式。

2. 税收的特征

(1)强制性。指国家以社会管理者的身份,用法律、法规等形式对征收课税加以规定,并依照法律强制征税。

(2)无偿性。指国家征税后,税款即成为财政收入,不再归还纳税人,也不支付任何报酬。

(3)固定性。指在征税之前,以法的形式预先规定了课税对象、课税额度和课税方法等。

(二)税法的定义

税法是国家凭借其权力,利用税收工具的强制性、无偿性、固定性的特征参与社会产品和国民收入分配的法律规范的总称。

税法与税收密不可分,税法是税收的法律表现形式,税收则是税法所确定的具体内容。

二、税收法律关系

(一)税收法律关系的构成

税收法律关系在总体上与其他法律关系一样，也是由权利主体、客体和法律关系内容3方面构成的。

1. 权利主体

权利主体即税收法律关系中享有权利和承担义务的当事人。在我国税收法律关系中，权利主体一方是代表国家行使征税职责的国家税务机关，包括国家各级税务机关、海关和财政机关，另一方是履行纳税义务的人，包括法人、自然人和其他组织，在华的外国企业、组织、外籍人、无国籍人，以及在华虽然没有机构、场所但有所得来源于中国境内的外国企业或组织。这种对税收法律关系中权利主体另一方的确定，在我国采取的是属地兼属人的原则。

2. 权利客体

权利客体即税收法律关系主体的权利、义务所共同指向的对象，也就是征税对象。例如，所得税法律关系客体就是生产经营所得和其他所得，财产税法律关系客体即是财产，流转税法律关系客体就是货物销售收入或劳务收入。

3. 税收法律关系的内容

税收法律关系的内容就是权利主体所享有的权利和所应承担的义务，这是税收法律关系中最实质的东西，也是税法的灵魂。它规定权利主体可以有什么行为，不可以有什么行为，若违反了这些规定，须承担相应的法律责任。

【例1-1】 税收法律关系中最实质的东西是(　　)。

A. 权利主体　　B. 权利客体

C. 税收法律关系的内容　　D. 税收立法权

【答案】 C

(二)税收法律关系的产生、变更与消灭

税法是引起税收法律关系的前提条件，但税法本身并不能产生具体的税收法律关系。税收法律关系的产生、变更和消灭必须有能够引起税收法律关系产生、变更或消灭的客观情况，也就是由税收法律事实来决定。这种税收法律事实，一般指税务机关依法征税的行为和纳税人的经济活动行为，发生这种行为才能产生、变更或消灭税收法律关系。例如纳税人开业经营即产生税收法律关系，纳税人转业或停业就造成税收法律关系的变更或消灭。

三、税法的作用

由于税法调整的对象涉及社会经济活动的各个方面，与国家的整体利益及企业、单位、个人的直接利益有着密切的关系，并且在建立和发展我国社会主义市场经济体制中，国家将通过制定实施税法加强对国民经济的宏观调控，因此，税法的地位越来越重要。我国税法的重要作用主要有这样几方面：

（一）税法是国家组织财政收入的法律保障

为了维护国家机器的正常运转以及促进国民经济健康发展，必须筹集大量的资金，即国家组织财政收入。为了保证税收组织财政收入职能的发挥，必须通过制定税法，以法律的形式确定企业、单位和个人履行纳税义务的具体项目、数额和纳税程序，惩治偷逃税款的行为，防止税款流失，保证国家依法征税，及时足额地取得税收收入。

（二）税法是国家宏观调控经济的法律手段

我国建立和发展社会主义市场经济体制，一个重要的改革目标，就是从过去国家习惯于用行政手段直接管理经济，向主要运用法律、经济的手段宏观调控经济转变。税收作为国家宏观调控的重要手段，通过制定税法，以法律的形式确定国家与纳税人之间的利益分配关系，调节社会成员的收入水平，调整产业结构和社会资源的优化配置，使之符合国家的宏观经济政策；同时，以法律的平等原则，公平经营单位和个人的税收负担，鼓励平等竞争，为市场经济的发展创造良好的条件。

（三）税法对维护经济秩序有重要的作用

由于税法的贯彻执行，涉及从事生产经营活动的每个单位和个人，一切经营单位和个人通过办理税务登记、建账建制、纳税申报，其各项经营活动都将纳入税法的规范制约和管理范围，都将较全面地反映出纳税人的生产经营情况。这样税法就确定了一个规范有效的纳税秩序和经济秩序，监督经营单位和个人依法经营，加强经济核算，提高经营管理水平；同时，税务机关按照税法规定对纳税人进行税务检查，严肃查处偷逃税款及其他违反税法规定的行为，也将有效地打击各种违法经营活动，为国民经济的健康发展创造一个良好、稳定的经济秩序。

（四）税法能有效地保护纳税人的合法权益

由于国家征税直接涉及纳税人的切身利益，如果税务机关随意征税，就会侵犯纳税人的合法权益，影响纳税人的正常经营，这是法律所不允许的。

因此，税法在确定税务机关征税权力和纳税人履行纳税义务的同时，相应规定了税务机关必尽的义务和纳税人享有的权利，同时税法还严格规定了对税务机关执法行为的监督制约制度。税法不仅是税务机关征税的法律依据，同时也是纳税人保护自身合法权益的重要法律依据。

（五）税法是维护国家权益、促进国际经济交往的可靠保证

在国际经济交往中，任何国家对在本国境内从事生产、经营的外国企业或个人都拥有税收管辖权，这是国家权益的具体体现。我国自 1979 年实行对外开放以来。在平等互利的基础上，不断扩大和发展同各国、各地区的经济交流与合作，利用外资、引进技术的规模、渠道和形式都有了很大发展。我国在建立和完善涉外税法的同时，还同 80 多个国家签订了避免双重征税的协定。这些简洁规定既维护了国家的权益，又为鼓励外商投资，保护国外企业或个人在华的合法经营，发展国家间平等互利的经济技术合作关系提供了可靠的法律保障。

第二节　税法要素

税法的构成要素一般包括总则、纳税义务人、征税对象、税目、税率、纳税环节、纳税期限、纳税地点、减税免税、罚则、附则等项目，如表 1-1 所示。

表 1-1　税法构成要素一览表

要　素	内　容	举　例
1　总则	主要包括立法依据、立法目的、适用原则等	
2　纳税义务人（纳税主体）	一切履行纳税义务的法人、自然人及其他组织	纳税人应当与负税人进行区别。两者有时可能相同，有时不尽相同，负税人是经济学中的概念，即税收的实际负担者，而纳税人是法律用语，即依法缴纳税收的人。税法只规定纳税人，不规定负税人
3　征税对象	税收法律关系中征纳双方权利义务所指向的物或行为。这是区分不同税种的主要标志，我国现行税收法律、法规都有自己特定的征税对象	个人所得税的征税对象是个人应税所得，增值税的征税对象是商品或劳务在生产和流通过程中的增值额
4　税目	各个税种所规定的具体征税项目	个人所得税具体规定了工资薪金等 11 个税目

续 表

要 素	内 容	举 例
5 税率	应纳税额与征税对象之间的比率，是计算应纳税额的尺度，反映了征税的程度；税率是税法的核心要素，是衡量纳税人税负轻重是否适当的标志	
	比例税率。即对同一征税对象，不分数额大小，规定相同的征收比例	增值税、营业税、城市维护建设税、企业所得税
	超额累进税率。即把征税对象按数额的大小分成若干等级，每等级规定一个税率，税率依次提高，但每一纳税人的征税对象则依所属等级同时适用几个税率分别计算，将计算结果相加后得出应纳税款	个人所得税的部分税目
	定额税率。即按征税对象确定的计算单位，直接规定一个固定的税额	资源税、车船税、城镇土地使用税
	超率累进税率。即以征税对象数额的相对率划分若干级距，分别规定相应的差别税率，相对率每超过一个级距的，对超过的部分就按高一级的税率计算征税	土地增值税
6 纳税环节	征税对象在从生产到消费的流转过程中应当缴纳税款的环节	如流转税在生产和流通环节纳税、所得税在分配环节纳税
7 纳税期限	纳税主体向税务机关缴纳税款的具体时间。纳税期限是衡量征纳双方是否按时行使征税权力和履行纳税义务的尺度，是税收的强制性和固定性特征在时间上的体现	营业税的纳税期限，分别为 5 日、10 日、15 日或者 1 个月
8 纳税地点	根据各个税种纳税对象的纳税环节和有利于对税款的源泉控制而规定的纳税人（包括代征、代扣、代缴义务人）的具体纳税地点	机构所在地纳税、经营行为发生地纳税、总机构汇总纳税
9 减税、免税	对某些纳税人和征税对象采取减少征税或者免予征税的特殊规定	个人所得税“工资薪金所得”税目规定了 3 500 元的免征额，外籍人员等可再减 1 300 元
10 罚则	对纳税人违反税法的行为采取的处罚措施	罚款、罚金、滞纳金、刑事责任
11 附则	与该法紧密相关的内容	解释权、生效时间

【例 1-2】 比例税率是指（　　）。

A. 对不同征税对象或不同税目，不论数额大小只规定一个比例的税率，税

额与课税对象成正比关系

B. 对同一征税对象或同一税目，不论数额大小只规定一个比例的税率，税额与课税对象成反比关系

C. 对同一征税对象或同一税目，不论数额大小只规定一个比例的税率，税额与课税对象成正比关系

D. 对同一征税对象或同一税目，不论数额大小只规定一个比例的税率，税额与课税对象成反比关系

【答案】 C

【例 1-3】 比较全额累进税率和超额累进税率，税率表如表 1-2 所示：

表 1-2　税率表

级　数	应纳税所得额	税率(%)
1	不超过 500 元的	5
2	超过 500—2 000 元的部分	10
3	超过 2 000—5 000 元的部分	15
4	超过 5 000 元的	20

某纳税人应纳税所得额为 3 000 元。则按照上面税率表所示计算。

①全额累进税率：全额累进税率计算的应纳税额＝3 000×15％＝450(元)。

②超额累进税率：超额累进税率计算的应纳税额＝500×5％＋(2 000－500)×10％＋(3 000－2 000)×15％＝325(元)。

速算扣除数＝全额累进税额－超额累进税额。

依上例：速算扣除数＝450－325＝125(元)。

则超额累进税率下的应纳税额＝应纳税所得额×适用税率－速算扣除数＝3 000×15％－125＝325(元)。

【例 1-4】 下列各项中，表述正确的是(　　)。

A. 税目是区分不同税种的主要标志

B. 税率是衡量税负轻重的重要标志

C. 纳税人就是履行纳税义务的法人和自然人

D. 征税对象就是税收法律关系中征纳双方权利义务所指的物品

【答案】 B

【解析】 税目是征税对象的具体化，征税对象是区分不同税种的主要标志；纳税人就是履行纳税义务的法人、自然人及其他组织；征税对象就是税收法律关

系中征纳双方权利义务所指向的物或行为。

【例 1-5】 下列税种中，使用定额税率的有(　　)。

A. 土地使用税　　　　B. 土地增值税

C. 车船税　　　　D. 资源税

【答案】 ACD

【解析】 选项 B 适用超率累进税率。

第三节　税法分类与我国现行税收管理体制

一、税法的分类

税法体系中按各税法的立法目的、征税对象、权限划分、适用范围、职能作用的不同，可分为不同类型的税法，如表 1-3 所示。

表 1-3　税法分类一览表

分类标准		类　别	内　容
1	按税法的基本内容和效力的不同	税收基本法	是税法体系的主体和核心，在税法体系中起着税收母法的作用。包括:税收制度的性质、税务管理机构、税收立法与管理权限、纳税人的基本权利与义务、税收征收范围等
		税收普通法	根据税收基本法的原则，对税收基本法规定的事项分别立法实施的法律。如个人所得税法
2	按税法的职能作用的不同	税收实体法	指确定税种立法，具体规定各税种的征收对象、征收范围、税目、税率、纳税地点等。如企业所得税法
		税收程序法	指税务管理方面的法律，主要包括税收管理法、纳税程序法、发票管理法、税务机关组织法、税务争议处理法等。如税收征收管理法
3	按税法征收对象的不同	流转额课税	增值税、营业税、消费税、关税
		所得额课税	企业所得税、个人所得税
		财产、行为课税	对财产的价值或某种行为课税。如房产税、印花税
		自然资源课税	为保护和合理使用国家自然资源而课征的税。如资源税、城镇土地使用税

续 表

分类标准		类 别	内 容
4	按主权国家行使税收管辖权的不同	国内税法	按照属人或属地原则，规定一个国家的内部税收制度
		国际税法	指外国各个国家制定的税收制度
		外国税法	指国家间形成的税收制度，主要包括双边或多边国家间的税收协定、条约和国际惯例等
5	按税收收入归属和征收管辖权限的不同	中央税	属于中央政府的财政收入，由国家税务局征收管理，如消费税、关税
		地方税	属于各级地方政府的财政收入，由地方税务局征收管理，如城市维护建设税、城镇土地使用税
		中央与地方共享税	属于中央政府和地方政府的共同收入，目前主要由国家税务局征收管理，如增值税

【例 1-6】 下列说法不正确的是（　　）。

A. 税收基本法是税法体系的主体和核心

B. 个人所得税法属于税收实体法

C. 税收征收管理法属于税收普通法

D. 国际税法就是外国各个国家制定的税法

【答案】 D

【解析】 外国制定的税法属于外国税法，国际税法是调整不同国家之间税法关系的国际税收条约或协定。

二、我国税收管理体制

（一）税收管理体制的概念

税收管理体制是在各级国家机构之间划分税权的制度或制度体系。税权的划分有纵向划分和横向划分的区别。纵向划分是指税权在中央与地方国家机构之间的划分；横向划分是指税权在同级立法、司法、行政等国家机构之间的划分。

我国的税收管理体制，是税收制度的重要组成部分，也是财政管理体制的重要内容。税收管理权限，包括税收立法权、税收法律法规的解释权、税种的开征或停征权、税目和税率的调整权、税收的加征和减免权等。如果按大类划分，可以简单地将税收管理权限划分为税收立法权和税收执法权两类。

（二）税收立法权的划分

1. 税收立法权划分的种类

税收立法权是制定、修改、解释或废止税收法律、法规、规章和规范性文件的权力。它包括两方面的内容:一是什么机关有税收立法权;二是各级机关的税收立法权是如何划分的。税收立法权的明确有利于保证国家税法的统一制定和贯彻执行,充分、准确地发挥各级有权机关管理税收的职能作用,防止各种越权自定章法、随意减免税收现象的发生。

税收立法权的划分可按以下不同的方式进行:

第一,可以按照税种类型的不同来划分,如按流转税类、所得税类、地方税类来划分。有关特定税收领域的税收立法权通常全部给予特定一级的政府。

第二,可以根据任何税种的基本要素来划分。任何税种的结构都由以下几个要素构成:纳税人、征税对象、税基、税率、税目、纳税环节等。理论上,可以将税种的某一要素如税基和税率的立法权,授予某级政府。但在实践中,这种做法并不多见。

第三,可以根据税收执法的级次来划分。立法权可以给予某级政府,行政上的执行权给予另一级,这是一种传统的划分方法,能适用于任何类型的立法权。根据这种模式,有关纳税主体、税基和税率的基本法规的立法权放在中央政府,更具体的税收实施规定的立法权给予较低级政府。因此,需要指定某级政府制定不同级次的法律。我国的税收立法权的划分就是属于此种类型。

2. 我国税收立法权划分的现状

第一,中央税、中央与地方共享税以及全国统一实行的地方税的立法权集中在中央,以保证中央政令统一,维护全国统一市场和企业平等竞争。其中,中央税是指维护国家权益、实施宏观调控所必需的税种,具体包括消费税、关税、车辆购置税等。中央和地方共享税是指同经济发展直接相关的主要税种,具体包括增值税、企业所得税、个人所得税、证券交易印花税。地方税具体包括营业税、资源税、土地增值税、印花税、城市维护建设税、土地使用税、房产税、车船税等。

第二,依法赋予地方适当的地方税收立法权。我国地域辽阔,地区间经济发展水平很不平衡,经济资源包括税源都存在着较大差异,这种状况给全国统一制定税收法律带来一定的难度。因此,随着分税制改革的进行,有前提地、适当地给地方下放一些税收立法权,使地方可以实事求是地根据自己特有的税源开征新的税种,促进地方经济的发展。这样,既有利于地方因地制宜地发挥当地的经济优势,同时便于同国际税收惯例对接。

具体地说,我国税收立法权划分的层次是这样的:

(1)全国性税种的立法权,即包括全部中央税、中央与地方共享税和在全国范围内征收的地方税税法的制定、公布和税种的开征、停征权,属于全国人民代表大会（简称全国人大）及其常务委员会（简称常委会）；

(2)经全国人大及其常委会授权，全国性税种可先由国务院以“条例”或“暂行条例”的形式发布施行。经一段时期后，再行修订并通过立法程序，由全国人大及其常委会正式立法；

(3)经全国人大及其常委会授权，国务院有制定税法实施细则、增减税目和调整税率的权力；

(4)经全国人大及其常委会的授权，国务院有税法的解释权；经国务院授权，国家税务主管部门(财政部和国家税务总局)有税收条例的解释权和制定税收条例实施细则的权力；

(5)省级人民代表大会及其常务委员会有根据本地区经济发展的具体情况和实际需要，在不违背国家统一税法，不影响中央的财政收入，不妨碍我国统一市场的前提下开征全国性税种以外的地方税种的税收立法权。税法的公布，税种的开征、停征，由省级人民代表大会及其常务委员会统一规定，所立税法在公布实施前须报全国人大常委会备案；

(6)经省级人民代表大会及其常务委员会授权，省级人民政府有本地区地方税法的解释权和制定税法实施细则、调整税目、税率的权力，也可在上述规定的前提下，制定一些税收征收办法，还可以在全国性地方税条例规定的幅度内，确定本地区适用的税率或税额。上述权力除税法解释权外，在发布实施前和行使后须报国务院备案。

地区性地方税收的立法权应只限于省级立法机关或经省级立法机关授权同级政府，不能层层下放。所立税法可在全省（自治区、直辖市）范围内执行，也可只在部分地区执行。

关于我国现行税收立法权的划分问题，迄今为止，尚无一部法律对之加以完整规定，只是散见于若干财政和税收法律、法规中，尚有待于税收基本法做出统一规定。

【例 1-7】 全国范围内开征的地方税的开征停征权属于(　　)。

A. 全国人大及其常委会　　B. 国务院

C. 财政部和国家税务总局　　D. 地方人大及其常委会

【正确答案】 A

【解析】 全国性地方税的立法、开征停征权属于全国人大及其常委会。

（三）税收执法权的划分

税收执法权和行政管理权是国家赋予税务机关的基本权力，是税务机关实施税收管理和系统内部行政管理的法律手段。其中税收执法权是指税收机关依法征收税款，依法进行税收管理活动的权力。具体包括税款征收管理权、税务检查权、税务稽查权、税务行政复议裁决权及其他税务执法权。

1. 税款征收管理权

根据《税收征管法》第二十八条规定："税务机关依照法律、行政法规的规定征收税款。"

为了实行分税制财政管理体制的需要，现行税务机构设置是中央政府设立国家税务总局，省及省以下税务机构分为国家税务局和地方税务局两个系统，分别在职权范围内征收对应的税收。除了国税和地税外，部分税种由财政、海关等系统负责征收管理。

(1)国家税务局系统负责征收和管理的项目有：增值税，消费税，车辆购置税，铁道部门、各银行总行、各保险总公司集中缴纳的营业税、所得税、城市维护建设税，中央企业缴纳的所得税，中央与地方所属企业、事业单位组成的联营企业、股份制企业缴纳的所得税，地方银行、非银行金融企业缴纳的所得税，海洋石油企业缴纳的所得税、资源税，部分企业的企业所得税，证券交易税（开征之前为对证券交易征收的印花税），个人所得税中对储蓄存款利息所得征收的部分，中央税的滞纳金、补税、罚款。

(2)地方税务局系统负责征收和管理的项目有：营业税，城市维护建设税（不包括上述由国家税务局系统负责征收管理的部分、地方国有企业、集体企业、私营企业缴纳的所得税），个人所得税（不包括对银行储蓄存款利息所得征收的部分），资源税，城镇土地使用税，耕地占用税，土地增值税，房产税，车船税，印花税，契税，屠宰税，筵席税及其地方附加税，地方税的滞纳金、补税、罚款。

(3)在大部分地区，地方附加税、契税、耕地占用税，仍由地方财政部门征收和管理。

(4)海关系统负责征收和管理的项目有关税、行李和邮递物品进口税，同时负责代征进出口环节的增值税和消费税。

(5)中央政府与地方政府税收收入的划分。根据国务院关于实行分税制财政管理体制的规定，我国的税收收入分为中央政府固定收入、地方政府固定收入和中央政府与地方政府共享收入：

①中央政府固定收入包括消费税（含进口环节海关代征的部分）、车辆购置

税、关税、海关代征的进口环节增值税等；

②地方政府固定收入包括城镇土地使用税、耕地占用税、土地增值税、房产税、车船税、契税、筵席税；

③中央政府与地方政府共享收入主要包括：增值税（不含进口环节由海关代征的部分中央政府分享75%，地方政府分享25%。营业税：铁道部、各银行总行、各保险总公司集中缴纳的部分归中央政府，其余部分归地方政府。企业所得税：铁道部、各银行总行及海洋石油企业缴纳的部分归中央政府，其余部分中央与地方政府按60%与40%的比例分享。个人所得税：除储蓄存款利息所得的个人所得税外，其余部分的分享比例与企业所得税相同。资源税：海洋石油企业缴纳的部分归中央政府，其余部分归地方政府。城市维护建设税：铁道部、各银行总行、各保险总公司集中缴纳的部分归中央政府，其余部分归地方政府。印花税：证券交易印花税收入，94%归中央政府，6%和其他印花税收入归地方政府。

【例1-8】 下列各项中，属于中央税的是（　　）。

A. 契税　　　B. 消费税

C. 营业税　　　D. 个人所得税

【答案】 B

2. 税务检查权

税务检查时税务机关依据国家的税收法律、法规对纳税人等履行法定义务的情况进行审查、监督的执法活动。有效的税务检查可以抑制不法纳税人的侥幸心理，提高税法的威慑力，减少税收违法犯罪行为，保证国家收入，维护税收公平与合法纳税人的合法利益。税务检查包括两类：

(1)税务机关为取得确定税额所需资料，正是纳税人纳税申报的真实性与准确性而进行的经常性检查，其依据是税法赋予税务机关的强制行政检查权；

(2)为打击税收违法犯罪而进行的特别调查，它可以分为行政性调查和刑事调查两个阶段。行政性调查属于税务检查权范围之内，从原则上讲，纳税人有违反税法的刑事犯罪嫌疑的情况下，即调查的刑事性质确定后，案件应开始适用刑事调查程序。

3. 税务稽查权

税务稽查是税务机关依法对纳税人、扣缴义务人履行纳税义务、扣缴义务情况所进行的税务检查和处理工作的总称。税务稽查权是税收执法权的一个重要组成部分，也是整个国家行政监督体系中的一种特殊的监督权行使形式。

根据相关法律规定，税务稽查的基本任务是：依照国家税收法律、法规，查处税收违法行为,保障税收收入,维护税收秩序,促进依法纳税,保证税法的实施。税务稽查必须以事实为根据,以税收法律、法规、规章为准绳,依靠人民群众,加强与司法机关及其他有关部门的联系和配合。各级税务机关设立的税务稽查机构,按照各自的税收管辖范围行使税务稽查职能。

4.税务行政复议裁决权

税务行政复议裁决权的行使是税收执法权的有机组成部分,该权力的实现对保障和监督税务机关依法行使税收执法权,防止和纠正违法或者不当的具体税务行政行为,保护纳税人和其他有关当事人的合法权益,发挥着积极作用。根据《中华人民共和国行政复议法》、《中华人民共和国税收征收管理法》和其他有关规定,为了防止和纠正税务机关违法或者不当的具体行政行为,保护纳税人及其他当事人的合法权益,保障和监督税务机关依法行使职权,纳税人及其他当事人认为税务机关的具体行政行为侵犯其合法权益,可依法向税务行政复议机关申请行政复议;税务行政复议机关受理行政复议申请,做出行政复议决定。税务行政复议机关,是指依法受理行政复议申请,对具体行政行为进行审查并做出行政复议决定的税务机关。

税务行政复议裁决权的行使过程中,税务行政复议机关中负责税收法制工作的机构具体办理行政复议事项,履行下列职责:

(1)受理行政复议申请;

(2)向有关组织和人员调查取证,查阅文件和资料;

(3)审查申请行政复议的具体行政行为是否合法与适当,拟定行政复议决定;

(4)处理或者转送对本规则第九条所列有关规定的审查申请;

(5)对被申请人违反《行政复议法》及本规则规定的行为,依照规定的权限和程序提出处理建议;

(6)办理因不服行政复议决定提起行政诉讼的应诉事项;

(7)对下级税务机关的行政复议工作进行检查和监督;

(8)办理行政复议案件的赔偿事项;

(9)办理行政复议、诉讼、赔偿等案件的统计、报告和归档工作。:行政复议活动应当遵循合法、公正、公开、及时、便民的原则。纳税人及其他当事人对行政复议决定不服的,可以依照行政诉讼法的规定向人民法院提起行政诉讼。

5.其他税收执法权

在除上述税收执法权的几个方面之外,根据法律规定,税务机关还享有其他相关税收执法权。其中主要的有税务行政处罚权等。

税务行政处罚权是指税务机关依法对纳税主体违反税法尚未构成犯罪，但应承担相应法律责任的行为实施制裁措施的权力。税务行政处罚是行政处罚的基本组成部分，税务行政处罚权的行使对于保证国家税收利益，督促纳税人依法纳税有重要作用。税务行政处罚权的法律依据是行政处罚法和税收征管法等法律法规。根据《税收征收管理法》相关规定，税务行政处罚的种类应当有警告（责令限期改正）、罚款、停止出口退税权、没收违法所得、收缴发票或者停止发售发票、提请吊销营业执照、通知出境管理机关阻止出境等。

主要税法依据：

1.《国务院办公厅关于转发〈国家税务总局关于调整国家税务局、地方税务局税收征管范围意见〉的通知》（国办发〔1996〕4 号）1996 年 1 月 24 日

2.《国家税务总局关于调整国家税务局、地方税务局税收征管范围若干具体问题的通知》（国税发〔1996〕37 号）1996 年 3 月 1 日

3.《国家税务总局关于所得税收入分享体制改革后税收征管范围的通知》（国税发〔2002〕8 号）2002 年 1 月 24 日

4.《国家税务总局关于纳税人权利与义务的公告》（公告 2009 年第 1 号）2009 年 11 月 6 日

5.《税收规范性文件制定管理办法》（国家税务总局第 20 号）2010 年 2 月 10 日

6.关于印发《营业税改征增值税试点方案》的通知（财税〔2011〕110 号）2011 年 11 月 16 日

第二章　纳税风险

第一节　纳税风险的形成

纳税风险，是指纳税人的涉税行为因未能正确有效地遵守税法规定，而导致纳税人未来利益的可能损失，是纳税人涉税行为影响纳税准确性的不确定因素。纳税风险具体表现为两个方面：一是纳税人的纳税行为不符合有关税收法律法规的规定，因而导致应纳税而未纳税、少纳税，从而面临补税、罚款、加收滞纳金、刑罚处罚以及声誉损害等风险；二是纳税人涉税行为适用税法不准确，或者没有用足有关优惠政策，以致多缴纳了税款，承担了不必要税收负担。纳税人涉税风险产生的原因既有来自外部的，又有来自自身的。外部的主要表现在税收立法层面和税收行政方面的纳税风险，而自身的则来自纳税习惯和专业素质方面。

一、来自外部的涉税风险

(一)纳税人来源于税收立法层面的纳税风险

1. 由于中国是以公法为主体的国家，由此决定了整个税法体系首先建立在保障国家行政利益的基础上，通过所有税收法律法规的条文，可以看到对于国家行政权力的保护远远大于对纳税人利益的保护。

由于税收征纳关系的不平等与适用同一法律时事实上地位的不平等及在法律、法规、规章中赋予行政机关过多的自由裁量权，纳税人即使具有较为充分的理由，税务机关也可以利用“税法解释权归税务机关”轻易加以否定，从而使纳税人的纳税风险大大增加。

【例 2-1】 某市民生百货购物卡执法风险规避

2012 年底，经某市国税局检查，发现该商场税收上有漏洞——购物卡。当初卖出购物卡 500 张，每张 10 000 元，有 500 万元购物卡的收入，没有申报纳税，某市国税局检查要求补缴增值税，商场税务总监不理解，问该税收是否合理，有没有法律依据？

【案例分析】

所有的税种当中，都有一个重要的时间概念——纳税义务发生时间。纳税义务发生时间必须同时满足两个条件：

(1)货物所有权发生转移或劳务已经提供；

(2)伴随着货物或者劳务的风险已经转移，这时纳税义务才算发生，也就是会计核算里的一个重要概念——权责发生制。为什么实行权责发生制而非现收现付制。因为在市场经济交易总量过程中，赊销情况很多，如果不强调权责发生制，国家税收损失会很大。2012 年国家实施新的企业所得税法就强调，本法以权责发生制为主。民生百货售出 500 张购物卡，有 500 万元的收入。但并不是说 500 张卡值 500 万元，而是卡里体现的消费能力是 500 万元，实际上货物还在商场，也就是说货物的所有权根本没有转移，税务机关在执法过程中缺乏相应的执法依据，商场可以不执行补缴。某市民生百货销售方式是预收货款，预收货款纳税义务发生时间是货物发出的时候。

2. 由于中国是以成文法为主体的国家，而成文法的特点之一是对法律责任的判定基于执法者对法律法规表述的理解。

税收行政法规、行政规章内容及定义不确切，条文规定空间太大、合法与非法界限不明，极易形成税收陷阱。由此决定了纳税人即使经历相同的涉税行为，可能因此接受不同的税务解释，除了引起纳税人税收负担的不公平，由此也造成纳税人的纳税风险的增加。

【例 2-2】 某市 2012 年度对税务违章行为的处罚具体情况是：处罚 3 956 户次，罚款金额共计 1 952 518.00 元，其中：属于纳税申报超期的有 3 045 户次，罚款金额 157 980.00 元，最高罚款额为 1 000 元，最低仅为 5 元。以上行政处罚在不同县(市、区)掌握的标准都有所不同。

3. 由于中国完整税法体系并未建立，也是造成纳税人的纳税风险增加的重要原因之一。现在我国税收正式立法少，行政法规多，主体税种还没有立法，税收基本法尚未出台。现行工商税收税种有 19 个，只有 2 个上升到正式法律，即

《企业所得税法》和《个人所得税法》，其他的还是暂行条例、暂行办法或规定。

4. 由于相当部分的税务法规在出台前未经详细调查研究，更未进行全面统筹，因此往往引起税法规定与纳税人实际情况相背离，使纳税人无所适从；有些税务法规与更高级次的法规发生冲突，基于某种方面的考虑，往往不能及时纠正；税务法规变化过快，加之信息传输渠道不畅通，难以让纳税人及时准确掌握。

【例 2-3】 某集团的设计费是否代扣国外企业营业税执法风险的规避

2009 年 4 月，某集团承担业务，委托法国地铁公司设计地铁项目，设计费 6 000万元，当地税局要求缴纳营业税及其附加 6 000×5.5%＝330（万元）。到底该不该缴税，缴纳什么税？有没有法律依据？

【案例分析】

《中华人民共和国营业税暂行条例》第一条规定："在中华人民共和国境内提供应税劳务，销售不动产，转让无形资产的单位和个人为营业税纳税义务人。"某集团需不需要缴纳营业税，就要看这项设计的劳务是否在中华人民共和国境内发生，再看是谁缴纳的问题。再看有没有机构和场所。如果该项劳务在我国境内发生，那么法国公司需要缴纳营业税及其附加：6 000×5.5%＝330（万元）。再看该法国公司在我国境内有没有设立机构、场所。如果有机构及经营场所，就要按这项劳务收入额的 20%缴纳企业所得税。如果该公司在我国境内未设立机构、场所的，则应按照非居民企业的 20%减半征收，即需缴纳企业所得税 6 000×10%＝600（万元）。现在某集团与税务机关出现分歧的地方就是，那么该不该缴纳营业税？缴纳多少？由谁来缴纳？现在来看法国地铁公司业务发生情况：该公司的这项设计业务没有在中华人民共和国境内发生，而是在境外发生的。显然该法国公司肯定不用交增值税及附加。现在来看该集团，该集团是否应该缴纳营业税呢？营业税实施细则第四条第一款在解释营业税纳税义务人时说明："提供或者接受劳务的单位或者个人在境内，就是营业税的纳税义务人。"比营业税暂行条例关于营业税纳税人的规定多了"接受"两个字。那么按照实施细则，南车集团作为在境内接受劳务的一方，应该缴纳营业税及其附加。关键的分歧就出现在这里。按照营业税暂行条例，某集团不需要缴纳营业税，因为它不是劳务的提供方。也就是说，营业税的暂行条例和实施细则发生了冲突。当低级次法律与高级次法律发生冲突时，低级次法律是无效的。营业税暂行条例是国务院制定的，而营业税实施细则是由财政部、国家税务总局制定的，是国务院下属职能部门制定的，所以某集团可以拒绝缴纳这项劳务的营业税。

(二)纳税人来源于税收行政方面的纳税风险

1. 税收机关与纳税人信息的严重不对称，是增加纳税人承担巨大的纳税风险的重要原因之一。

相当一部分具有适用性、比照性的政策处于非公开的状况，其结果除了影响到法律的公正性之外，还要求纳税人遵从并不可能知道的法律及政策规定，显然有悖“法律面前人人平等”的基本原则。

税务机关对于政策法规的宣传力度不够，一般仅限于有效范围的解释，而非采用广而告之的方式，使广大纳税人广为接受。

针对新出台的政策法规，就其立法意图及提请纳税人关注的重点缺乏必要的说明，因此很容易误导纳税人，使其跌入税收“陷阱”。

现在，政府已经开始采用政府公告的方式积极开展法律普及工作，新法规在出台前后，政府通过网站、电台、电视台、报纸等各种媒体进行深入宣传。税务总局网站甚至对经过修改的条文逐条做出解释，其明智之举令所有纳税人耳目一新。

2. 由于在现行法律、法规、规章中没有对税务行政机关使用税法解释权和自由裁量权做出相应的约束，这就有可能造成税务机关及税务官员行使自由裁量权不当，从而构成对纳税人权益的侵害，使纳税人承担巨大的纳税风险。

在实际生活中，除了纳税人自身原因(如纳税人自身的法制观念、对于专业知识的正确认识、建立与税务机关及税务官员进行正确的沟通方式等)之外，基于传统的行政管理观念，一些税务官员往往以“税收政策的解释权归税务机关”为由，随意解释成为习惯，从而影响了税法的严肃性，同时造成纳税人纳税风险的上升。

在针对纳税人具体经济行为适用政策界限行使解释权时，往往只作原则答复，对于解释意见本身是否符合政策规定条文立法本意、是否具有适用性、合理性等考虑不足，因此极易产生误导纳税人的严重后果。

在行使自由裁量权时往往基于主观的判断，个别情况甚至基于私人的人际关系。由于行使自由裁量权不当，难免造成税负不公及处罚失当的现象，从而造成纳税人纳税风险的上升。

3. 税务机关和税务官员的执法观念也是增加纳税人承担巨大的纳税风险的重要原因之一。

从原则上说，虽然税收征纳关系决定了征纳双方关系的不平等，但是并不意味着双方在适用具体法律法规时地位的不平等。在这一法律关系中，双方当事人地位平等，均依法享有权利主体的法律地位与身份、资格，平等地建立起法律关系，通过各自权利的行使和义务的承担，分别负担起各自主体的职责：征税人可依法查处纳税人的偷税、逃税、抗税等违反税法的行为；纳税人也有权依法提出申诉、上诉、控告、检举揭发等，同税务机关及其工作人员的渎职、侵权、贪污受贿、营私舞弊等违法犯罪行为进行斗争，依法维护自己的合法权益。

但是现实生活中，纳税人“民不和官斗”的传统思维模式助长了某些税务官员和税务机关的权力意识，淡化了税务官员和税务机关的服务意识，一些税务官员往往因为纳税人在提出了不同意见时使用了激烈的言论，觉得失面子，便不能持平常心正确工作，便要好好惩罚敢于动摇他权威的人。在将税务官员个人感情与工作挂钩的时候，纳税人无不将与税务机关打交道视为畏途。于是因此也导致纳税人“任我再有道理，真理总在政府一边”的错误思想。由于这些错误的指导思想延伸到具体的行政活动中，使相当一部分税务官员将征纳双方关系的不平等与征纳双方在适用具体法律法规时平等地位画上等号，从而侵害了纳税人的权益，增加了纳税人的纳税风险。

【知识链接 1】

1999 年《中国税务报》曾经做过关于涉税争议解决方面的调查，结果显示当征纳双方出现纳税争议，通过诉讼方式解决的情况下，税务机关败诉率在 95%，剩余 5% 属于纳税人主动撤诉；而税务机关败诉的原因主要在政策执行程序方面。

二、来源于纳税人自身的涉税风险

(一)纳税风险来源于纳税人自身的原因最为突出地表现在依法纳税观念的弱化

1. 在执行具体法律法规时，纳税人没有完全树立与征税机关的平等地位，因此往往以税务官员个人的意见作为确定税务责任的界限。即使意见相左，也往往采取息事宁人、得过且过的方式放弃正确的权利主张。

尽管国家已经通过立法方式赋予纳税人主张合法权益的外因，但纳税人由于自身的陈旧观念和浅薄的法律意识，不去积极主张自身合法权益，不充分发挥内因的决定性作用，也是不行的。在执行具体法律法规时，纳税人要树立与征税机关的平等地位，积极主张合法权益。

2. 纳税人往往造成一种错觉：和税务官员处理好私人关系远胜于双方面对

面就政策而进行开诚布公的讨论。

在经济生活中，纳税人要想得到税收优惠，必须先请客然后再行文请示，还要多说好话，似乎已成为一种定律。纳税人获得理应给予享受的优惠政策，仿佛一切来源于和税务官员良好的私人关系。其结果是造成税务官员私欲的膨胀与纳税人潜在风险的增加。

许多纳税人的教训告诉我们，税务官员口头的承诺代替不了税法，人情终究不是法律。从税法的法律层面讲：即使税务机关和税务官员给予纳税人某些不应给的优惠政策，由于其具体行政行为属于法律规定的无效行政行为，优惠政策仍有被收回的可能。反之，税务机关应当给予纳税人充分享受的优惠政策，而税务机关或税务官员采取推诿、不作为的方式阻止纳税人获得，纳税人一样可根据《中华人民共和国税收征收管理法》向上一级税务机关积极主张合法权益。

应当引以为戒的是，目前中国在大力加强法制建设的同时，仍有大部分人纳税观念未充分转化。正是因为纳税人外部的税收法律环境使纳税人面临巨大的纳税风险，因此提高纳税人自我保护意识才尤为重要。

【知识链接 2】

《中国青年报》2006 年的一次调查显示，83.4%的被调查者作为纳税人“感觉‘亏’，只履行义务没行使权利”。

【例 2-4】 蒋石林诉常宁市财政局违法购车案

2006 年 4 月 3 日，普通农民蒋石林针对湖南省常宁市财政局涉嫌违法购车事宜向常宁市人民法院提起诉讼。4 月 10 日，常宁市人民法院向蒋石林送达行政裁定书，裁定起诉人蒋石林所诉事项不属于人民法院行政诉讼受理范围，不符合起诉条件，故法院不予受理。蒋石林起诉后，常宁市财政局局长周年贵在接受记者采访时连用 3 个问句来表示自己的不满：蒋的这种起诉应该是没有道理的，如果每个人都起诉，那岂不是给购车的单位带来很多的麻烦？他同时质疑，原告蒋石林是一个农民，现在已经取消农业税，他是否具有纳税人的资格呢？他缴的税到底够不够买一台车，够不够发工资呢？

常宁市人民法院的裁定以及财政局长的 3 个问句，让我们看到了我国财政体系中，各方主体权利义务失衡的真实现状。纳税人并不知悉也无权干涉税款去向，对滥用税款的行为提起诉讼却因不具有诉讼主体资格和司法制度中无此安排而被裁定驳回；随着农业税的取消而减轻了负担的农民，在财政局长眼中连纳税人资格也被取消了，财政局长尚且不知大部分财政收入哪儿来的，该对什么人负责，遑论他人？

(二)纳税人自身的专业素质(主要反映在对于税法的全面认识与运用)严重滞后于经济的发展

客观地讲,由于纳税人向国家履行纳税义务意味着自身利益的减少,因此绝对没有任何一个纳税人是心甘情愿地付税的。但是盲目纳税最容易产生两个结果:一是缴了不应该缴的税;二是应该缴的没有缴。缴了不应该缴的税将直接导致纳税人经营成果的丧失,其本身违反市场经济的法则;应该缴的税没有缴,将导致纳税人严重的法律责任与法律后果。目前,纳税人对于税法体系及税法规定的复杂性缺乏主动、全面、完整了解的情况非常突出,从根本上讲源于纳税人对于税收法制观念的认识远远滞后于社会经济发展的速度,因此也就谈不上对纳税风险进行预先防范与控制了。

第二节　纳税风险的表现形式

个人的很多收入来自于企业,企业和个人作为纳税人都会面临着不同的纳税风险。本节就实践中企业和个人存在的不同纳税风险分别展开讨论。

一、企业面临的主要纳税风险形式

(一)故意性风险

此种风险的特点是纳税人在实施某项涉税行为前,已经知道是违法的,但为了获取更多的非法利益,抱着赌博的心理,心存侥幸,认为税务机关可能不会发现自己的违法行为,并甘冒可能被查处的风险。当然纳税人也为此担惊受怕、精神上倍受煎熬。然而,一旦被税务机关查实,不仅面临着补税、加收滞纳金并处罚款的行政处理和处罚,而且还可能承担刑事责任。

1. 虚抵进项风险。主要是增值税一般纳税人为降低税负率,在没有真实原材料采购业务的情况下,采取弄虚作假的手段,故意虚受增值税专用发票、海关完税凭证等可抵扣凭证(农产品收购加工企业还采取虚开农业产品收购发票的方式来虚增进项税额),以虚增进项税金,减少应纳税款,从而达到偷逃税款的目的。在征管实践中,表现为与同行业其他企业相比,税负率明显偏低,但无正当理由。

2. 隐匿收入风险。纳税人采取做假账，设置两套账、账外账的手法，将一些不需开具发票的销售收入不入账、不申报纳税。在征管实践中，表现为其税负率与同行业其他企业差不多，但销售规模与生产经营能力不相匹配，人均产值较低，也就是人们常说的企业办得很大、但税交得很少这种情况。

3. 虚增成本风险。纳税人为了达到不交或少交所得税目的，在隐匿销售收入较难实现的情况下，采取编造成本、虚列人员工资等手法来虚增税前扣除成本，造成账面亏损或利润很少，从而无所得税可交或少交。在征管实践中，此类企业常表现为账面连年亏损或很少盈利，但另一方面生产经营规模却年年不断扩大、新厂房拔地而起、新机器增加很多的反常现象。

（二）政策性风险

此种风险主要指税收会计差异产生的风险。系由于纳税人对税收与会计两者的差异不能作较为全面、准确的把握，导致多交或少交税款而形成的风险。纳税人主观上无故意违法的动机。就税种而言，主要体现在所得税方面；就环节而言，主要体现在年度汇算清缴上，纳税调整不到位，造成多交或少交税款。

1. 收入界定有区别。在销售收入的确认方面，税法与会计的规定不尽相同，总的来说，税法要广一些，主要体现在以下几方面：

一是税法中的收入总额，是一个包含收入内容往往比会计准则规定更广的概念，一切能够提高企业纳税能力的收入，都应当计入收入总额，列入企业所得税纳税申报表。其收入项目要比会计上的收入更多，企业的销售货物收入、提供劳务收入、转让财产收入、股息红利等权益性投资收益、利息收入、租金收入、特许权使用费收入、接受捐赠收入、企业资产溢余收入、确实无法偿付的应付款项、企业已作坏账损失处理后又收回的应收款项、债务重组收入、视同销售收入等，都应当计入收入总额。而会计收入准则只规范销售商品收入、提供劳务收入和让渡资产使用权收入。

二是企业所得税有免税收入的概念，会计上没有此概念。企业所得税的免税收入，是指企业负有纳税义务，而政府根据社会经济政策目标的需要，可以在一定时间免予征税，而在一定时期又有可能恢复征税的收入。如国债利息收入，居民企业之间的股息、红利等。免税收入属于税收优惠。

三是企业所得税有不征税收入的概念，会计上没有此概念。税法上的不征税收入，是指从企业所得税原理上讲应永久不列为征税范围的收入范畴，从性质上和根源上不属于企业营利性活动带来的经济利益，不负有纳税义务的收入。因为从企业所得税的立法精神来看，所得税的税基应是企业经营活动所产生的所得，而政府预算拨款、依法收取并纳入财政管理的行政事业性收费、政府性基金等，对这种性质的收入如果征税，会导致无意义地增加政府的收入与支出成本。非应税收入不属于税收优惠。

2.费用列支有出入。在成本费用列支方面，税法与会计都遵循一些共同的原则，如配比原则，真实发生原则等；但在列支额度方面却区别较大，对会计上发生的费用，税收对一部分进行限制性列支，对一部分进行扩大性列支，同时经批准后可有核准性列支：

一是限制性列支。是指对企业一些已实际发生并取得合法凭证的费用，规定列支标准和对象，不允许全额在税前列支，超过部分要进行纳税调增处理。有的规定列支比例，如业务招待费、广告费、业务宣传费、工资及三项费用等，超出部分不得在税前列支；有的规定列支对象，如公益性捐赠支出，要求必须向特定的对象捐赠才允许列支，否则要全额调增应纳税所得额；企业如果在汇算清缴时未按规定进行调整，就会被税务机关处以补税、加收滞纳金并处罚款的处理。

二是扩大性列支。是指国家为鼓励、支持特定企业的发展，对企业一些实际发生的费用，只要符合一定条件，允许在税前加成计算扣除。这就可以减少应纳税所得额，少交所得税。如现行政策规定，企业发生的技术开发费，经税务机关审核批准，允许再按技术开发费实际发生额的50%，抵扣当年度的应纳税所得额；民政福利企业安置残疾人员，实行按企业实际支付残疾职工工资额的2倍税前扣除。纳税人如果不清楚这项政策规定，在汇算清缴时就会造成多交税款。

三是核准性列支。是指对企业一些实际发生的财产损失或者要求提前列支的费用，必须报经有权税务机关批准后，才允许在税前扣除。如符合条件的呆账损失的列支必须报税务机关批准；要求采取加速折旧的企业，必须报国家税务总局批准。

3.财务核算要分开。税法规定，企业兼营免税产品或者兼营不同税率的产品，必须在财务账上分开核算。然而，有些企业为方便核算，未按税法规定进行核算，使得免税销售额也要照章纳税、低税率产品适用高税率，造成税负的不必要增加。

（三）疏忽性风险

此种风险指纳税人对风险的估计不足，或过于乐观、轻信不会发生，或由于某些原因忘记应尽的职责，导致造成不必要的经济损失，或是增加了不少麻烦，发生了额外费用。

1.进货环节风险。企业在采购原材料的过程中，除了要保证购进材料的质量外，还要注意合法、规范地取得或填制发票，尤其是可抵扣发票，否则极易产生涉税风险。在征管实践中，主要表现在以下几方面：一是情况不明产生的风险。由于未能对供货方的纳税资格及生产经营情况作必要了解，导致从供货方取得大量虚开增值税专用发票。如有的企业通过网上获悉对方有货物供应，就与之建立业务联系。虽然采取货到后付款的方式，可以有效避免企业货款的被骗，但在发票的取得方面却产生了风险，取得的往往是虚开的发票，或是不能取得发票抵扣税款。二是现金支付产生的风险。税法规定，原材料的供应者、货款的收取者、发票的提供者三者必须一致，不一致的情形下取得的发票不得抵扣税款。征管实践告诉我们，采取现金支付方式容易造成不一致，使企业要额外承担不能抵扣的进项税额，并面临被处以罚款的可能。三是未尽职责产生的风险。由于未尽到应尽的询问职责，导致未按规定开具可抵扣发票。如在收购农业产品时，税法规定只有农业生产者个人自产的初级农业产品才可开具农产品收购凭证抵扣税款。但有的企业在填开收购发票时，并未向出售人了解所销售农产品的来源，而是一律开具收购发票。造成事后被查不能抵扣税款；四是应取未取产生的风险。企业在采购汽油、办公用品未能取得增值税专用发票，只是取得普通发票，导致少抵扣进项税款。

2. 兼并环节风险。企业在对外兼并的过程中，由于未对被兼并对象的纳税情况进行充分的尽职调查，等兼并活动完成后，才发现被兼并企业存在以前年度大额偷税问题，企业不得不额外承担兼并企业的补税、滞纳金和罚款。

3. 出口退税风险。税法规定，出口单证必须在规定时间内提供给税务机关，然而有的企业重视不足，并未指定专人负责该项工作，造成未能在规定时间内将单证收集齐全，出口货物不能适用零税率，要视同内销货物按照适用税率征税，使企业遭受经济损失。

4. 发票认证风险。现行政策规定，增值税专用发票必须从取得之日起 180 日内进行认证，并在当月申报抵扣。然而，有的企业不能很好地执行这一规定，造成税款无故多交或产生很大麻烦。

（四）筹划性风险

税务筹划是企业在不违反现行税法的前提下，通过对税法进行精细比较后，对纳税支出最小化和资本收益最大化综合方案的纳税优化选择，它是涉及法律、财务、经营、组织、交易等方面的综合经济行为。税务筹划是纳税人的一项基本权利，通过税务筹划所取得的收益是合法收益。企业对经济利益的追求可以说是一种本能，是最大限度地维护自己的利益的行为。然而税务筹划是一门十分复杂的实践技术，其在带来税收利益的同时也蕴含着风险。如果无视这些风险，任其发生而不加以规避与控制，势必有悖于税务筹划的初衷，其结果可能是以节税目的为开始，却以遭受更大的损失而告终。

【例 2-5】 某科研人员拥有某项专利，该科研人员认为科研机构比较清苦，因此想借此项专利创办自己的公司，但又苦于没有资金，此时有一位私营企业主正想购买此项专利以用于企业发展，两人通过协商决定，科研人员向私营企业主提供专利使用权，按理应收取的特许权使用费 2 万元则以私营企业主向科研人员提供 20 万元无息贷款作为补偿，双方各得其所。

税务机关经过调查发现了这一问题，认为事实上科研人员已收到了特许权使用费 2 万元，而私营企业主则从科研人员处获得了利息收入 2 万元，只不过他们没有以明确的金钱收付表现出来而已，但却以交换的方式进行了利益补偿，因此认定双方都应负有纳税义务，即科研人员应缴纳特许权费的个人所得税 0.32 万元[2×(1－20％)×20％]，而私营企业则应缴纳利息收入的个人所得税，即 2×20％为 0.4 万元。税务机关责令双方补缴个人所得税共计 0.72 万元，鉴于双方的行为有偷漏税的问题，因此决定给予一定的罚款处理。

【案例分析】

在个人所得税的征管中，由于个人所得缺乏有效的证明、凭证，而且在账户处理上也比较随意，有的甚至就根本不用账户，这为个人所得税的偷漏提供了机会，特别是利用应税所得变相地换取货币以外的其他经济利益，以逃避纳税。

二、个人面临的主要纳税风险形式

分析目前个人涉税，可能被认定为偷税的有这么几种情况：

(一)隐瞒收入，不交税

一些个人拥有一技之长，经常被外单位聘请从事某项经济活动，如演出、讲学、提供技术指导和顾问服务等。仅以某经济学专业大学教授为例，由于该教授是经济学方面的行家，经常有企业邀请该教授前往讲课、开展专题讲座，报酬不菲。这些企业纳税意识淡薄，自身的纳税都成问题，更谈不上代扣代缴个人所得税了，所以，该教授在这些收入方面从来没有主动申报过个人所得税。

(二)福利取代现金

一些企业为了挽留优秀员工，纷纷通过投保团体商业保险，将保险费用计入福利、成本或是补充养老保险等账目，免去了员工一大笔的个人所得税，而一些保险公司的销售人员也将其作为卖点向企业推销，以提高销售业绩。如果企业把钱直接以工资、奖金的形式发放给员工，就需要缴纳大笔个人所得税。通过买保险的方式规避个人所得税，是常见的做法。这种做法随着有关政策的完善而失去操作的可能，但是新的合理避税方法又会随之出现。事实上，在各种形式的企业中，都存在着一些利用各种方式逃避个人所得税的现象。据税务稽查部门介绍，目前一些民营企业的老板为了逃避累进制的个人所得税，他们用车、吃饭、娱乐等的消费，往往都从企业的生产和经营费用中列支，从而规避了个人所得税。

（三）分散收入

某些跨国公司为了帮助员工规避个人所得税，在境外、境内分别开设个人银行账户，将一些收入直接以外币形式存入，以逃避国内银行系统的税务监督。除此之外，还利用股票期权的形式规避税收。主要手段就是利用发放股票期权的形式来分散员工收入。此外，虚增人数也是分散收入的另一种方式，这种情况在中小企业较为普遍。据笔者调查，一个实际只有十几名员工的小公司，其工资发放表上往往会变成二三十人。这样虚增的人数分散了原来较高的工资收入，规避了个人所得税和企业所得税。

（四）发票冲抵

一些公司的管理人员月工资都在 1 万元以上，但是缴纳的个人所得税屈指可数。究其原因，其操作的秘诀就是公司允许他们以各种费用发票来冲抵收入。事实上，以个人的费用来冲抵单位的工资、薪金收入偷逃个人所得税的现象在部分企业比较普遍。

【例 2-6】 河南省郑州市某公司老总耿某偷逃个人所得税

耿某原系北京某电子技术有限公司河南分公司总经理，2006 年 3 月调任北京某电子技术有限公司北京总公司副总经理并继续兼任河南分公司总经理。有关资料显示，2003 年至 2005 年间，耿某涉嫌利用职务之便大量偷逃税款。

稽查人员于 2006 年 12 月 7 日下午来到某电子技术有限公司河南分公司。耿某对稽查人员态度冷淡，指示财务部门予以配合后悄然消失。稽查人员随即将该公司有关账册调回进行检查。检查表明，该公司会计核算、账目处理没有较大违规情况，与获得的线索有差异。问题出在哪儿呢？随后，稽查人员又与耿某就有关纳税问题进行了约谈。耿某依然态度生硬，不予配合。

既然耿某对检查是一种不配合的态度，在案件分析会上，稽查人员提出了从耿某的副手——该公司副总陈某身上打开突破口的办案思路。

为保证调查效果，经与公安局经侦支队几度协商，决定以税、警联合办案的方式进行。为防止陈某巧言答辩、不予配合，税、警人员经过精心准备，对陈某开展强大的心理攻势。陈某的心理防线逐渐瓦解，终于将耿某利用职务之便偷逃个人所得税问题的来龙去脉作了交代。

①两地取得收入不汇算清缴

据陈某交代，耿某有取得河南、北京两地收入不如实申报缴纳个人所得税的问题，但北京总公司发给耿某工资、奖金具体有多少，陈某说自己并不清楚。由于个人所得税款计算的特殊性，稽查人员决定深入调查，用准确而充足的数据材料来印证耿某的偷税行为和偷税金额。

稽查人员首先对耿某作为河南分公司总经理取得个人收入情况进行调查。经查，该公司已按时支付耿某工资并代扣代缴个人所得税款。

分公司没有问题，问题可能出在总公司。通过陈某的交代和对案情的进一步查证，稽查人员又了解到，北京的总公司每年都要根据各分公司完成的业绩情况向其发放相应的奖金，但具体的发放标准、金额、时间、是否扣缴个人所得税款等情况不得而知。面对如此之多的疑问，稽查局领导决定外调北京总公司，充分搜集资料证据，掌握耿某的详细收入情况。

在北京总公司所在地区税务稽查、公安部门的协助下，稽查人员实地审阅了自 2001 年 1 月至 2005 年 12 月期间总公司工资、奖金发放的账务资料，就总公司向耿某个人支付工资、奖金情况向相关人员进行了详细询问。北京总公司方面自知事关重大，给予了较为积极的配合，提供了较为翔实的资料。北京一行，稽查人员最终掌握了耿某在北京总公司取得工资的具体明细、总公司代扣代缴个人所得税款的情况，以及北京总公司向河南分公司支付奖金的做法(奖金按业绩比例计算，在限额内由耿某本人具体分配发放)。

经查，自 2003 年 1 月 1 日至 2005 年 12 月 31 日期间，耿某在两地取得的收入合计应纳个人所得税共计 392 074.14 元，已代扣代缴税款120 711.15元，应补缴个人所得税 271 362.99 元。其中，因不申报纳税造成少缴个人所得税21 956.85元，因提成奖金不申报少缴个人所得税225 126.14元，因扣缴义务人未按规定足额代扣代缴少缴个人所得税24 280元。面对确凿的证据，耿某无话可说。

②虚假报销中饱私囊

陈某同时交代，多年来耿某为取得更多的个人收入，利用职务之便，指使公司财务人员以莫须有的“电脑耗材”等名目计入“管理费用”，通过虚假报销，取得个人收入。掌握了这个情况，稽查人员认真核对了该公司的报销凭证，后经陈某、公司财务人员指证和耿某自己交代，2003 年 1 月 1 日—2005 年 12 月 31 日，耿某个人以虚假报销、虚列费用的方式少缴个人所得税 225 126.14 元。

据公司财务人员交代，查出的虚假报销基本上都是在耿某的授意下办理的，这些入账发票有的是财务人员从其他销售商手里搞来的，有的则是花钱买来自行填开的。根据以上情况，郑州市地税局稽查局对公司使用假发票和因虚列费用导致公司偷税行为另行做出处理。

2006 年 12 月 25 日，经郑州市地税局稽查局案件审理委员会集体会审，就耿某偷税案做出如下处理：根据《个人所得税法》及其实施条例的相关规定，补缴当事人耿某态度生硬，不予配合，偷逃税款 271 362.99 元；根据《税收征管法》第六十三条规定，对其虚假报销取得收入行为定性为偷税，处偷税金额 2 倍罚款计 450 252.28 元；根据《税收征管法》第六十四条第二款规定，对其不选择一地进行工资、薪金合并申报纳税的行为定性为不申报纳税，处以应补税款 1 倍罚款计 21 956.85元；根据《税收征管法》第三十二条规定，加收滞纳金至实际补缴税款之日止，共计 93 598.66 元。

第三节　纳税风险管理

现代风险管理理论已有很多成果，风险管理的相关理论可以为企业纳税筹划及其风险管理的研究提供重要的理论依据。风险管理(Risk Management)是指如何在一个肯定有风险的环境里把风险减至最低的管理过程。良好的风险管理有助于降低企业决策的错误概率、降低损失发生的可能性、进而相对提高企业的附加价值。

一、风险管理的概念

风险管理是指通过识别、分析风险，从而制定和选择风险管理方案的过程。风险管理的过程主要包括风险识别、风险分析、风险控制（采取管理方法）、效果评价。由于企业的内部和外部的风险环境在不断发生变化，风险管理也会随着条件的变化来调整。因此，风险管理类似于很多管理过程，是一个连续的、动态的、不断循环的过程。

二、风险管理的内容

风险管理需要处理降低风险的成本与收益问题。在此期间必须明确注意以下内容：

(一)风险识别

这是风险管理的首要步骤，在这一环节要明确风险的客观存在，了解风险产生的原因以及属于风险的事件发生后带来的损失和影响。风险识别的方法有很多，目前常用的方法主要有：德尔菲法、头脑风暴法等。德尔菲法最初由美国拉德公司首先使用，主要程序是：选定与项目有关的专家，通过通信方式跟这些专家征询相关建议，然后综合整理，再反馈给各位专家，再次征询意见，各专家之间不横向沟通，逐渐使各专家意见趋于一致。头脑风暴法，是通过专家的创造性思维来索取未来的信息，是一种只直观预测和识别的方法。它要求专家们根据自己的思想与头脑自由发挥，激发自身的思维灵感，通过专家们之间的信息交流和互相启发，诱发专家们产生思维共振，从而获取更多有用的未来信息。当然，这个识别的过程必须是在分析了所处环境情况下才可行。

(二)风险分析

风险的分析是在风险识别的基础上，通过分析对收集的相关的详细损失资料，综合运用概率论和数理统计的相关方法，估计和预测风险发生的概率和损失程度。它是科学合理地进行风险决策的基础。风险分析主要涉及的活动有：确定风险的影响因素，分析风险的来源(起风险的)，预测风险的影响，为风险评级等活动，而且，这些活动都对风险的管理有决定性作用。

(三)风险控制

风险控制是指在风险识别与分析的基础上采取各种措施，使风险降低到最小化的过程。而且风险管理要着眼于风险控制，企业通常需要采用积极的措施来控制风险。一般企业都是通过降低其损失发生的概率来缩小其损失的程度来达到控制目的。控制风险的最有效方法就是制定出切实可行的应急方案，这就需要编制多个备选的方案，然后最大限度地对企业所面临的风险做充分的准备，通过各种方法的对比选择最佳风险管理方案。当风险发生后，企业实施预先的方案，即可将损失控制在预期的最低限度。

(四)效果评价

风险管理效果评价是对已实施的风险管理方法的结果进行分析、与预期目标比较它们之间的契合程度，从而才能判断出该风险管理方案的科学性与适应性。同时，在对风险进行管理时需要对风险方案实施监督，通过效果评估来完善风险管理的方案，从而保证更好地实施风险管理的计划，并评估减弱风险的效果。

三、风险管理的方法

由于企业所属的类型、具有的规模不同，企业面临的风险会不尽相同，对风险进行管理采用的方法也不同，但目的都是为了最大限度地降低风险给企业生产经营活动带来的损失。常有的风险处理方法有：风险预防、风险规避、风险分散、风险转移（风险转嫁）、风险补偿和风险抑制等。

（一）风险预防

风险预防是指采取措施消除或减少风险发生的可能性。该方法是在损失发生前采取的一种措施。

（二）风险规避

风险规避是指通过变更计划消除风险发生的条件或风险，采取避重就轻的处理方式，规避风险可能带给企业的损失。

（三）风险分散

风险分散是指通过多种投资方式来分散风险，从而减少风险损失。比如说，资产投放在不同的投资项目上，例如：股票、债券或基金，可以分散风险；投资分散在几个领域而不只是集中在一个特定的领域，可以防止投资的完全风险。

（四）风险转移

风险转移是指企业通过某些合法的交易方式或手段将风险全部或部分地转嫁到他人身上的行为。主要是在危险发生之前，通过出售、转让等方法，转移风险。

（五）风险补偿

风险补偿是指企业利用资金补偿的方法，主要包括资本、利润、抵押品拍卖收入等，补偿在该种风险上遭受的损失。这种方法是企业自己承担风险，比如说：一些小额损失常常会在损失发生时用收益来补偿，虽然它们应该纳入生产或经营成本。

(六)风险抑制

风险抑制是指当企业承担风险之后,需要监督风险,从中发现问题并及时处理,争取在损失发生之前提前采取相应的措施减少风险造成的损失或者是直接有效地阻止情况恶化。

四、规避纳税风险的主要对策

对发生在纳税人身边的纳税风险,税务机关和纳税人都要高度重视,针对不同类型的风险采取积极的应对措施,最大限度地降低其给纳税人带来的经济损失和其他损失。

(一)税务机关要充分发挥职能作用

总的来说,要立足自身职能,区别对待不同风险,严厉打击故意性行为,提醒疏忽性行为,辅导政策性行为。

1.打击不法行为。对故意性风险,税务机关必须发现一起,严肃查处一起,一方面可以将纳税人的违法行为消灭在萌芽状态,避免在违法的道路上铸成大错,实现纠小错防大错;另一方面,可以查处一个、教育一片,使其他有这种动机的纳税人不动歪点子。另外,还要通过开展税法宣传来提高纳税人依法纳税意识。

2.加强政策辅导。对政策性风险,要通过开展纳税辅导来提高纳税人的税收政策水平。作为县市一级税务机关,虽然无权制定税收政策,但要解读好、宣传好税收政策。一是要体现区别性,税收管理员要清楚所管辖纳税人的情况,把政策送到真正需要的纳税人手中,而不要遍撒胡椒粉;二是要体现重点性,选择税会差异较多的环节进行重点辅导,如针对个人所得税自行申报政策性较强的特点,每年由税务机关将自行申报要求,填表的注意事项等内容,在媒体上进行宣传;三是要体现畅通性,建立政策与纳税人之间的畅通渠道。使纳税人能及时、准确了解税收政策的变化情况。

3.建立预警机制。对疏忽性风险,特别是对企业一些易发生风险的环节,税务机关应建立预警机制。一旦超出预警范围或出现异常情况,及时提醒纳税人采取措施予以防范。如对长亏不倒、连续零申报、负申报、低税负、农产品抵扣偏大企业,向其发布异常信息,并强化日常监管和纳税评估,防范纳税风险程度的加大。

(二)纳税人要增强纳税风险防范意识和能力

1.树立纳税风险理念。近几年来，企业管理层发现，纳税方面的麻烦问题越来越频繁地在公司会议讨论内容中被提及。税务机关的检查结果和企业预料的情况经常存在较大差别，随着税收征管环境越来越严格，税务机关内部责任落实逐步明晰，检查后的协调工作也越来越难做。以往仅仅依靠和政府、税务机关搞好关系来处理纳税问题的思路似乎已经不合时宜，面对繁杂、专业的税收政策，企业管理层处理纳税问题时经常感觉到力不从心，比较被动。企业做大做强以后，该交的税交足了没有？以后会不会因偷税被罚款？该用的优惠政策用足了没有？有没有多交税？企业管理层开始考虑评估纳税对企业利润和未来经营目标的影响。同时，由于税收政策的时效性强(指为发挥调节经济的杠杆作用，要根据经济发展变化做出适当调整)、政策规定内容多、优惠政策要求高，且会计规定与税收规定有诸多不一致之处，一般企业难以全面准确把握。因此，纳税人必须树立风险意识，高度关注税收对企业的影响程度。管理层在做出一些重大决策时，必须充分考虑税收问题。

2.增强诚信纳税意识。在税收征管信息化水平不断提升、征管网络日益严密的大环境下，靠偷税来实现企业利益最大化的道路肯定会越走越窄，并会使企业蒙受重大的损失。因为一旦违法行为被查处，面临的不仅仅是补税、加收滞纳金，还有罚款，严重的还要追究刑事责任，并使企业永久地背上违法污点。因此，要避免发生纳税风险，纳税人必须走依法诚信纳税之路，行规范自身行为之事。要通过加强内部管理来提高企业经济效益，增强发展后劲。如此才能使企业驶上持续健康发展的轨道。

3.提高政策运用能力。对税收政策，了解是前提，运用是目的。因此，企业不仅要依法诚信纳税，也要学会用足用活用好各项税收优惠政策。要对照政策规定，学会积极创造条件让企业行为符合政策要求。对政策中认为不符合实际情况的规定，也可以书面形式向税务机关提出，使政策制定能更加符合实情。另外，纳税人要熟悉税收会计差异。作为企业，要正确认识到税会差异是客观存在的，是不可避免的，要以积极的态度来对待其中的异同。

4.防范可控风险发生。作为纳税人，必须建立健全内部机制，尽可能避免可控风险的发生。在生产经营过程中，要注意把握好以下几点：一是不明事项多咨询。对企业首次发生的涉税重大事项，纳税人应多向税务机关了解、询问。二是应尽职责要到位。对一些必须履行调查程序的涉项事项，要进行充分了解。如在开具农业产品收购发票时，就应先了解投售人的身份来确定能否开具。三是责任机制要建立。对具体事项的办理，必须明确经办人员和职责，要求出现异常须及时报告，以便采取措施控制风险发生。如企业出口退税经办人员要及时报告逾期未回笼的单证。四是中介力量要依托。一些规模较大的企业可依托中介机构对自己的一些涉税行为进行把关。如在年度汇算清缴时，可委托中介机构进行纳税调整。

5.正确进行税收筹划。从本质上来说，税收筹划属于企业财务管理的范畴。它的目标是由企业财务管理的目标——企业价值最大化所决定的。税收筹划应着眼于企业整体税基的降低和平衡企业集团各企业间税负，而不是个别企业个别税种税负的减少。由于各税种的税基相互关联和各企业间业绩考核的缘故，各税种间具有此消彼长的关系，某个税种税基的缩减可能会致使其他税种税基的扩张；加上企业集团各企业间又不愿放弃已得的利益，如处理不当，很容易产生内耗，多生出没必要的成本。因而税收筹划既要考虑某一税种的节税利益和多税种之间的利益抵消因素，也要考虑平衡企业集团各企业间税负。此外，税收利益虽然是企业集团的一项重要的经济利益，但不是企业集团的全部经济利益，例如某一项目投资税收的减少并不等于企业集团整体利益的增加。如果有多种方案可供选择，最优的方案应是整体利益最大的方案，而非税负最轻的方案。因此，企业集团开展税务筹划应综合考虑，全面权衡，不能为筹划而筹划。

【例 2-7】 温州市一家企业，是 2000 年创业的小民营企业。温州地税对其采取的是核定征收的方式，每月交纳 2 000 元。到了 2011 年，企业经过发展，达到了相当规模，销售额已经破亿，远超当初创业时候的情况。但是税款仍然是核定征收 2 000 元/月。显然，税务机关征税方法肯定存在问题，同时也为企业的纳税风险埋下了伏笔，本质上是税务执法人员造成的，不符合法律依据。因为什么情况适用核定征收是有法律依据的，一般来说是收入或者成本某一项不能准确认的，或者是账簿不健全的情况等。小企业进行核定征收是问题不大的，但是仍然需要保存好财务资料，在第二年 6 月份需要上交税务机关进行审核，调整征收方式或者调整核定征收的定额收入部分。如果被上级税务机关查处，需要补交税款和滞纳金。

因此，要提醒纳税人：违法行为发现的越早，滞纳金就越少，也利于防止更大的纳税风险。

主要税法依据：

1.《中华人民共和国税收征收管理法》

2001 年 4 月 28 日　第九届全国人民代表大会常务委员会第二十一次会议通过

2.《中华人民共和国税收征收管理法实施细则》（国务院第 362 号）2002 年 9 月 7 日

3.《国家税务总局关于贯彻〈中华人民共和国税收征收管理法〉及其实施细则若干具体问题的通知》（国税发〔2003〕47 号）2003 年 4 月 23 日

4.《税务行政复议规则》

国家税务总局 2004 年 1 月 17 日

第三章　个人纳税筹划

第一节　纳税筹划的基本内容

任何一个企业和个人都不可避免地涉及纳税事务，纳税事务是企业和个人时时刻刻都不能掉以轻心的事情。随着市场经济的发展，人们收入水平的提高，涉税事项越来越多，人们开始考虑如何才能获得最大的收益问题了，纳税筹划逐渐被人们所接受。

一、纳税筹划的内涵

（一）纳税筹划的定义

纳税筹划是根据英文"Tax Planning"翻译过来的，又被称为税收筹划或税务筹划，本书选用"纳税筹划"一词。在西方发达国家，纳税人对纳税筹划很熟悉，但我国的国人对他的认识还处于初始阶段。由于对纳税筹划的概念的描述非常之多，不尽相同，下面选取几种有代表性的观点。国际财政文献局（International Bureau of Fiscal Documentation，IBFD）在《国际税收词汇》中是这样定义的，"纳税筹划是指纳税人通过经营活动或个人事务活动的安排，实现缴纳最低的税收"。

1. 美国南加州 W. B. 美格斯博士在与别人合著的《会计学》中说："人们合理而又合法地安排自己的经营活动，使之缴纳尽可能低的税收。他们使用的方法可称之为纳税筹划，少缴税和递延缴税是纳税筹划的目标之所在。"

2. 国内著名的税务专家唐腾翔在他的《税收筹划》中讲到：税收筹划是指在法律许可的范围内，通过经营、投资、理财等活动进行事先筹划和安排，尽可能取得节税的税收利益。由于学者们对纳税筹划含义界定不同，有了广义与狭义之分。广义上，纳税筹划是指纳税人在国家法律规定内通过合法手段减少或不缴一定税款从而获得税收利益的经济行为。狭义上，纳税筹划即为在国家法律许可范围内，根据税收政策导向，合理合法地减轻纳税人税收以获取正当税收利益的经济行为。狭义的纳税筹划范围较广义上的小，它要求必须符合国家的税收政策导向，不能钻政策缺陷的空子；采用节税的手段而不是避税等手段。

综上所述，我们可以将纳税筹划的概念大致总结为：纳税筹划是指纳税人在税收法律制度支持和税务机关认可下，运用科学合理的技术手段，通过参与经营策划，使税负减少或延期纳税沿着最终目的的方向运行的筹划活动，以取得税收利益的经营管理策划。

(二)纳税筹划具有的特征

1. 非违法性

非违法性是指纳税筹划不能违反法律规定，主要是针对广义的纳税筹划来说的。这是纳税筹划最基本的特点，而且不违反法律规定是纳税筹划的前提条件，纳税筹划运用的手段必须是合法的，是与偷税、逃税、抗税、骗税有本质不同的。纳税人进行纳税筹划必须是不违法的。

2. 事先性

事先性是指纳税人在进行经营或投资活动之前，应该将税收作为影响自身最终经营成果的一个非常重要的因素进行设计和安排。一方面，纳税义务本身是纳税人在交易行为发生之后才有的义务，具有滞后性的特征，这就决定了纳税人可以对自身应税经营行为进行事前的筹划安排。另一方面，纳税筹划在应税行为发生之前进行，一旦业务已经发生，事实已经存在，纳税义务就已经形成，此时再筹划便无济于事了。

3. 政策导向性

纳税筹划的政策导向性是指纳税人进行纳税筹划必须符合国家税收相关政策的规定，国家采取一些税收优惠政策等诸如多征或减征税款，从而引导纳税人采取符合政策导向的行为，来服从国家对经济调控的宏观把握。

4. 目的性

目的性是指纳税人进行纳税筹划有其明确的目的，即纳税人的目的——追求纳税人价值最大化，纳税筹划手段的选择和安排都是围绕着纳税人的财务目标来进行。也就是说，纳税筹划本身就是一种理财活动和策划活动，它以减轻税负为初级目的，最终目的是实现纳税人价值最大化。当然，一般情况下，如若初级目的与最终目的发生矛盾时，纳税人应当选择的纳税筹划方案是能实现纳税人价值最大化的方案。

5. 专业性

专业性主要是指纳税筹划本身是一种筹划活动,需要纳税人相关人员对税法了如指掌,能灵活运用,是一项非常专业、技术性很强的策划活动。一方面,纳税筹划要求筹划者涉猎税收学、管理学、会计学、财务学、法学等综合性学科内容,因此,需要跨学科的专门人才来从事这项工作。另一方面,凭借某一个人自己的努力就想短时间内设计一项相对复杂的纳税筹划方案,越来越做不到。主要是因为经济飞速发展,世界市场逐渐扩大,各国税制日益复杂化,而且各国的税收法律法规也在不断更新和变化,这些都使纳税筹划人员需要时刻清楚在既定的纳税环境下,制定筹划方案,达到纳税人财务管理目标,这不仅促使纳税人开始建立从事纳税筹划的部门,而且也能够促进税务代理行业这样的第三产业发展。因此,这将要求纳税人纳税筹划方面越来越专业。

6. 适时调整性

适时调整性主要是指我国纳税人进行纳税筹划所运用的手段应该适时调整,随着时间的推移,国家的法律会发生一些变化;而且随着纳税人向国际化发展,从一个国家到另一个国家,面临的具体法律及其确定的法律关系是不同的。因此,纳税人纳税筹划的行为性质也会发生变化。所以,纳税筹划的方案不能一成不变,要有针对性和时效性,根据所处纳税环境的不同,及时适时做出调整,避免妨碍纳税人财务管理目标实现的情况出现,保护纳税人股东的权益。

7. 经济性

经济性是指纳税筹划在减轻纳税人税收负担时必须符合成本效益的原则,进而实现纳税人价值最大化。这是在严格遵守国家税收法规前提下,最大限度地实现纳税人经济利益的方略综合,要进行纳税筹划方案的制定过程,必然要求纳税人为其方案的实施付出额外的费用,这样会导致纳税人相关成本的增加,纳税人会损失因放弃其他方案而带来的机会成本。由此可见,纳税筹划必须遵循成本效益原则,保持与纳税人的其他管理决策一样。

8. 全面协作性

全面协作性是指纳税筹划应考虑纳税人长期战略。由于涉及的内容关系到纳税人的生产、经营、投资、理财、营销等所有活动,那就要求纳税人应当全面、总体、采用发展的眼光看问题。它不是一个部门或一个人单独进行操作就能够完成的工作,它需要着眼于各种税种的筹划,有规范的经营管理。在纳税人领导重视的前提下,考虑纳税人长远的发展目标,让财务部门和其他部门密切配合、充分协作，使纳税筹划工作顺利进行。

9. 风险性

风险性主要是指由于税收法律、法规的不断调整和变化，纳税人外部环境因素、内部员工因素以及其他因素的影响，使得纳税筹划的结果存在着不确定性，筹划的方案不可能百分之百成功。而且有的纳税筹划立足于长期规划，长期性会增加很多不确定性，因而蕴含更大的风险性。加之纳税筹划的预期收益通常也只是一个估算值。因此，进行纳税筹划具有其显著的风险性。

二、纳税筹划的相关概念界定及比较

古今中外，每个纳税人都会试图尽量少缴税。而少纳税的手段、方式、渠道有很多，比如前面的纳税筹划，还有避税、偷税、逃税等。由于一些纳税人对纳税筹划与避税等概念的理解模糊，界限掌握不清楚，致使其在所谓的纳税筹划时造成筹划不当而构成偷税、逃税，这样会被税务机关按规定调整其应纳税金额。纳税人不仅不能达到节税的目的，可能还会缴纳滞纳金，甚至会受到行政处罚，情节严重者触犯刑律的还将被追究刑事责任。因此，我们很有必要熟悉与纳税筹划相关的概念，减少纳税筹划给纳税人带来的风险。

（一）相关概念界定

1. 逃税

逃税（Tax Evasion）是指纳税人在税务机关限定的相关追缴期内，为不按规定缴纳所欠的税款，采取隐匿和转移资产、资金、财产或私自暗地变卖大宗资产等手段，逃避税务机关追缴期内所欠的税款的行为。这是广义上的逃税。狭义上，也就是一般我们大家认为的是指纳税义务人采用非法手段少纳或不纳税的行为。这是一种违反税法的行为，逃税可以实现晚纳税或少纳税，甚至不纳税，给纳税人带来一定的利润收益，其行为属于主观故意违法。

【例 3-1】 某纳税人在年终结算之前，将计划来年开展的维修、经营策划的一个 40 万元的活动，按照策划设计提前发生，使本期利润降低 40 万元，那么应税所得额就减少了 40 万元，降低了当年的纳税人所得税 40×25％＝10（万元），这样当年的所得税负转移到下一年度发生，实现了递延纳税 10 万元的纳税筹划效果。但是，倘若纳税人并未进行以上筹划，而是当期少缴了 10 万元税款，并长期不按税务机关限期补缴，最后又将纳税人的资产全部转移到不同的地方或者干脆全变卖掉，从而使税务机关难于追缴该纳税人所欠的 10 万元应税款及滞纳金，这就构成了逃税。因此，逃税与纳税筹划有本质的区别。

2. 偷税

偷税是指纳税人为了不缴或者少缴税款，采取各种“不公开的手段，隐瞒自身的真实情况”，欺骗税务机关的行为。偷税与纳税筹划有明显的差别，偷税是采取伪造、隐匿、变造、擅自销毁记账凭证、账簿，在账簿上增加支出或减少收入，或税务机关要求申报而拒不申报或者虚假申报的行为，可以不缴或少缴应纳税款，这都是在现实中高度概括或总结的各类偷税行为。偷税是一种违法犯罪行为。

【例 3-2】 据悉，电脑制造巨头 IBM 日本公司在 2003 年至 2008 年的 5 年间，没有进行税务申报的金额达到 4 000 亿日元，偷漏缴的税高达 300 亿日元。目前，日本东京国税局对此展开调查。《产经新闻》有报道称，日本 IBM 的总社 APH 在 2002 年时从美国 IBM 购买了日本 IBM 的所有股份，而后，APH 将其中一部分股份以低于当初购入价卖给了日本 IBM，因此，IBM 日本公司在到 2008 年 12 月共计 5 年间一直记录着亏损 4 000 亿日元。APH 一直以来管理其子公司的利润所得、税务申报等，2008 年 APH 以日本 IBM 虽然没有财政赤字，但刚好可以与 APH 的赤字相抵充，所以申报纳税额为 0。如果情况调查属实，这将是现实生活中典型的偷税案例。

3. 避税

避税即为“税收规避”(Tax Avoidable)，是指纳税人利用我国税法制度规定的疏漏，以及不同的国家、地区的税收制度差异等，通过对自身的经营、投资等活动进行刻意安排，以达到纳税义务最小化的一种经济行为。这样一看，避税有“投机取巧”的特征。由此可见，避税行为利用法律的缺陷或漏洞进行的税负减轻和少纳税，是在遵守税法、拥护税法的前提下的一种经济实践活动。尽管这种避税是出自纳税人的主观意图，但表面上它是遵守税法的，并不违反税法的相关规定，具有不违法性，因而它一般受到各国政府的默许，国家和政府对这种行为采取的措施，只能是不断修改和完善税法，填补和堵塞可能为纳税人所利用的漏洞。在我国学者中关于避税是不是一种纳税筹划手段有不同的看法。在本质上，纳税筹划是纳税人在尚未发生一系列实际纳税义务之前对纳税税种地位的一种选择，而避税则是纳税人已经处在有实际纳税义务时，对纳税税种地位的低位选择。存在避税这种选择，在我国是由于税法结构或法律上有缺陷和漏洞；在国际上，还由于各国的税收原则不一致、所立的税法有差别、存在一些避税的因素。

【例 3-3】 跨国公司 A 在某一低税国买入一已被清盘的亏损纳税公司，来减轻税负。其纳税筹划的过程如下：处于高税国的 A 公司原应税所得为 1 000 万美元，税率为50%，应征所得税额为500万美元。某一低税国的B公司亏损了200万美元，A公司支付了100万美元将B购进，纳为A公司的分公司，这样，A、B的所得应该汇总才能计算缴纳所得税。这样，A公司按其所在国的税率来缴税，那应缴税为400万美元，比购买B前少缴了100万美元的税。即A公司分文未付就获得了大约相当于100万美元资产的一家子公司。其计算如下：A公司原来的应税所得额为1 000万美元，减去B公司亏损额200万美元，税收收益为200×50%=100（万美元），这个收益正好够支付购买B公司投资的100万美元。

4. 节税与税负转嫁

节税是指纳税人在不违背税法立法精神的前提下，当存在多种纳税方案的选择时，纳税人通过充分地利用税法中固有的起征点、减免税等一系列优惠政策，通过对纳税人投资、筹资等经营活动安排，选择使税收负担最低的方式来处理财务、经营、交易事项，以达到减少税负或不缴税的目的。节税是在合法的条件下进行的，需要纳税人进行策划的，对政府制定的税法进行比较分析后进行的最优化选择。这是税法在纳税人的经济活动中起到引导作用的体现。税负转嫁是指纳税人为了减轻税负，在商品交换过程中，通过调整销售价格的方法，将税负转嫁给购买者或供应者来承担的一种经济行为。由于它是通过价格的变动来实现，因此，不会影响税收的总体收入，没有涉及法律问题和法律责任。它大致具有3个特征：(1)与价格升降紧密联系，通过价格调整来实现；(2)是税收负担的再分配，通过对各经济主体之间税负的再分配，也就是在经济利益上是一种再分配，导致纳税人与负税人不一致，其经济实质是每个人所占有的国民收入的再分配；(3)是一种客观的经济活动过程，是纳税人的主动行为和一般的行为倾向。

(二)相关概念的关系

逃税、偷税、避税、节税与税负转嫁的比较如表3-1所示。

表3-1　逃税、偷税、避税、节税与税负转嫁的比较

类别 / 对比点	逃税	偷税	避税	节税	税负转嫁
性质	违法	违法	不违法	合法	一种经济活动
手段	伪造凭证、制造虚假情况等手段	一些非法手段或合法手段	主要是利用税法的漏洞	主要是利用税法上的税收优惠政策等	主要通过调整产品的价格来减少税负
风险程度	风险高	风险高	风险较高	风险低	具有多因素风险性

由表 3-1 可以明确:偷税、逃税是违法的,都是纳税人在纳税义务已经发生的情况下,采取隐匿、伪造或者在账簿上多记支出,不记或少记收入等不合法、不正当的手段减少税款的行为,具有故意性和欺诈性。避税、节税、税负转嫁都属于纳税筹划的范畴,它们都是紧密相连的,但也有所区别。节税符合税法的规定,而税负转嫁是一种经济活动,只要不违反税法,对于纳税人来说,纳税人都愿意去做,以减轻税负。

三、纳税筹划的成本与收益

(一)纳税筹划的成本

纳税筹划的成本是指筹划方案的制定、选择、实施所付出的成本,主要包括为整个纳税筹划过程所花费的人力、物力和财力。由于纳税筹划需要专业性的人才,那么就需要支付相关专家的相应的费用,这一部分就属于纳税筹划的成本。其成本主要包括以下几个方面:

1. 货币成本

是指纳税人为进行纳税筹划而发生的一系列货币支出。在纳税筹划中货币成本是必不可少的,一系列的活动都需要货币,该货币成本主要包括对税务顾问的报酬支付或约见、拜访税务顾问所发生的交通费用等。由于我国纳税人的财务会计人员的能力与水平有限,很少有纳税人有能力自身进行纳税筹划,大多数纳税人想要进行纳税筹划,需要求助于诸如注册税务师和注册会计师等高技术的专业人员。由此可见,货币成本的大小一般与纳税筹划的复杂程度成正比,纳税筹划项目越是较复杂、较大,纳税人进行纳税筹划就越需要聘请知名税务顾问,那么,随之带来的货币成本也会增大。

2. 机会成本

是指纳税人由于采用选定的纳税筹划方案而不得不放弃的其他的潜在利益。而且这一部分成本是隐性的。纳税筹划本身就是一个综合决策过程,需要在众多的方案中选择一个最优方案,因此,选定一个方案的同时就会放弃其他的方案。这样,纳税筹划的机会成本常常会被纳税人在实务中忽略,给纳税人造成一些损失。

3. 心理成本

是指纳税人由于担心筹划失败而在心里产生的焦虑等不良的情绪。心理成本很难测量,很少有人对此进行深入尝试,但这并不意味着心理成本就不存在或不重要。很多人在处理纳税筹划相关事项时会因担心筹划不当而产生焦虑或挫折等心理，这样将会影响他们的工作效率，同时，对于心理承受能力弱的纳税人而言，严重者甚至会影响他们的身体健康，这将使他们付出更大的心理成本作为代价。一般来说，心理成本的高低取决于纳税人的心理承受力、纳税筹划的复杂程度、税务机关对此的态度、政府对纳税违法行为施以处罚的严厉程度等。

4. 风险成本

是指纳税人由于纳税筹划存在风险使纳税人价值减少，或是需要对该风险进行管理而付出的代价。因此，纳税筹划风险成本包括纳税筹划过程中选择方案失误造成的风险带来的损失以及纳税人针对纳税筹划风险进行管理的过程中发生的耗费，而这些风险都是不易量化和不易被察觉的。因此，必须树立税收筹划的风险意识，正视该风险的存在，在纳税人生产经营过程和涉税事务中始终保持对筹划风险的警惕性，才能尽量降低风险成本。

5. 实施成本

是仅指纳税筹划选择方案后，方案的实现过程需要一定的支出。它主要有以下两类：(1)固定税收负担，是指纳税人在选择了最优纳税筹划方案下需要向国家缴纳的税款数额；(2)所选择的方案的实现如果是对已经生产经营的纳税人进行纳税筹划，那么该方案会对现有经营模式、财务管理造成影响甚至改变，这时需要一定的成本。

以上纳税筹划的成本的分类不是非常严格。有的成本可能会涵盖另一或几个其他成本，比如：在实施成本中，可能涉及货币的支付支出，那就是货币成本；还有本身纳税人所做的纳税筹划被认定为偷税等违法行为时需要缴纳的罚款和滞纳金，既属于新增的一种货币成本，又属于纳税人纳税筹划带来的风险成本。

(二)纳税筹划的收益

纳税筹划的收益是指纳税人由于进行纳税筹划而获得的各种收益。这种收益专门针对纳税筹划付出的所有成本而言。该收益主要包括以下内容：

1. 由于纳税筹划而新增的收益

这里所说的新增的收益是指由于纳税筹划直接或间接从中获取的收益。当然，该项收益不包括纳税人当年新增的与纳税筹划无关的收益。它主要等于纳税筹划后收入减去纳税筹划前收入的部分。与新增的收入相对应，还有因纳税筹划而减少的成本。纳税筹划成本的减少额大致包括“纳税筹划方案较原方案带来的税负的减少额、办税费用的节约额以及行政处罚的减少额等”。一般情况下，税负的减少额是主要部分，是原纳税方案全部税负高于实施纳税筹划方案的全部税负的差额。

2. 涉税零风险筹划，建立纳税人良好的信誉

涉税零风险筹划一般不能为纳税人带来直接的经济利益的增加，但能够为纳税人创造出一定的间接的经济利益。纳税人依法纳税既能减少各种罚款类支出，又能够树立纳税人良好的形象，为纳税人形成良好的纳税信誉，从而给纳税人带来经营上的优势，创造其他的收益。在当今市场经济高度发达的环境下，消费者的品牌意识越来越强，而且，在消费者的心中，好的品牌便意味着好的经济效益和社会地位，这样就可以为税务机关留下好印象，可能享受一些税收优惠政策的宽松待遇等。这些都是为纳税人带来的收益。

3. 纳税人整体管理水平和核算水平的提高给纳税人带来的收益

纳税人要进行税收筹划，必须聘用或培养高素质、高技术的财税人才，这种高水平的策划，需要他们规范自己的财务会计处理。这样就有利于促进纳税人提高自身的管理水平和核算水平，为自身带来收益。纳税筹划的收益分类也不是非常严格，跟上述的成本类似，一类收益可能包括另一类或多类的收益。

(三)纳税筹划的成本收益

纳税人进行纳税筹划是为了实现纳税人财富最大化。纳税筹划想要降低成本，增加收益，从而实现纳税人的最终目的，但是，不是所有的纳税筹划方案都可以达到此目的，需要辩证地看待纳税筹划带来的成本与收益。在进行投资决策过程中，当收益大于成本时，该方案可取；当收益小于成本时，该方案不可取；倘若备选的方案不止一个的收益大于成本，那么就选择收益高于成本的差额较大的那个方案，这就体现了成本收益原则。

【例 3-4】 某纳税人欲出售一套 2008 年 12 月 1 日购入的固定资产，其原始成本为 1 000 万元，并已进行了提折旧和减值准备 100 万元，现在，有甲、乙、丙三家纳税人愿意分别以 1 010 万元、998 万元和 1 030 万元购买，现在需要进行筹划来确定买主。

甲纳税人：收益额＝1 010－[1 010/(1＋4%)] ×4%×50%＝ 990.58(万元)；

乙纳税人：998 万低于原值，可以免税；

丙纳税人：收益额＝1 030－[1 030/(1＋4%)] ×4%×50%＝1 010.19(万元)。

因此，我们会选择可以卖给丙纳税人，虽然不能免税，但是利用成本收益法分析售价减去相应的增值税后，收益是最高的。在下文将有更实际具体的案例来详细分析该筹划方法。

总之，纳税筹划和纳税人的其他管理决策一样，最基本的是需要遵循成本收益原则，只有当方案的所得大于支出时，此方案才可能是成功的纳税筹划方案。对纳税筹划的成本与收益进行分析也是为了体现纳税筹划的目标，实现纳税筹划的预期目的，实现纳税人的最终目的。

四、纳税筹划的目标

进行纳税筹划必须要有明确的目标，这个目标既是进行纳税筹划的前提，也是纳税筹划结果的体现。

（一）实现风险最小化

纳税筹划不是仅仅局限于财务指标，它是全局性的，有长远影响性的经济行为。纳税人进行纳税筹划是想节约税负成本，虽然有时不能直接体现在减少税负上，但可以在降低纳税人风险上表现。纳税人进行纳税筹划时不至于遭受税务机关的罚款，尽量避免不必要的经济损失；而且可以避免纳税人发生不必要的名誉损失，保证纳税人的产品与品牌，有利于纳税人经营的正常合理运行。

（二）实现纳税人价值最大化

纳税人纳税筹划是纳税人进行财务管理的一个重要环节，因此，应与纳税人财务管理的目标一致，实现纳税人价值的最大化。而纳税人的价值应该是纳税人未来可以创造的净现金流量。将纳税人价值最大与风险最小相对应，该综合考虑纳税筹划的成本收益及其风险因素，这也是纳税人财务管理里面价值理念的体现。但是由于纳税筹划是在经济行为发生前进行策划、选择，而创造的未来的现金流贴现率的选择在现在的财务管理决策分析中常选择的是当前的贴现率，这样自然造成很多的不确定性也是风险。这也是当今财务会计领域很难的课题，也将是追求纳税人价值最大化的实现方法在实践中选择与运用的因素。

在实践中，纳税筹划的目标根据不同的纳税筹划项目各有不同，但可以明确的是纳税人想要长期发展，价值最大化的目标是不可改变的，这是考虑纳税人长期发展必须关注的目标。纳税筹划的方案可能还会存在其他的目标或者联合多个目标，但是风险最小化是联系即便有其他目标的一个基础。纳税人价值最大化的长期目标在实际运用中很难计量，因此，常常会体现为其他的目标，比如会考虑的风险最小化目标。

第二节　个人纳税筹划方法

个人进行纳税筹划时不论是什么样的项目,都离不开一些技术手段来做筹划支持。本书以个人所得税为例,简要介绍个人纳税筹划的几种常用方法。

一、纳税筹划方法

(一)充分利用个人所得税的税收优惠政策

国家为了实现税收的调节功能,在设计税种时,一般都设有税收优惠条款,包括免税、减税、起征点、税率差异、特殊规定等。同理,纳税人可以利用个人所得税的优惠条款,安排自己的经济活动,以此达到减轻税负的目的。

我国现行《个人所得税法》中明确规定:企业按照国家的统一规定而发给职工的补贴、津贴、福利费、救济金、安家费等免征个人所得税。因此,笔者认为,企业可以通过转移福利的方法给予各种补贴,降低名义工资,从而减小计税基数,减少职工应纳税额,进而减轻税负。

【例 3-5】 某公司财务经理朱先生,2012 年月工资为 10 000 元,因工作需要,须租住一套住房,每月需要支付房租 2 000 元。假如朱先生自己付房租,每月须缴纳的个人所得税=[(10 000－3 500)×20%－555]=745(元)。如果公司为朱先生免费提供住房,将每月工资降为 8 000 元,那么此时朱先生每月须缴纳的个人所得税=[(8 000－3 500)×10%－105]=345(元)。即经过纳税筹划每月可以节税 400 元(745－345)。

税法规定,劳务报酬所得按次计算应纳税额,对于同一项目取得连续收入的,以一个月内取得的收入为一次,每次收入不超过 4 000 元的,在计算应纳税额时可定额扣减 800 元费用。因此,应尽可能将劳务报酬分解为若干次,从而降低应纳税额。并且,根据规定,如果个人兼有不同的劳务报酬所得,应当分别按不同的项目所得定额或定率扣除费用,因此纳税人在申报纳税时应避免将不同的项目合并计算。

(二)转换纳税人身份

根据我国税法规定,居民纳税人负无限纳税义务,而非居民纳税人负有限纳税义务。纳税人身份界定的差异，为纳税筹划提供了空间。纳税人可以根据税法对不同身份纳税个体征税不同的规定，有意识地转换纳税人身份，使得收入一定的情况下纳税最少。

按照我国的个人所得税法的规定，2011 年 9 月 1 日以后，对于工资薪金所得，以每月扣除 3 500 元费用后的余额为应纳税所得额。但是，部分人员在每月公司、薪金所得减除 3 500 元费用的基础上，还可以再享受 1 300 元的附加减除费用。这些人员主要包括外籍公民和华侨、港澳台同胞。

【例 3-6】 北京姑娘刘某 2012 年嫁给一位美国人，并在北京居住，两人同在北京某外资企业工作，刘某月薪 8 000 元，同时在国外有一份兼职翻译工作，月收入 4 000 元。在加入美国国籍之前，刘某每月应纳税额＝(8 000＋4 000－3 500)×20%－555＝1 145(元)。2013 年 1 月刘某加入美国国籍后，在每月收入扣除 3 500 元标准费用的基础上，再享受附加减除费用 1 300 元，此时，刘某的应纳税额＝(8 000＋4 000－3 500－1 300)×20%－555＝885(元)。通过转换身份，刘某每月节税 260 元。

(三)转换税目

个人所得税法规对不同性质的收入，征税有不同规定，相同性质的收入，根据收入的差异也有不同的征税标准。纳税人可以根据这些规定的不同，合理合法地改变个人收入的性质，分割或合并个人收入，从而达到收入额不变的情况下纳税最少。

【例 3-7】 叶先生在 2013 年 4 月从单位获得工资收入 3 000 元，由于工资太低，叶先生同月在 A 企业找了一份兼职工作，收入为每月 2 400 元，如果叶先生与 A 企业没有固定的雇佣关系，则按照税法规定，工资、薪金所得与劳务报酬所得分开计算征收。这时，工资、薪金所得没有超过基本扣除限额 3 500 元不用纳税，而劳务报酬所得应纳税额为(2 400－800)×20%＝320(元)，因而叶先生该月份应纳税额为 320 元。如果叶先生与 A 企业有固定的雇佣关系，则由 A 企业支付的 2 400 元作为工资、薪金收入应和单位支付的工资合并缴纳个人所得税，应纳税额为(2 400＋3 000－3 500)×3%＝57(元)。在该案例中，如果叶先生与 A 企业建立固定的雇佣关系，则每月可以节税 263 元，一年可节税 3 156 元，所以叶先生应该把劳务报酬化为工资、薪金。

在有些情况下，情况则正好相反，将工资、薪金所得转化为劳务报酬所得更有利于减少税收支出。

相同数额的工资、薪金所得与劳务报酬所得所适用的税率不同，同时工资、薪金和劳务报酬又都实行超额累进税率。在某些情况下将工资、薪金所得与劳务报酬所得分开，而在有些情况下将工资、薪金所得与劳务报酬合并就会节约税收，因而对其进行个人所得税税收筹划就具有一定的可能性。

【例 3-8】 王先生是一名高级工程师，2013 年 5 月获得某公司的工资收入 63 700 元。如果王先生和该公司存在稳定的雇佣关系，则按工资、薪金所得缴税，其应纳税额＝(63 700－3 500)×35％－5 505＝15 565(元)。如果王先生和该公司不存在稳定的雇佣关系，这笔收入可按劳务报酬所得缴税。其应纳税额＝63 700×(1－20％)×40％－7 000＝13 384(元)。则他可以每月节省税收2 181 元。

(四)利用纳税延期

实践证明，适当推后纳税义务履行时间，取得延期缴纳税款所带来的时间价值，可以使纳税相对减少。

我国个人所得税法规定个人以图书、报刊方式出版、发表同一作品(文字作品、书画作品、摄影作品以及其他作品)，不论出版单位是预付还是分笔支付稿酬，或者加印该作品再付稿酬，均应合并稿酬所得按一次计征个人所得税。

【例 3-9】 某出版社请李某写一本专著，稿费预计 20 万元，需 3 年完成。李某提出出版社以借款的形式预付 10 万元稿费，待书出版后再结清剩余稿酬。由于实物中稿酬的税款一般需要图书出版后再合并计算，这样预付的 10 万元稿费应缴纳的税款 100 000×(1－20％)×20％×(1－30％)＝11 200(元)就可以延期 3 年后缴纳。

这些项目分别规定了不同的费用扣除标准，适用不同的税率和不同的计税方法，这就为纳税人进行纳税筹划提供了潜在的空间。正确引导个人所得税的纳税筹划对纳税人及税收经济发展都具有比较重要的现实意义。纳税筹划遵循三个基本原则：税后利润最大化原则、筹划方案合理化原则以及讲究筹划成本原则。在不违背税收筹划原则的前提下，依据我国个人所得税超额累进税率的征收特点，可以从以上几个原则着手进行个人所得税的税收筹划。

二、纳税筹划的步骤

一般情况下，纳税筹划可以分为五个步骤：

(一)确定纳税筹划的目标

纳税筹划工作开始的第一步就应该是确定筹划的目标。明确清晰地确定筹划目标，为涉税资料的收集和筹划方案的制定与选择提供依据，也为对所选方案的实施、资源的分配与协调提供相应的标准。而且，对于纳税筹划的目标来说，是多方面的，可以有长期目标，也可以有适时的短期目标等。制定了不同的纳税筹划目标，对纳税筹划工作的要求就会不一样。但是，必须明确的是：短期目标服从长期目标，最终为了个人收益最大化的目标。

(二)收集和分析涉税资料

在筹划目标的指引下，通过税法数据库，查找与要筹划问题相关的所有税收法律、法规文件，并认真阅读，从而分析现行税制可能存在的纳税筹划空间。例如，我国现行税法规定高新技术开发区的高新技术企业减按15%的税率征收所得税，即高新技术企业享受企业所得税的优惠税率15%，这一规定表明必须是建立在高新技术开发区的企业，如果企业不是设在高新技术开发区内，就不能享受这个优惠待遇。因此，在进行纳税筹划时，要根据筹划空间的要求，收集相关资料进行分析比较，确定符合所需条件的要求，为方案的制定提供充分依据。

(三)比较和选择方案

在针对目标分析资料的基础上，纳税筹划者就可以制定纳税筹划的方案。一般情况下，对一个纳税或者一项税务事件的筹划方案都不可能只有一个，方案可能是有多个，而且，每个方案都有各自不同的优点和不足，存在各自不同的风险。在制定出纳税筹划方案之后，要针对纳税人所需对各个方案进行比较，选出最优的一个方案，而选择最优方案需要对方案进行各方面的评估。评估所涉及的内容主要有：成本、收益(长期和短期)和风险程度。

(四)设计流程并实施所选方案

实施所选择的方案是实现纳税筹划目标的重要步骤，更是体现纳税筹划方案有效性的重要过程。纳税人按照所选的纳税筹划的方案，对一系列的行为做出相应的处理，在这个过程中，一定要特别关注筹划方案中涉及的法律的规定或在实施过程中会遇到什么样的变化，这就需要制定相应的监督机制来对可能出现的风险进行控制，保证筹划方案顺利达到预期目标。

(五)评估所实施的方案

纳税人在制定和实施纳税筹划时所处的经济、政治法律环境都是在不断变化过程中的，国家法律会越来越完善，同时作为纳税人的情况也存在不稳定性，这些必然对纳税筹划方案的实施和筹划目标的实现产生影响。所以,这就需要筹划人员定期对筹划方案的实施进行评估。根据评估结果,适时发现出现的问题或方案不适合的地方,从而适当调整筹划方案,降低纳税筹划风险,保证筹划活动顺利进行。

三、纳税筹划的原则

(一)合法性原则

纳税筹划要在税收法规、税收政策、税收征收程序上来选择实施的途径,在国家法律法规及政策许可的范围内降低税负、获取利润。也就是说,要在合法的范围内进行筹划,必须在遵守法律和税收政策的前提下,才能保证筹划的生产经营活动、纳税方案为主管税务部门所确认,否则会受到税收法律相应的惩罚并承担相应的法律责任。因此,在筹划的实施上,一定要正确认识并划清合法筹划与违法筹划的界限,坚决避免利用违法筹划行为来减轻税负。

(二)效益性原则

效益性原则也即利益最大化原则。税收筹划的利益最大化原则其实是纳税人的基本权利的一种延伸,纳税人通过对其经营活动和财务活动进行安排,实施具体的税收筹划方案,通过合法合理的筹划所取得的税收收益是合法的。无论是税收相关法律法规的制定与执行,还是企业具体规划、实施税收筹划方案时都要以利益最大化为基本原则。无论是税收立法过程中还是政府在制定税收政策时,效益原则都是要首先考虑的,税收法律法规的出台,税收政策的发布要综合考虑对纳税人的生产经营活动的影响、对整体市场经济活动的影响以及对国家整体经济效益的影响,这些实质上就是效益原则的体现。对企业而言,进行税收筹划的最主要的目的,归根结底是要实现企业利益的最大化,这既是财务管理的唯一目标,也是综合评价纳税人生产经营的业绩标准。当然,当存在多种纳税方案可供选择时,作为纳税人自然要选择税负最低的方案。但在现实生活中,最优的方案并不一定是税负最轻的方案,因为有时税负减少并不一定等于资本总体收益的增加,因此在纳税筹划时应选择总体收益最大的方案。

(三)稳健性原则

纳税筹划在追求纳税人利益最大化的同时,还必须注意筹划的稳健性原则。一般来说,纳税人的节税收益越大,风险也越大。各种节减税收的方式和方法都有一定的风险,节税收益与税制变化风险、市场风险、利率风险、债务风险、汇率风险、通货膨胀风险等是紧密联系在一起的。筹划时，要尽可能考虑各种风险，以保证综合利益的最大化。要在筹划时做好充分的准备，尽力地去管理风险和控制风险，尽最大可能降低风险的程度，转移风险的概率，分散风险的影响，减少损失的程度，要在筹划收益与节税风险之间进行必要的权衡，以保证能够取得财务利益。

（四）针对性原则

税收筹划的针对性原则即在具体筹划运作时，要针对企业不同的生产经营情况，开展有的放矢的筹划，要根据国家对不同地区、不同行业、不同部门、不同规模所实行的不同的税收政策，寻找适合自身发展的切入点，制定相应的筹划方案。税收政策规定的不同，纳税人所享受的税收优惠待遇也不相同。所以，纳税人在具体制定、实施税收筹划方案时，要综合全面地考虑所适应的税收政策，以取得最好的筹划效益。如对增值税商贸企业，现行的税收政策规定，增值税商贸企业在申请办理一般纳税人时，根据商贸企业的购销规模来进行增值税一般纳税人的认定和增值税辅导期一般纳税人的认定工作。当纳税人的生产经营规模达到大型商贸企业的标准时，则无须先认定为六个月的增值税辅导期一般纳税人，而是可直接认定为增值税一般纳税人，当月就可进行增值税的进项税额的抵扣，这样则无须占用企业资金，可直接降低税负，达到资金快速流转的作用。

主要税法依据：

1.《关于纳税人权利和义务的公告》

2009 年 11 月 6 日　国家税务总局公告 2009 年第 1 号

2.《关于加强纳税人权益保护工作的若干意见》(国税发〔2013〕15 号)

2013 年 2 月 8 日　国家税务总局

第四章　个人提供劳务所得的税收问题

第一节　工资薪金所得涉税政策解读

一、工资、薪金所得范畴

工资、薪金所得，是指个人因任职或者受雇而取得的工资、薪金、奖金、年终加薪、劳动分红、津贴、补贴以及任职或者受雇有关的其他所得。

一般来说，工资、薪金所得属于非独立个人劳动所得。所谓非独立个人劳动，是指个人所从事的是由他人指定、安排并接受管理的劳动，工作或服务于公司、工厂、行政、事业单位的人员(私营企业主除外)均为非独立劳动者。他们从上述单位取得的劳动报酬，是以工资、薪金的形式体现的。在这类报酬中，工资和薪金的收入主体略有差异。通常情况下，把直接从事生产、经营或服务的劳动者(工人)的收入称为工资，即所谓"蓝领阶层"所得；而将从事社会公职或管理活动的劳动者(公职人员)的收入称为薪金，即所谓"白领阶层"所得。但实际立法过程中，各国都从简便易行的角度考虑，将工资、薪金合并为一个项目计征个人所得税。

除工资、薪金以外奖金、年终加薪、劳动分红、津贴、补贴也被确定为工资、薪金范畴。其中，年终加薪、劳动分红不分种类和取得情况，一律按工资、薪金所得课税。津贴、补贴等则有例外。根据我国目前个人收入的构成情况，规定对于一些不属于工资、薪金性质的补贴、津贴或者不属于纳税人本人工资、薪金所得项目的收入，不予征税。这些项目包括：

1. 独生子女补贴；

2.执行公务员工资制度未纳入基本工资总额的补贴、津贴差额和家属成员的副食品补贴；

3.托儿补助费；

4.差旅费津贴、误餐补助。其中，误餐补助是指按照财政部规定，个人因公在城区、郊区工作，不能在工作单位或返回就餐的，根据实际误餐顿数，按规定的标准领取的误餐费。单位以误餐补助名义发给职工的补助、津贴不能包括在内。

奖金是指所有具有工资性质的奖金，免税奖金的范围在税法中另有规定。

参照2001年11月9日国税函〔2001〕832号批复的规定，公司职工取得的用于购买企业国有股权的劳动分红，按“工资、薪金所得”项目计征个人所得税。

【例4-1】 公司职工取得的用于购买企业国有股权的劳动分红，为何按“工资、薪金所得”项目征税，而不是“利息、股息、红利所得”？

【解答】 公司职工取得的用于购买企业国有股权的劳动分红，按“工资、薪金所得”缴纳个人所得税，这一规定是源于联想集团控股公司对公司职工分配历年留存的劳动分红的行为，实质上是工资、薪金性质。以下是文件原文：

国家税务总局关于联想集团改制员工取得的用于购买企业国有股权的劳动分红征收个人所得税问题的通知

国税函〔2001〕832号

北京市地方税务局：

你局《北京市地方税务局关于联想集团改制员工获得国有股权征免个人所得税问题的请示》(京地税个〔2001〕411号)收悉。来文反映，联想集团经有关部门批准，建立了一套产权激励机制，将多年留存在企业应分配给职工的劳动分红(1.63亿元)，划分给职工个人，用于购买企业的国有股权(35%)，再以职工持股会的形式持有联想集团控股公司的股份。你局提出，对联想集团控股公司职工取得的用于购买企业国有股权的劳动分红，比照《国家税务总局关于企业改组改制过程中个人取得量化资产征收个人所得税问题的通知》(国税发〔2000〕60号)规定，暂缓征收个人所得税。经研究，现批复如下：

一、该公司职工取得的用于购买企业国有股权的劳动分红，不宜比照国税发〔2000〕60号文的规定暂缓征收个人所得税。理由是：

(一)两者的前提不同。国税发〔2000〕60号文规定暂缓征税的前提，是集体所有制企业改制为股份合作制，而联想集团改制不符合这一前提。

(二)两者的分配方式不同。国税发〔2000〕60号文规定暂缓征税的分配方式，是在企业改制时将企业的所有资产一次量化给职工个人，而联想集团仅是分配历年留存的劳动分红。

二、联想集团控股公司的做法，实际上是将多年留存在企业应分未分的劳动分红在职工之间进行了分配，职工个人再将分得的部分用于购买企业的国有股权。

三、根据前述事实及个人所得税有关规定，对联想集团控股公司职工取得的用于购买企业国有股权的劳动分红，应按"工资、薪金所得"项目计征个人所得税，税款由联想集团控股公司代扣代缴。

出租汽车经营单位对出租车驾驶员采取单车承包或承租方式运营，出租车驾驶员从事客货营运取得的收入，按工资、薪金所得征税。

【例 4-2】 顺达汽车出租公司将本单位拥有的一辆出租车承包给本单位职工A，按照承包合同规定，A每月上交承包费6 000元后，其余收入均归A所有。2013年8月份，A取得运营收入10 000元，上交承包费6 000元后，实际收入4 000元。

本例中，A实际取得的收入4 000元，根据《机动出租车驾驶员个人所得税征收管理暂行办法》的有关规定，应按"工资、薪金所得"税目征税。

二、工资、薪金所得适用的税率

工资、薪金所得，适用七级超额累进税率，税率为3%—45%。如表4-1所示：

表 4-1 工资、薪金所得税率表

级数	全月应纳税所得额（含税级距）	全月应纳税所得额（不含税级距）	税率（%）	速算扣除数（元）
1	不超过1 500元	不超过1 455元的	3	0
2	超过1 500元至4 500元的部分	超过1 455元至4 155元的部分	10	105
3	超过4 500元至9 000元的部分	超过4 155元至7 755元的部分	20	555
4	超过9 000元至35 000元的部分	超过7 755元至27 255元的部分	25	1 005
5	超过35 000元至55 000元的部分	超过27 255元至41 255元的部分	30	2 755
6	超过55 000元至80 000元的部分	超过41 255元至57 505元的部分	35	5 505
7	超过80 000元的部分	超过57 505元的部分	45	13 505

三、工资、薪金所得费用减除标准

工资、薪金所得，以每月收入额减除费用3 500元后的余额，为应纳税所得额。符合一定条件的纳税人每月工资、薪金所得在减除3 500元费用的基础上，再减除 1 300 元。

附加减除费用适用的范围如下：

1. 在中国境内的外商投资企业和外国企业中工作取得工资、薪金所得的外籍人员；

2. 应聘在中国境内的企业、事业单位、社会团体、国家机关中工作取得工资、薪金所得的外籍专家；

3. 在中国境内有住所而在中国境外任职或者受雇取得工资、薪金所得的个人；

4. 财政部确定的取得工资、薪金所得的其他人员。

华侨和香港、澳门、台湾同胞参照上述附加减除费用标准执行。

【例 4-3】 涂先生为具有中国国籍的居民纳税义务人，2013 年 11 月份，他从中国境内获得 6 000 元的工资类收入，同时又从英国获得一定的收入，折合成人民币为 10 000 元。如果涂先生能够提供证明文件，证明其在境内和境外分别任职或受雇及工资、薪金标准，那么其来源于国内和国外的收入可以分别减除费用并计算纳税。

境内应纳税额＝6 000－3 500＝2 500(元)。

境外应纳税额＝10 000－4 800＝5 200(元)。

四、工资、薪金所得应纳税额的计算

应纳税额＝应纳税所得额×适用税率－速算扣除数

＝(每月收入额－3 500 元或 4 800 元)×适用税率－速算扣除数。

这里需要说明的是，由于工资、薪金所得在计算应纳个人所得税额时，适用的是超额累进税率，所以，计算比较烦琐。运用速算扣除数计算法，可以简化计算过程。速算扣除数是指在采用超额累进税率征税的情况下，根据超额累进税率表中划分的应纳税所得额级距和税率，先用全额累进方法计算出税额，再减去用超额累进方法计算的应征税额以后的差额。当超额累进税率表中的级距和税率确定以后，各级速算扣除数也固定不变，成为计算应纳税额时的常数。

【例 4-4】 假定某纳税人 2013 年 5 月工资 6 000 元，该纳税人不适用附加减除费用的规定。计算其当月应纳个人所得税税额。

(1)应纳税所得额＝6 000－3 500＝2 500(元)。

(2)应纳税额＝2500×10％－105＝145(元)。

【例 4-5】 假定某外商投资企业中工作的美国专家(假设为非居民纳税人),2013 年 5 月份取得由该企业发放的工资收入 10 400 元人民币。请计算其应纳个人所得税税额。

(1)应纳税所得额=10 400-(3 500+1 300)=5 600(元)。

(2)应纳税额=5 600×20%-555=565(元)。

五、对个人取得全年一次性奖金等计算征收个人所得税的方法

全年一次性奖金是指行政机关、企事业单位等扣缴义务人根据其全年经济效益和对雇员全年工作业绩的综合考核情况,向雇员发放的一次性奖金。一次性奖金也包括年终加薪、实行年薪制和绩效工资办法的单位根据考核情况兑现的年薪和绩效工资。

纳税人取得全年一次性奖金,单独作为 1 个月工资、薪金所得计算纳税,自 2005 年 1 月 1 日起按以下计税办法,由扣缴义务人发放时代扣代缴。

(一)第一种情形,当月工资、薪金所得低于税法规定的费用扣除标准

具体计算方法,也可分为两步:

第一步 确定适用税率

(全年一次性奖金+当月工资、薪金所得-费用扣除标准)÷12,依据得出的商数确定适用税率;

第二步 计算应纳税额

应纳税额=(全年一次性奖金+当月工资、薪金所得-费用扣除标准)×适用税率-速算扣除数。

【例 4-6】 某甲 12 月当月收入 3 400 元,并发放当年年终奖 24 100 元。当月工资不足 3 500 元,可用其取得的年终奖收入 24 100 元补足其差额部分 3 500-3 400=100 元,剩余 24 000 元除以 12 个月,得出月均奖金2 000元,其对应的适用税率 10%和速算扣除数 105 计算,即:(24 100-100)×10%-105=2 295(元)。

(二)第二种情形,当月工资、薪金所得高于(或等于)税法规定的费用扣除标准

在此情形下,由于在计算当月工资、薪金所得应纳税额时,费用扣除标准已经扣除过一次。因此,在计算全年一次性奖金应纳税额时,政策规定不再扣除,

直接用全年一次性奖金除以12个月，依据得出的商数确定适用税率。计税公式为：

应纳税额＝全年一次性奖金×适用税率－速算扣除数。

【例4-7】 某乙12月收入10 000元，并发放当年年终奖30 000元，12月工资10 000元，减除3 500元费用扣除标准，按适用税率20%和速算扣除数555计算(10 000－3 500)×20%－555＝745(元)；年终奖30 000元，除以12个月为2 500元，对应适用税率10%和速算扣除数105计算，即：30 000×10%－105＝2 895(元)。总计应缴个税3 640元。

在一个纳税年度内，对每一个纳税人，该计税办法只允许采用一次。

雇员取得除全年一次性奖金以外的其他各种名目奖金，如半年奖、季度奖、加班奖、先进奖、考勤奖等，一律与当月工资、薪金收入合并，按税法规定缴纳个人所得税。

【例4-8】 中国公民王某为某文艺团体演员，6月份取得工薪收入6 000元，第二季度的奖金4 000元。则其工薪收入应缴纳个人所得税＝(6 000＋4 000－3 500)×20%－555 ＝745(元)。

六、工资、薪金所得典型问题解答

(一)特定行业职工取得的工资、薪金所得的计税方法

为了照顾采掘业、远洋运输业、远洋捕捞业因季节、产量等因素的影响，职工的工资、薪金收入呈现较大幅度波动的实际情况，对这3个特定行业的职工取得的工资、薪金所得，可按月预缴，年度终了后30日内，合计其全年工资、薪金所得，再按12个月平均并计算实际应纳的税款，多退少补。用公式表示为：

应纳所得税额＝[(全年工资、薪金收入÷12－费用扣除标准)×税率－速算扣除数]×12。

【例4-9】 我国公民张先生在某一煤矿企业从事井下采煤工作，假设2013年每月工资收入4 000元(已扣除三险一金)，全年收入48 000元，每月应预缴税款为：(4 000－3 500)×3%＝15(元)，全年共计应纳税款＝15×12＝180(元)。

(二)关于个人取得公务交通、通信补贴收入征税问题

个人因公务用车和通信制度改革而取得的公务用车、通信补贴收入，扣除一定标准的公务费用后，按照“工资、薪金所得”项目计征个人所得税。按月发放

的，并入当月“工资、薪金所得”计征个人所得税；不按月发放的，分解到所属月份并与该月份“工资、薪金所得”合并后计征个人所得税。而根据《北京市地方税务局关于对公司员工报销手机费征收个人所得税问题的批复》的第一条规定，企事业单位为个人通信工具(因公需要)负担通信费采取金额实报实销或限额实报实销部分的，可不并入当月工资、薪金征收个人所得税。

公务费用扣除标准，由省级地方税务局根据纳税人公务交通、通信费用实际发生情况调查测算，报经省级人民政府批准后确定，并报国家税务总局备案。

【例 4-10】 通信费补贴形式决定是否纳税？

在某企业工作的李女士很纳闷，工资本来就少，一个月通信补助也才 150 元，还得和工资一起缴税。而朋友在一家企业的外事部门工作，电话费用了多少就报销多少，而且还不用和工资一起纳税。这是为什么呢？

原来，根据个税的有关规定，工资、薪金所得，是指个人因任职或者受雇而取得的工资、薪金、奖金、年终加薪、劳动分红、津贴、补贴以及与任职或者受雇有关的其他所得，通信补助作为补贴的一种形式，应该缴纳个人所得税。

而那家外企的通信费之所以不用纳税，是根据《北京市地方税务局关于对公司员工报销手机费征收个人所得税问题的批复》的第一条规定，企事业单位为个人通信工具(因公需要)负担通信费采取金额实报实销或限额实报实销部分的，可不并入当月工资、薪金征收个人所得税。同时，该文件第二条也明确表示，单位为个人通信工具负担通信费采取发放补贴形式的，应并入当月工资、薪金计征个人所得税。

(三)关于失业保险费(金)征税问题

城镇企业事业单位及其职工个人按照《失业保险条例》规定的比例，实际缴付的失业保险费，均不计入职工个人当期工资、薪金收入，免予征收个人所得税；超过《失业保险条例》规定的比例缴付失业保险费的，应将其超过规定比例缴付的部分计入职工个人当期的工资、薪金收入，依法计征个人所得税。

具备《失业保险条例》规定条件的失业人员，领取的失业保险金，免予征收个人所得税。

【例 4-11】 某职工 10 月份应发工资 7 600 元，交纳社会统筹的养老保险 100 元，失业保险 50 元(超过规定比例 5 元)。则 10 月份应纳税收入为：(7 600－100－50＋5)＝7 455(元)。

(四)关于支付各种免税之外的保险金的征税方法

企业为员工支付各项免税之外的保险金，应在企业向保险公司缴付时(即该保险落到被保险人的保险账户)并入员工当期的工资收入，按“工资、薪金所得”项目计征个人所得税，税款由企业负责代扣代缴。

【例 4-12】 A 企业为了挽留核心技术人员张某，在每月给张某发放 10 000 元工资外，还花了 50 000 元给张某买了 1 份生存金保险。

对此，张某当月应纳税所得额为 10 000 元+50 000 元=60 000(元)。

(五)关于企业为高层管理人员租房发生的费用征税问题

根据《中华人民共和国个人所得税法实施条例》的规定，公司为员工租房发生的费用应计入员工工资薪金所得征收个人所得税。如果高层管理人员属于外籍个人，可以按规定享受免税。根据《国家税务总局关于外籍个人取得有关补贴征免个人所得税执行问题的通知》(国税发〔1997〕54 号)的规定：“对外籍个人以非现金形式或实报实销形式取得的合理的住房补贴、伙食补贴和洗衣费免征个人所得税，应由纳税人在初次取得上述补贴或上述补贴数额、支付方式发生变化的月份的次月进行工资薪金所得纳税申报时，向主管税务机关提供上述补贴的有效凭证，由主管税务机关核准确认免税。”

(六)关于个人低价购买单位自建住房的征税问题

财政部、国家税务总局《关于单位低价向职工售房有关个人所得税问题的通知》(财税〔2007〕13 号)规定：“根据住房制度改革政策的有关规定，国家机关、企事业单位及其他组织在住房制度改革期间，按照所在地县级以上人民政府规定的房改成本价格向职工出售公有住房，职工因支付的房改成本价格低于房屋建造成本价格或市场价格而取得的差价收益，免征个人所得税。”

除上述规定情形外，单位按低于购置或建造成本价格出售住房给职工，职工因此而少支出的差价部分(职工实际支付的购房价款低于该房屋的购置或建造成本价格的差额)，属于个人所得税应税所得，应按照“工资、薪金所得”项目缴纳个人所得税。

对职工取得的上述应税所得，比照国家税务总局《关于调整个人取得全年一次性奖金等计算征收个人所得税方法问题的通知》(国税发〔2005〕9 号)规定的全年一次性奖金的征税办法，计算征收个人所得税，即先将全部所得数额除以 12，按其商数并根据个人所得税法规定的税率表确定适用的税率和速算扣除数，再根据全部所得数额、适用的税率和速算扣除数，按照税法规定计算征税。

【例 4-13】 老张为 A 企业的老员工，单位最近集资盖房，为了照顾老员工，单位以低于成本价向职工出售盖好的住房，该住房建造成本为 30 万元，老张只花了 24 万元拿到该住房。

对此，老张实际支付的购房价款 24 万元，低于该房屋的建造成本价格 30 万元的差额是 6 万元，除以 12 个月为 5 000 元，对应适用税率 20%和速算扣除数 555 计算，即：60 000×20%－555＝11 445(元)。

老张取得住房当月应纳个人所得税为 11 445 元。

(七)关于个人取得午餐补贴、集体福利等征税问题

《财政部、国家税务总局关于误餐补助范围确定问题的通知》(财税字〔1995〕82 号)规定，《国家税务总局关于印发征收个人所得税若干问题的规定的通知》(国税发〔1994〕89 号)文件规定不征税的误餐补助，是指按财政部门规定，个人因公在城区、郊区工作，不能在工作单位或返回就餐，确定需要在外就餐的，根据实际误餐顿数，按规定的标准领取的误餐费。一些单位以误餐补助名义发给职工的补贴、津贴，应当并入当月工资、薪金所得计征个人所得税。

《财政部关于企业加强职工福利费财务管理的通知》(财企〔2009〕242 号)规定："企业给职工发放的节日补助、未统一供餐而按月发放的午餐费补贴，应当纳入工资总额管理。"

根据上述规定，午餐补贴属于员工取得与任职或者受雇有关的其他所得，属于工资、薪金所得。该所得不属于不征税的误餐补助；同时不属于免税的补贴、津贴以及免税的生活补助费等免纳个人所得税的所得。因此，员工午餐补贴应缴纳个人所得税。

集体福利若以实物或现金方式分发给个人，个人分得的福利属于与任职或者受雇有关的其他所得。个人取得的集体福利不属于免纳个人所得税的所得，应与当月工资、薪金合并缴纳个人所得税。但目前对于集体享受的、不可分割的、非现金方式的福利，原则上不征收个人所得税。

集体福利若没有发给个人，而是以培训班、研讨会、工作考察等名义组织旅游活动的，根据《财政部、国家税务总局关于企业以免费旅游方式提供对营销人员个人奖励有关个人所得税政策的通知》(财税〔2004〕11 号)规定："按照我国现行个人所得税法律法规有关规定，对商品营销活动中，企业和单位对营销业绩突出人员以培训班、研讨会、工作考察等名义组织旅游活动，通过免收差旅费、旅游费对个人实行的营销业绩奖励(包括实物、有价证券等)，应根据所发生费用全额计入营销人员应税所得，依法征收个人所得税，并由提供上述费用的企业和单位

代扣代缴。”其中，对企业雇员享受的此类奖励，应与当期的工资薪金合并，按照“工资、薪金所得”项目征收个人所得税；对其他人员享受的此类奖励，应作为当期的劳务收入，按照“劳务报酬所得”项目征收个人所得税。相应人员也应将免费旅游等所得并入当月工资薪金所得缴纳个人所得税。

（八）引进人才发放一次性安家费的征税问题

《中华人民共和国个人所得税法》第四条第七项规定：“按照国家统一规定发给干部、职工的安家费、退职费、退休工资、离休工资、离休生活补助费，暂免征收个人所得税。”如不符合上述规定或以“安家费”名义向员工发放收入，应作为“工资、薪金所得”项目由发放单位负责代扣代缴个人所得税。

（九）关于员工获得股权激励如何征税的问题

根据财税〔2005〕35 号文件规定：“股票期权形式的工资、薪金应纳税所得额＝(行权股票的每股市场价－员工取得该股票期权支付的每股施权价)×股票数量。”员工将持有的股票期权提前转让的，以转让净收益作为股票形式的工资薪金所得，缴纳个人所得税。取得股票期权的员工在行权日不实际买卖股票，而按行权日股票期权所指定股票的市场价与施权价之间的差额，直接从授权企业取得价差收益的，该项价差收益应作为员工取得的股票期权形式的工资、薪金所得，按有关规定计算缴纳个人所得税。

根据国税函〔2009〕461 号文件规定：“限制性股票应纳税所得额＝(股票登记日股票市价＋本批次解禁股票当日市价)÷2×本批次解禁股票份数－被激励对象实际支付的资金总额×(本批次解禁股票份数÷被激励对象获取的限制性股票总份数)。”

股票增值权被授权人应纳税所得额，是由上市公司根据授权日与行权日股票差价乘以被授权股数，直接向被授权人支付的现金。

【例 4-14】 张某按照约定于 2013 年 5 月 1 日行使股票期权，该日 A 公司股票价格为 15 元，张某股票期权行权时股票期权形式工资、薪金应纳税所得额：(15－5)×10 000＝100 000(元)。张某获得的 A 公司限制性股票于 2013 年 1 月 5 日解禁，解禁日 A 公司股票价格为 15 元，解禁日张某限制性股票形式工资、薪金应纳税所得额：(9＋15)÷2×10 000－30 000×(10 000÷10 000)＝90 000(元)。

（十）关于企业年金如何计算缴纳个人所得税的问题

企业年金是指企业及其职工按照《企业年金试行办法》的规定，在依法参加基本养老保险的基础上，自愿建立的补充养老保险。国家税务总局《关于企业年金个人所得税征收管理有关问题的通知》(国税函〔2009〕694 号),首次明确了企业年金个人所得税征收管理的相关问题,之后《关于企业年金个人所得税有关问题补充规定的公告》(国家税务总局公告 2011 年第 9 号)(以下简称 9 号公告)又对该函的有关规定作了补充规定。因此,企业年金在计算缴纳个人所得税时,应注意以下几个问题。

1. 企业年金无个人所得税税收优惠待遇

国税函〔2009〕694 号第一条规定:“企业年金的个人缴费部分,不得在个人当月工资、薪金计算个人所得税时扣除。这就是说企业年金个人缴费部分也要计算缴纳个人所得税。”

【例 4-15】 甲公司实行年金计划,公司总经理李某月工资 10 000 元,2013 年 12 月,公司已向其年金账户缴存当月应缴金额 3 000 元,其中企业缴费 2 000 元,个人缴费 1 000 元。该月李某应缴多少个人所得税?

由于年金中个人缴费 1 000 元,不得在其当月工资、薪金中扣除,因此,李某应缴工资、薪金个人所得税 745 元[(10 000－3 500)×20%－555]。

国税函〔2009〕694 号第二条第一款规定:“对于企业年金的企业缴费计入个人账户的部分(以下简称企业缴费)是个人因任职或受雇而取得的所得,属于个人所得税应税收入。”在计入个人账户时,应视为个人一个月的工资、薪金(不与正常工资、薪金合并),不扣除任何费用,按照“工资、薪金所得”项目计算当期应纳个人所得税款,并由企业在缴费时代扣代缴。对于企业年金的个人缴费部分,不得在个人当月工资、薪金计算个人所得税时扣除。对企业按季度、半年或年度缴费的,在计税时不得还原至所属月份,均作为一个月的工资、薪金,不扣除任何费用,按照适用税率计算扣缴个人所得税。

续例 15,李某年金企业缴费部分应缴个人所得税 95 元(2 000×10%－105)。两项合计应缴 840 元(745＋95),李某实际到手的工资为 8 160 元(10 000－1 000－840)。

2. 月工资收入低于费用扣除标准的年金不征税

由于国税函〔2009〕694 号对企业为月工资收入低于费用扣除标准的职工缴存企业年金的征税问题不够明确,因此 9 号公告规定,企业年金的企业缴费部分计入职工个人账户时,当月个人工资薪金所得与计入个人年金账户的企业缴费之和未超过个人所得税费用扣除标准的,不征收个人所得税;个人当月工资薪金所得低于个人所得税费用扣除标准,但加上计入个人年金账户的企业缴费后超过个人所得税费用扣除标准的，其超过部分按照国税函〔2009〕694 号第二条规定缴纳个人所得税。

【例 4-16】 乙公司实行企业年金计划，员工张某今年 2 月、3 月份的工资分别是 2 400 元、2 800 元；公司按月为其年金企业缴费是 1 000 元，张某的年金如何申报缴纳个人所得税？

2 月份张某的工资与公司为其缴纳的年金之和是 3 400 元(2 400＋1 000)达不到工资薪金个人所得税费用扣除标准 3 500 元，所以企业年金不需要缴纳个人所得税；3 月份张某的工资与公司为其缴纳的企业年金之和是 3 800 元(2 800＋1 000)超过了工资薪金费用扣除标准 3 500 元，应纳税所得额为 300 元(3 800－3 500)，张某的年金需要申报缴纳个人所得税 9 元(300×3％)。

(十一)关于为本企业推销加盟品牌获佣金的纳税问题

依据《财政部、国家税务总局关于个人提供非有形商品推销、代理等服务活动取得收入征收营业税和个人所得税有关问题的通知》(财税〔1997〕103 号)第一条规定："雇员为本企业提供非有形商品推销、代理等服务活动取得佣金、奖励和劳务费等名目的收入，无论该收入采用何种计取方法和支付方式，均应计入该雇员的当期工资、薪金所得，按照个人所得税法及其实施条例和其他有关规定计算缴纳个人所得税。"

(十二)关于职工离职取得收入的征税问题

职工离职主要有：解除劳动关系、内部退养、提前退休等 3 种方式。这 3 种比较特殊的"工资、薪金所得"，在计税时容易混淆，现将 3 种计税方法介绍如下：

1. 解除劳动关系

根据《国家税务总局关于个人因解除劳动合同取得经济补偿金征收个人所得税问题的通知》(国税发〔1999〕178 号)和《财政部、国家税务总局关于个人与用人单位解除劳动关系取得的一次性补偿收入征免个人所得税问题的通知》(财税〔2001〕157 号)规定，个人因与用人单位解除劳动关系而取得的一次性补偿收入(包括用人单位发放的经济补偿金、生活补助费和其他补助费用)，应按"工资、薪金所得"项目计征个人所得税。

个人取得的一次性补偿收入在当地上年职工平均工资 3 倍数额以内的部分，免征个人所得税；超过的部分，可视为一次取得数月的工资、薪金收入，允许在一定期限内进行平均。具体平均办法为：以个人取得的一次性经济补偿收入，除以个人在本企业的工作年限数，以其商数作为个人的月工资、薪金收入，按照税法规定计算缴纳个人所得税。个人在本企业的工作年限数按实际工作年限数计算，超过12年的按12计算。计税公式：

应纳税额＝{〔(一次性补偿收入－当地上年职工平均工资×3)÷工作年限－费用扣除标准〕×适用税率－速算扣除数}×工作年限。

【例4-17】 老王是甲公司原总经理，再过2年就年满60周岁退休，为了培养新人，2013年7月遂决定提前离职。为了表彰老王20多年来对甲公司做出的突出贡献，甲公司董事会研究决定，在老王离职时一次性支付给老王42万元。(老王在职时每月领取工资5 000元，当地上年职工平均工资为20 000元)。

则老王取得的一次性补偿应缴个人所得税计算如下：{[(420 000－20 000×3)÷12－3 500]×25％－1 005}×12＝67 440(元)。

2.内部退养

内部退养是指职工在未到退休年龄的情况下，经本人申请，单位领导批准，可以退出工作岗位休养。职工退养期间，由单位发给生活费。一些单位，基于减员增效、机构改革等原因，还给予职工一定的经济补偿。退养职工达到国家规定的退休年龄时，再按照规定办理退休手续。根据《国家税务总局关于个人所得税有关政策问题的通知》(国税发〔1999〕58号)第一条的规定，实行内部退养的个人在其办理内部退养手续后至法定离退休年龄之间从原任职单位取得的工资、薪金，不属于离退休工资，应按工资、薪金所得项目计征个人所得税。个人在办理内部退养手续后从原任职单位取得的一次性收入，应按办理内部退养手续后至法定离退休年龄之间的所属月份进行平均，并与领取当月的工资、薪金所得合并后减除当月费用扣除标准，以余额为基数确定适用税率，再将当月工资、薪金加上取得的一次性收入，减去费用扣除标准，按适用税率计征个人所得税。计税方法可分为两步：

第一步　确定适用税率

一次性收入÷办理退养手续至法定退休年龄的实际月份数＋当月的工资薪金所得－费用扣除标准，依据此数确定适用税率；

第二步　计算应纳税额

应纳税额＝(一次性收入＋当月的工资薪金所得－费用扣除标准)×适用税率－速算扣除数。

【例4-18】 接上例，如果老王2013年7月办理的是内部退养手续，则老王取得的一次性生活补贴应缴个人所得税计算如下：

420 000÷24=17 500 元,17 500+5 000-3 500=19 000(元),适用税率为25%,速算扣除数为 1 005 元;

应缴个人所得税=(420 000+5 000-3 500)×25%-1 005=104 370(元)。

3.提前退休

根据《国家税务总局关于个人提前退休取得补贴收入个人所得税问题的公告》(国家税务总局公告 2011 年第 6 号)的规定,机关、企事业单位对未达到法定退休年龄、正式办理提前退休手续的个人,按照统一标准向提前退休工作人员支付一次性补贴,不属于免税的离退休工资收入,应按照"工资、薪金所得"项目征收个人所得税。个人因办理提前退休手续而取得的一次性补贴收入,应按照办理提前退休手续至法定退休年龄之间所属月份平均分摊计算个人所得税。计税公式如下:

应纳税额=〔(一次性补贴收入÷办理提前退休手续至法定退休年龄的实际月份数-费用扣除标准)×适用税率-速算扣除数〕×提前办理退休手续至法定退休年龄的实际月份数。

【例 4-19】 张姨办理提前退休手续至法定退休年龄剩余 36 个月,因办理提前退休手续可取得一次性补贴 15 万元,根据上述计算公式,张姨的应纳个税额为:[(150 000÷36-3 500)×3%-0]×36=720(元)。

第二节 工资薪金所得纳税筹划

随着我国经济的快速发展,企业职工收入水平的不断提高,越来越多的人成为个人所得税的纳税人。从维护切身利益、减轻税收负担的角度出发,企业工资薪金的个人所得税纳税筹划越来越受到纳税人的重视。那么如何使纳税人在不违法的前提下,尽可能地减轻税负,获得最大收益就成了一个重要的研究内容,个人工资薪金所得的纳税筹划也显得越来越重要。

一、工资薪金所得纳税筹划的基本思路

在合法、合规的前提下,个人工资薪金所得的纳税筹划应坚持"应扣不漏,应

免不扣”,“综合考虑,免税效应”的基本思路。具体说来,应从以下几方面着手:

一要充分考虑影响应纳税额的因素。影响个人所得税的应纳税额的因素有两个,即应纳税所得额和税率。因此,要降低税负,无非是运用合理又合法的方法减少应纳税所得额,或者通过周密的设计和安排,使应纳税所得额适用较低的税率。应纳税所得额是个人取得的收入扣除“三险一金”“免征额”等费用后的余额,在实行超额累进税率的条件下,费用扣除越多,所适用的税率越低;

二要充分利用个人所得税的税收优惠政策。税收优惠是税收制度的基本要素之一,是国家为了实现税收调节功能,在税种设计时有意而为,纳税人充分利用这些条款,可以达到减轻税负的目的;

三要充分进行事前筹划。纳税筹划应坚持事前筹划,要有超前性和目的性,必须在工资薪金发放之前进行筹划,系统地对各项人工成本的支付行为做出事先安排,以达到减少个人所得税的目的;

四要充分实行工资薪金的均衡发放。职工工资薪金个人所得税采取的是超额累进税率,纳税人的应税所得越多,适用的税率也就越高,所以在纳税人一定时期内收入总额既定的情况下,分摊到各个纳税期内(一般为每月)的收入应尽量均衡,避免大起大落,这就要求企业在年初就应做好人工成本总量测算以及每层级职工收入的测算。

二、工资薪金所得纳税筹划具体方法

(一)均衡发放工薪、奖金的税收筹划

【例 4-20】 王某是一家公司的销售代表,每月工资 5 200 元。年初,按照公司的奖金制度,王某根据上年的销售业绩估算今年可能得到20 000元奖金。请问如果王某全年能够获得奖金 20 000 元,其全年应纳的个人所得税是多少?王某该如何为自己的个人所得税进行筹划?

【筹划思路】

如果公司在年终一次性发放这笔奖金,按规定计算应缴的个人所得税。

工资部分应纳的个人所得税税额为:[(5 200－3 500)×10%－105]×12＝780(元)。

奖金部分应纳的个人所得税税额为:20 000×10%－105＝1 895 (元)。

王某全年应纳的个人所得税为:780＋1 895＝2 675(元)。

如果公司分两个月两次发放这笔奖金(假设公司最后一次发放奖金也未以年终奖形式发放),按规定计算应缴的个人所得税。

未取得奖金月份应纳的个人所得税税额为：[(5 200－3 500)×10%－105]×(12－2)＝650(元)。

取得奖金月份应纳的个人所得税税额为：[(5 200＋20 000/2－3 500)×25%－1 005]×2＝3 840(元)。

王某全年应纳的个人所得税为：650＋3 840＝4 490(元)。

如果公司分四个月四次发放这笔奖金(假设公司最后一次发放奖金也未以年终奖形式发放)，按规定计算应缴的个人所得税。

未取得奖金月份应纳的个人所得税税额为：[(5 200－3 500)×10%－105]×(12－4)＝520(元)。

取得奖金月份应纳的个人所得税税额为：[(5 200＋20 000/4－3 500)×20%－555]×4＝3 140(元)。

王某全年应纳的个人所得税为：520＋3 140＝3 660(元)。

【案例评析】

显然，除一次性发放全年奖金外，同样的奖金随着发放次数的增加，王某应缴的个人所得税会逐渐减少。

因此，王某应要求公司在年终时一次性发放其全年奖金，如果公司从其他方面考虑，无法满足王某的要求，则王某应与公司商议，尽量分月多次发放奖金。

(二)工薪所得与劳务报酬所得的性质转换

【筹划思路】

工薪所得和劳务报酬所得的最大区别在于：所得的获得者是否同劳务需求单位存在雇佣关系。纳税人可以通过对雇佣关系的处理来安排所得性质，使所获收入被定位于最有利的税收位置，从而达到避税的目的。

【例 4-21】 林老师在某名牌大学广告系任教，月工资收入 4 200 元，同时应某广告制作公司邀请，每月为该公司广告制作人员讲学一次，每次收入 5 000 元。如何帮林老师筹划每月应缴纳的个人所得税？

如果林老师与广告公司存在雇佣关系，两项收入应合并，按工薪所得缴纳个人所得税，则应缴纳的个人所得税为：(4 200＋5 000－3 500)×20%－555＝585(元)。

如果不存在固定的雇佣关系，两项收入分开计算缴税，则工薪所得应缴纳的个人所得税为：(4 200－3 500)×3%＝21(元)。

劳务报酬所得应缴纳的个人所得税为：5 000×(1－20%)×20%＝800(元)

共计缴纳个人所得税 821(元)。

所以林老师最好与广告公司签订劳动合同，将劳务报酬所得转化为工资所得，这样就可以达到节税的目的。

【例 4-22】 王先生系一高级工程师，2013 年 11 月获得某公司的工资类收入 62 500 元。

如果王先生和该公司存在稳定的雇佣与被雇佣关系，则应按工资、薪金所得缴税，其应纳税额为：(62 500－3 500)×35%－5 505＝15 145(元)。

如果王先生和该公司不存在稳定的雇佣与被雇佣关系，则该项所得应按劳务报酬所得缴税，其应纳税额为：62 500×(1－20%)×30%－2 000＝13 000(元)。

因此，如果王先生与该公司不存在稳定的雇佣关系，或采取某些可能的措施，使其与该公司没有稳定的雇佣关系，将工资所得转化为劳务报酬所得，则他可以节省税金 2 145 元(15 145－13 000)。

【分析评价】

利用该种筹划方法需要注意的问题：

不同的收入水平下选择以工资薪金的方式或以劳务报酬的方式缴纳个人所得税所承担的个人所得税税负是不同的。一般来说：当工薪所得应纳税所得额较少时，可以考虑在可能的情况下，将劳务报酬所得转化成工资、薪金所得；当两项收入都较大时，将工资、薪金所得和劳务报酬所得分开计算能节税。收入性质的转化必须是真实、合法的。

【相关链接】

广州市规定：如果纳税人与用人单位签订一定年限的合同，一般来说都可以按照“工资薪金”扣缴个人所得税。如果纳税人在法定劳动年龄内与用人单位签订了由劳动局监制的劳动合同，持有劳动就业管理机构确认的《广州市职工劳动手册》或《广东省流动人员就业证》，按国家规定已参加社会保险，当年度连续在本单位工作 3 个月以上(含 3 个月)，并能提供完整的劳动考勤记录，也可按照“工资薪金”计算个人所得税。但如果没与用人单位签订合同，不能提供上述证明，则只能作为“劳务报酬”纳税。

(三)奖金发放方式的税收筹划

1. 全额分摊到下年月份工资中

【例 4-23】 老王是一家国内销量很大的啤酒厂的技术骨干，其每年的奖金都高居酒厂第一位，年份较好的时候，年奖金高达 30 万元，而自己平时的工资并不高，每月仅有 5 000 元。预计 2013 年底，其奖金为 30 万元。

筹划前：

老王的个人所得税纳税情况如下：

在2013年每月收入应纳税＝(5 000－3 500)×3％＝45(元)；

一次奖金应纳个人所得税额＝300 000×25％－1 005＝73 995(元)；

年度总的个人所得税额＝73 995＋45×12＝74 535(元)；

老王一年税后净收入＝(300 000＋5 000×12)－(45×12＋73 995)＝285 465(元)。

筹划后：

如果将老王一次奖金平均到2014年发放，假定其月均收入仍无变化，则应纳税税款将会发生较大变化。

一年的总应纳税收入为360 000元，每月应纳税所得额为26 500元(30 000－3 500)；

每月应纳税款＝26 500×25％－1 005＝5 620(元)；

年应纳税款＝5 620×12＝67 440(元)。

筹划结果：

改变这种激励安排后，老王一年节约税款为7 095元(74 535－67 440)。

2. 部分分摊到下年月份工资中

【例4-24】 某企业高管张先生月薪1万元，年终奖为25万元。

筹划前，按一次性发放年终奖计算。

张先生每月工资收入应纳个税：(10 000－3 500)×20％－555＝745(元)。

年终奖收入应纳个税250 000 ×25％－1 005＝ 61 495(元)。

全年应纳个税＝ 61 495＋745×12＝70 435(元)。

筹划后，如果将25万元年终奖减少为20万元，将另外5万元分10个月并入当月工资，即有10个月的月薪为1.5万元。

年终奖收入应纳个人所得税：200 000 ×25％－1 005＝ 48 995(元)。

10个月的工资收入应纳个人所得税：(15 000－3 500) ×25％－1 005＝1 870(元)。

全年应纳个税：48 995 ＋1 870×10＋745×2＝69 185(元)。

筹划结果：70 435－69 185＝1 250(元)。

3. 年终奖金分为“年终双薪”和“年终奖金”两部分发放

【例4-25】 某公司税务总监2013年12月获得工资所得5 000元。因该年纳税管理和纳税筹划工作取得较大成效，公司当月拟发放年终奖25 000元给他。为合法节税，该公司采取将年终奖中 5 000 元作为“双薪”，其余 20 000 元作为奖金。

(1)纳税筹划前

①工资应纳个人所得税＝(5 000－3 500)×3%＝45(元)。

②年终奖应纳个人所得税＝25 000×10%－105＝2 395(元)。

合计应纳个人所得税＝45＋2 395＝2 440(元)。

(2)纳税筹划后

①工资应纳个人所得税＝(5 000－3 500)×3%＝45(元)。

②“双薪”应纳个人所得税＝5 000×20%－555＝445(元)。

③年终奖应纳个人所得税＝20 000×10%－105＝1 895(元)。

合计应纳个人所得税＝45＋445＋1895＝2 385(元)。

以上两方案比较，后者比前者少纳个人所得税 55 元(2 440－2 385)。

4. 合理选择奖金发放办法

【例 4-26】 林老师 2013 年每月工资为 4 500 元，当年年终超课时津贴、科研津贴预计为 36 000 元。

若奖金按月发放，全年应纳税 3 540 元{[(4 500＋ 3 000－3 500)×10%－105]×12}。

若按半年发放，全年应纳税 7 790 元{[(4 500＋ 18 000－3 500)×25%－1 005]×2 ＋[(4 500－3 500)×3%]×10}。

若年终一次性发放，全年应纳税 3 855 元{[(4 500－3 500)×3%]×12 ＋(36 000×10%－105)}。

可以看出，在年终奖税率小于等于月税率时，平均每月发放纳税最少、年终一次发放次之、按半年发放最多。

5. 掌握好纳税临界点进行筹划

在年终奖税务筹划时，一方面要注重降低税率，另一方面应避开纳税禁区，尽量选择纳税禁区的起点减去 1 后的余额作为年终奖最佳金额。

【例 4-27】 2013 年王老师全年收入总额为 42 300 元，其中每月工资为 2 000 元，年终科研津贴 18 300 元。

若年终一次性发放，全年应纳税：18 300×10%－105＝ 1 725(元)。

为避开纳税禁区，筹划将科研津贴 18 000 元在年终一次性发放，剩下的 300

元奖金在1月与当月工资合并发放，全年应纳税：18 000×3%＝540(元)。

结果：比筹划前可节税1 185元。

【知识延伸】

2011年12月4日傍晚，中国农业大学副教授葛长银在微博上发表了关于年终奖临界点的博文，比如年终奖为18 000元，那么要缴纳540元的税，如果年终奖为18 001元，则需要多纳税1 155.1元，即1 695.1元。同理，54 001元的年终奖比54 000元多纳税4 950.2元；发420 001元比420 000元多纳税19 250.3元；发660 001元比660 000元多纳税30 250.35元；发960 001元比960 000元多纳税88 000.45元。

在年终奖适用工薪所得税率时，每个级差都是一个"节点"，而在每个"节点"附近都会有一个"多发不如少发"的区间范围"盲区"。

"盲区"共有6个，分别是：

18 001～19 283.38；

54 001～60 187.50；

108 001～114 600；

420 001～447 500；

660 001～706 538.46；

960 001～1 120 000。

(四)通过福利手段减少名义工资的筹划

我国对工资、薪金适用的是七级超额累进税率，因而工资数额的提高，也意味着上缴税款的比重增加。怎样使自己的工资实际水平保持不变，同时又使所承担的税收款项最小化，是纳税人所共同关心的。

一般可行的做法是和企业领导人进行商议，改变自己的工资支付方法。即由企业提供一些必要的福利，相应地减少自己的工资，并使改变后的工资实际水平和以前保持一致。

1. 单位提供住房筹划法

受聘时，雇员可与雇主协商，由雇主支付个人在工作期间的寓所租金，增加雇主的企业所得税前扣除金额，雇主再将这部分收益转移给雇员。

【例4-28】 A公司会计师王先生每月从公司获取工资、薪金所得5 000元，由于租住一套两居室，每月付房租2 000元，除去房租，王先生可支配月收入为3 000元。这时王先生应纳的个人所得税是：(5 000－3 500)×3%＝45(元)。

如果A公司为王先生提供免费住房，每月名义工资下调到3 000元，则王先生个人民得税没有变化。但根据《国家税务总局关于工资薪金及职工福利费强除问题的通知》（国税函〔2009〕3号）文件的规定，职工住房补贴，以及租赁住房给职工住宿所发生的支出均属于职工福利费支出，应纳入职工福利费管理范畴，并按税收规定在所得税前扣除。为此，A公司当年可以增加职工福利费24 000元，减少企业所得税6 000（元），（假定企业所得税率为25%，职工福利费在14%限额内）。王先生完全可以和A公司商议，将这6 000元的部分作为工资发给王先生。但这里要注意，企业为职工提供住宿而发生的租金需凭房屋租赁合同及合法凭证在职工福利费中列支。

2.单位提供福利设施筹划法

由企业向职工提供的各种福利设施，若不能将其转化为现金，则不会被视为工资收入，从而也就不必计算个人所得税。

(1)企业提供免费膳食或者由企业直接支付搭伙管理费。企业提供的膳食餐具必须具有不可变现性，即不可转让，不能兑换现金。

(2)使用企业提供的家具及住宅设备。企业向职工提供住宅时，由企业集体配备家具及住宅设备，然后收取低租金。

(3)企业提供办公用品和设施。某些职业的工作需要专用设备，如广告设计人员需要高档次计算机等。如果由职工自已购买，则职工会提出加薪的要求，而加薪就要上税。此时由企业购买后配给职工使用，可避免纳税。

(4)由企业提供车辆供职工使用，该车辆不可以再租予他人使用。

(5)转售股票认购权。

(6)企业为职工子女成立教育基金，提供奖学金给职工子女。

(7)使用由企业缔结合约提供给职工的公共设施，如水、电、煤气、电话等。

总之，对于缴纳工资、薪金所得税的个人，在前面所述的法律允许条件下，能福利化的尽量福利化。其节约的主要方法是在保证消费水平提高的前提下，降低所得额，规避高边际税率，达到减轻税负之目的。对于企业来讲，要在遵守税法的前提下，合理地选择职工收入支付方式，以帮助职工提高消费水平。一味地增加名义货币收入，从税收角度考虑并不是完全可取的。

3.单位提供教育保障筹划法

企业可以给职工提供培训机会和给其子女的教育提供奖学金、助学金等方面的保障。一个企业要想发展，就不能忽视对其职工的培训，因此，企业可以成立自己的培训中心，也可以委托其他培训中心进行培训，还可以采取由职工自已选择、单位统一管理支出的方式。企业在对职工进行培训时，可以给职工提高工资，由职工自行安排，也可以完全由企业提供，这两种方法对企业而言，是一样的效果，但显然是后者更有利于职工的节税。

企业也可以为职工子女成立教育基金，为企业职工的子女提供奖学金、助学金等教育上的保障。这些方面的支出由企业统一核算，按实际开支数目从职工的工资、薪金所得中以一定的比例扣除。

经调整过的职工工资实际水平不变，甚至有所提高，但由于名义所得降低，其应纳税额将大大降低。

【例 4-29】 某企业欲以月薪 25 000 元招聘一名技术总监。假设该城市高级白领的年平均旅游支出基本为 6 000 元，个人需要的培训支出基本为 6 000 元。

筹划前。

月应缴纳个人所得税：(25 000－3 500)× 25%－1 005＝4 370(元)。

全年税后净收入为：300 000－4 370 × 12＝247 560(元)。

个人可支配收入为：247 560－6 000－6 000＝235 560(元)。

筹划后。

若该企业招聘总监的报酬条件为月薪 24 000 元，每年提供一次总额 6 000 元的双人旅游机会，每年给予个人额度为 6 000 元的培训费用(由企业根据员工的需要，直接为员工支付费用)。则该技术总监全年需要缴纳的个人所得税为[(24 000－3 500)×25%－1 005]×12＝49 440(元)，在保持同样的消费水平的情况下，扣除了税金支出后个人可支配收入为 288 000－49 440＝238 560(元)，降低税负 3 000 元。

4.科研项目费用转化法

高校有许多科研项目，假如利用自筹经费方式开展课题立项及研究，相应地就可以事先与学校协议在今后该成果计算发放科研津贴或奖励时，先报销研发过程中发生的审稿、出版、材料等相关科研支出，再按照规定给教师发放津贴差额，以降低计税依据。

【例 4-30】 林老师 2013 年开始自筹经费研究税务筹划相关课题，共发表论文 20 余篇，其间支付调研费、版面费、资料费等 31 500 元。2013 年末按照其所在学校科研考核和奖励规定，统计其成果应发放科研津贴36 000元。

若林老师一次取得 36 000 元，按规定需纳税 3 495 元(36 000×10%－

105),税后收入为 32 505 元;若将事先支付的 31 500 元报销后,取得津贴差额 4 500 元,则纳税 135(4 500×3%)元,经筹划可节税 3 360 元。

第三节　劳务报酬所得涉税政策解读

一、劳务报酬所得范畴

劳务报酬所得,指个人独立从事各种非雇佣的各种劳务所取得的所得。内容如下:

1. 设计。指按照客户的要求,代为制定工程、工艺等各类设计业务。

2. 装潢。指接受委托,对物体进行装饰、修饰,使之美观或具有特定用途的作业。

3. 安装。指按照客户要求,对各种机器、设备的装配、安置,以及与机器、设备相连的附属设施的装设和被安装机器设备的绝缘、防腐、保温、油漆等工程作业。

4. 制图。指受托按实物或设想物体的形象,依体积、面积、距离等,用一定比例绘制成平面图、立体图、透视图等的业务。

5. 化验。指受托用物理或化学的方法,检验物质的成分和性质等业务。

6. 测试。指利用仪器仪表或其他手段代客对物品的性能和质量进行检测试验的业务。

7. 医疗。指从事各种病情诊断、治疗等医护业务。

8. 法律。指受托担任辩护律师、法律顾问,撰写辩护词、起诉书等法律文书的业务。

9. 会计。指受托从事会计核算的业务。

10. 咨询。指对客户提出的政治、经济、科技、法律、会计、文化等方面的问题进行解答、说明的业务。

11. 讲学。指应邀(聘)进行讲课、做报告、介绍情况等业务。

12. 新闻。指提供新闻信息、编写新闻消息的业务。

13. 广播。指从事播音等劳务。

14. 翻译。指受托从事中、外语言或文字的翻译(包括笔译和口译)的业务。

15.审稿。指对文字作品或图形作品进行审查、核对的业务。

16.书画。指按客户要求，或自行从事书法、绘画、题词等业务。

17.雕刻。指代客镌刻图章、牌匾、碑、玉器、雕塑等业务。

18.影视。指应邀或应聘在电影、电视节目中出任演员，或担任导演、音响、化妆、道具、制作、摄影等等与拍摄影视节目有关的业务。

19.录音。指用录音器械代客录制各种音响带的业务，或者应邀演讲、演唱、采访而被录音的服务。

20.录像。指用录像器械代客录制各种图像、节目的业务，或者应邀表演、采访被录像的业务。

21.演出。指参加戏剧、音乐、舞蹈、曲艺等文艺演出活动的业务。

22.表演。指从事杂技、体育、武术、健美、时装、气功以及其他技巧性表演活动的业务。

23.广告。指利用图书、报纸、杂志、广播、电视、电影、招贴、路牌、橱窗、霓虹灯、灯箱、墙面及其他载体，为介绍商品、经营服务项目、文体节目或通告、声明等事项，所做的宣传和提供相关服务的业务。

24.展览。指举办或参加书画展、影展、盆景展、邮展、个人收藏品展、花鸟虫鱼展等各种展示活动的业务。

25.技术服务。指利用一技之长而进行技术指导、提供技术帮助的业务。

26.介绍服务。指介绍供求双方商谈，或者介绍产品、经营服务项目等服务的业务。

27.经纪服务。指经纪人通过居间介绍，促成各种交易和提供劳务等服务的业务。

28.代办服务。指代委托人办理受托范围内的各项事宜的业务。

29.其他劳务。指上述列举28项劳务项目之外的各种劳务。

自2004年1月20日起，对商品营销活动中，企业和单位对其营销业绩突出的非雇员以培训班、研讨会、工作考察等名义组织旅游活动，通过免收差旅费、旅游费对个人实行的营销业绩奖励（包括实物、有价证券等），应根据所发生费用的全额作为该营销人员当期的劳务收入，按照“劳务报酬所得”项目征收个人所得税，并由提供上述费用的企业和单位代扣代缴。

在实际操作过程中，还可能出现难以判定一项所得是属于工资、薪金所得，还是属于劳务报酬所得的情况。这两者的区别在于：工资、薪金所得是属于非独立个人劳务活动，即在机关、团体、学校、部队、企业、事业单位及其他组织中任职、受雇而得到的报酬；而劳务报酬所得，则是个人独立从事各种技艺、提供各项劳务取得的报酬。

【例 4-31】 下列所得属于劳务报酬所得的是(　　)。

A. 按照客户的要求，代为制定工程、工艺等各类设计业务取得的所得

B. 个人提供专有技术获得的报酬

C. 个人发表书画作品取得的收入

D. 个人出租财产取得的收入

【答案】 A

二、劳务报酬所得税率

劳务报酬所得，适用比例税率，税率为 20%。对劳务报酬所得一次收入畸高的，可以实行加成征收，具体办法由国务院规定。根据《个人所得税法实施条例》规定。“劳务报酬所得一次收入畸高”，是指个人一次取得劳务报酬，其应纳税所得额超过 20 000 元。对应纳税所得额超过 20 000－50 000元的部分，依照税法规定计算应纳税额后再按照应纳税额加征五成；超过 50 000 元的部分，加征十成。因此，劳务报酬所得实际上适用 20%、30%、40%的三级超额累进税率(如表 4-2 所示)。

表 4-2　劳务报酬所得个人所得税税率表

级　数	每次应纳税所得额	税率(%)	速算扣除数(元)
1	不超过 20 000 元的部分	20	0
2	超过 20 000—50 000 元的部分	30	2 000
3	超过 50 000 元的部分	40	7 000

注：本表所称每次应纳税所得额，是指每次收入额减除费用 800 元(每次收入额不超过 4 000 元时)或者减除 20%的费用(每次收入额超过 4 000 元时)后的余额。

三、劳务报酬所得费用扣除标准

劳务报酬所得每次收入不超过 4 000 元的，减除费用 800 元；4 000 元以上的，减除 20%的费用，其余额为应纳税所得额。其中对每次收入的确定如下。

根据不同劳务项目的特点，分别规定为：

1. 只有一次性收入的，以取得该项收入为一次。例如从事设计、安装、装潢、制图、化验、测试等劳务，往往是接受客户的委托，按照客户的要求，完成一次劳

务后取得收入。因此，是属于只有一次性的收入，应以每次提供劳务取得的收入为一次。

2. 属于同一事项连续取得收入的，以 1 个月内取得的收入为一次。例如，某歌手与一卡拉 OK 厅签约，在 2012 年 1 年内每天到卡拉 OK 厅演唱一次，每次演出后付酬 80 元。在计算其劳务报酬所得时，应视为同一事项的连续性收入，以其 1 个月内取得的收入为一次计征个人所得税，而不能以每天取得的收入为一次。

四、劳务报酬所得应纳税额的计算

对劳务报酬所得，其个人所得税应纳税额的计算公式。

1. 每次收入不足 4 000 元的：

应纳税额＝应纳税所得额×适用税率

或　　　＝(每次收入额－800)×20％。

2. 每次收入在 4 000 元以上的：

应纳税额＝应纳税所得额×适用税率＝每次收入额×(1－20％)×20％。

3. 每次收入的应纳税所得额超过 20 000 元的：

应纳税额＝应纳税所得额×适用税率－速算扣除数

或　　　＝每次收入额×(1－20％)×适用税率－速算扣除数。

劳务报酬所得适用的速算扣除数见表 4-2。

【例 4-32】 歌星刘某一次取得表演收入 40 000 元，扣除 20％的费用后，应纳税所得额为 32 000 元。请计算其应纳个人所得税税额。

应纳税额＝每次收入额×(1－20％)×适用税率－速算扣除数

＝40 000×(1－20％)×30％－2 000＝7 600(元)。

五、劳务报酬所得典型问题解答

(一)关于个人举办各类学习班取得的收入征收个人所得税问题

国税函〔1996〕658 号文件第二条规定：个人无需政府有关部门批准并取得执照举办学习班、培训班的，其取得的办班收入属于“劳务报酬所得”应税项目，应按税法规定计征个人所得税。其中，办班者每次收入按以下方法确定：一次收取学费的，以一期取得的收入为一次；分次收取学费的，以每月取得的收入为一次。

【例 4-33】 某农科院的技术员欲举办一个大型周末培训班，该类培训班不用经过政府有关部门的批准。预计办班时间将持续3个月，总共能招收250人，每人学费预定为720元。

1. 如果该技术员采取一次性收取学费的方式，则该项所得的纳税情况如下：

总收入＝250×720＝180 000(元)；

应纳税额＝180 000×(1－20%)×40%－7 000＝50 600(元)。

2. 如果该技术员采取分三次收取学费的方式(每次每人收取240元)，则该项所得的纳税情况如下：

每月的收入＝250×240＝60 000(元)；

每次收入应纳税额＝60 000×(1－20%)×30%－2 000＝12 400(元)；

总共应纳税额＝12 400×3＝37 200(元)。

(二)关于签订代销合同的销售收入收取报酬如何纳税

《增值税暂行条例实施细则》第四条规定，单位或者个体工商户将货物交付其他单位或者个人代销，或者代销货物的，应视同销售征收增值税。这里的纳税人不包括个人，因此个人销售代销货物不缴纳增值税。但如果个人先买断产品后销售的，不属于代销货物，应按销售额的3%缴纳增值税及城市维护建设税和教育费附加。同时，根据《个人所得税法》按“个人经营所得”项目缴纳个人所得税。代销货物取得的收入应区分不同情况缴纳相应的税，如果代销员是厂家员工，其按产品销售收入一定比例取得的报酬，属于工资、薪金性质，应按“工资、薪金所得”项目缴纳个人所得税，而不必缴纳营业税。如果代销员不是厂家员工，而是其他个人经营者，则代销行为属于《营业税暂行条例》中规定服务业(代理业)的征税范围，其代销产品取得的收入，按“服务业”项目征收5%的营业税及城市维护建设税和教育费附加。同时，还应按“劳务报酬所得”项目缴纳个人所得税。

【例4-34】 张先生是一家化妆品公司的销售员，在日常推销中，除了经销自有品牌外，还为有特定需求的客户从事国外化妆品的代购业务。2013年11月，受客户委托，代购国外A化妆品，采购成本10 000元，而销售给客户的价格为12 000元。

在本例中，张先生需就收入2 000元，缴纳营业税及附加税：2 000×5%＋2 000×5%×(7%＋3%)＝110(元)，个人所得税：(2 000－800)×20%＝240(元)。

第四节　劳务报酬所得纳税筹划

要想减少劳务报酬所得应纳税额，可以通过增加费用开支，尽量减少应纳税所得额，或者通过增加收入次数、平摊收入的方法，将每一次的劳务报酬所得安排在较低税率的范围内。具体而言，劳务报酬所得的节税筹划操作实例有以下几种情况：

一、将劳务报酬转化成工薪收入

纳税人需要根据预计收入，分别计算工资薪金所得和劳务报酬所得的应纳税额，如果劳务报酬所得的应纳税额大于工资薪金所得税额，则与用人单位签订稳定的雇佣劳动合同。当然，签订的合同必须是事先的，真实、合法的。

【例 4-35】 林教授从 2012 年 5 月起，拟担任 A 公司技术顾问，A 公司按月给予林教授 5 000 元，若林教授与该公司没有签订雇佣劳动合同，则应按劳务报酬所得纳税，这笔收入需纳税：5 000×(1－20%)×20%＝800 元。若林教授与该公司签订了雇佣劳动合同，则表明存在着稳定的雇用与被雇用的关系，应按工资、薪金所得纳税。根据税法规定，纳税人从两处或者两处以上取得工资、薪金所得的，需合并纳税。假定林教授校内工资薪金每月收入为 4 000 元，则两处合并需纳税：(5 000＋4 000－3 500)×20%－555＝545(元)；校内工资薪金收入单独计算需纳税：(4 000－3 500)×3%＝15(元)，技术顾问收入按工资、薪金所得纳税 545－15＝530(元)，通过纳税筹划，这笔收入可每月节税 270 元。

二、将部分劳务报酬转换为费用

纳税人出外兼职，必然会增加一些日常费用开支，如差旅、住宿餐饮等费用。这些费用，通常需要由纳税人自己承担，但双方可以经过协商，由兼职企业支付给纳税人这些日常费用，适当降低劳务报酬；这样，虽然会减少名义收入，但由于减少了计税基础，实际收益会增加。

【例 4-36】 林教授应邀为外地某企业做内控辅导，双方签订合同规定，企业一次性支付劳务报酬 30 000 元，其他费用林教授自行承担。根据行程安排，林教授此行大约需发生日常开支5 000元。林教授应纳税额＝30 000×(1－20%)×30%－2 000＝5 200(元)，林教授此行税后净收益为30 000－5 200－5 000＝19 800(元)。若双方协商，更改合同中的报酬条款为"企业向林教授支付讲课费25 000元，往返交通、食宿费全部由企业负责"则林教授只需就25 000元收入纳税，应纳税额＝25 000×(1－20%)×20%＝4 000(元)，税后净收益为25 000－4 000＝21 000(元)，筹划后节税1 200元。

三、将劳务报酬收入分次、分项

根据税法规定，劳务报酬所得，属于一次性收入的，以取得该项收入为一次；属于同一项目连续性收入的，以一个月内取得的收入为一次；一个月内取得的收入，属于不同项目的，则需要分项计算。连续性收入集中在某个月份发放，会导致当月税负的增加，分散均衡发放可以减轻税负。双方可以设计合同，在不考虑货币时间价值和风险的情况下，将一次性收入均衡分摊，或者将连续性收入尽量平均发放，把每一次的劳务报酬所得安排在较低税率区间内收取。

【例4-37】 2013年，林教授利用业余时间，为某广告公司做创意设计，依业务完成情况，广告公司年终一次性给予林教授38 000元。林教授需纳税＝38 000×(1－20%)×30%－2 000＝7 120(元)。若双方将合同修改为，林教授分12个月收取，前面11个月每月固定收取3 000元，最后一个月，根据业务完成情况，进行总额清算；在本例中，还应收取5 000元，则需纳税＝(3 000－800)×20%×11＋5 000×(1－20%)×20%＝4 840＋800＝5 640(元)。通过变更合同，可节税1 480元。

【例4-38】 林教授属于财务专家，某月给A公司提供财务咨询，获得报酬10 000元，给B公司做了个税务筹划方案，获得收入50 000元，给C杂志社当匿名审稿人，获得收入1 000元。如果将各种报酬加总来缴纳个税，应纳税额＝(10 000＋50 000＋1 000)×(1－20%)×40%－7 000＝12 520(元)。由于这3笔收入不是一项所得，且不是连续取得的收入，应该分项计算：A公司所得收入应纳税额＝10 000×(1－20%)×20%＝1 600(元)；B公司所得收入应纳税额＝50 000×(1－20)×30%－2 000＝10 000(元)；C杂志社审稿所得应纳税额＝(1 000－800)×20%＝40(元)。总共纳税＝1 600＋10 000＋40＝11 640(元)，稍微安排一下就可少交880元税款。

第五节　稿酬所得涉税政策解读

稿酬所得，是指个人因其作品以图书、报刊形式出版、发表而取得的所得。将稿酬所得独立划归一个征税项目，而对不以图书、报刊形式出版、发表的翻译、审稿、书画所得归为劳务报酬所得，主要是考虑了出版、发表作品的特殊性。第一，它是一种依靠较高智力创作的精神产品；第二，它具有普遍性；第三，它与社会主义精神文明和物质文明密切相关；第四，它的报酬相对偏低。因此，稿酬所得应当与一般劳务报酬相对区别，并给予适当优惠照顾。

一、稿酬所得税率与费用扣除标准

稿酬所得适用比例税率，税率为20%，并按应纳税额减征30%。故其实际税率为14%。

稿酬所得费用扣除标准为每次收入不超过4 000元的，减除费用800元；4 000元以上的，减除20%的费用，其余额为应纳税所得额。

稿酬所得，以每次出版、发表取得的收入为一次。具体又可细分为：

1. 同一作品再版取得的所得，应视作另一次稿酬所得计征个人所得税；

2. 同一作品先在报刊上连载，然后再出版，或先出版，再在报刊上连载的，应视为两次稿酬所得征税。即连载作为一次，出版作为另一次；

3. 同一作品在报刊上连载取得收入的，以连载完成后取得的所有收入合并为一次，计征个人所得税；

4. 同一作品在出版和发表时，以预付稿酬或分次支付稿酬等形式取得的稿酬收入，应合并计算为一次；

5. 同一作品出版、发表后，因添加印数而追加稿酬的，应与以前出版、发表时取得的稿酬合并计算为一次，计征个人所得税。

二、稿酬所得应纳税额的计算

稿酬所得应纳税额的计算公式为：

1. 每次收入不超过4 000元的：

应纳税额＝应纳税所得额×适用税率×(1－30%)

=(每次收入额－800)×20%×(1－30%)。

2.每次收入在4 000元以上的:

应纳税额=应纳税所得额×适用税率×(1－30%)

=每次收入额×(1－20%)× 20%×(1－30%)。

【例4-39】 中国公民孙某系自由职业者,全年收入情况如下:

出版中篇小说一部,取得稿酬50 000元,后因小说加印和报刊连载,分别取得出版社稿酬10 000元和报社稿酬3 800元。请计算该年孙某的个人所得税。

【答案】 出版小说、小说加印及报刊连载应缴纳的个人所得税:

①出版小说、小说加印应纳个人所得税=(50 000+10 000)×(1－20%)×20%×(1－30%)=6 720(元);

②小说连载应纳个人所得税=(3 800－800)×20%×(1－30%)=420(元)。

第六节　稿酬所得纳税筹划

根据税法规定,稿酬所得的应纳税所得额是以个人每次取得的收入,定额减除费用800元或定率减除20%的费用后的余额,适用14%的比例税率。纳税人每次出版、发表同一作品,不论出版方是预付还是分笔支付稿酬,或者加印该作品后再付稿酬,均应合并其稿酬所得按一次所得计算缴纳个人所得税。在两处或两处以上出版、发表或再版同一作品而取得的稿酬所得,其在各处取得的所得或再版所得按分次所得计算缴纳个人所得税。

根据次数的规定,纳税人可以合理利用次数,减少应纳税所得额,具体的应该有以下几种方法:

一、系列丛书筹划法

如果一部作品可以分解成几个相对独立的部分,将这些独立章节采用系列丛书方式单独出版,则该作品可被认定为几个单独的作品,单独计算纳税。采用这种方法需要符合两个前提条件:一是该种发行方式应保证每本书的人均稿酬小于4 000元,该种筹划法利用的是抵扣费用的临界点,即在稿酬所得小于4 000元时,实际抵扣标准大于20%;二是该种发行方式不会影响到图书的发行量,否则得不偿失。

二、多人创作筹划法

纳税人在创作一部著作时，预计发行量比较大，一次稿酬所得数额较多，可以在前期考虑增加作者，即改一本著作由一个人写为多个人合作创作。

【例 4-40】 林教授准备写一本财务内控教材，预计能从出版社获得稿费 18 000 元。如果只有林教授一个作者，则这笔稿酬需纳税＝18 000×(1－20%)×20%×(1－30%)＝2 016(元)；如果林教授采取与多人合作筹划法，并假定该著作组共 5 人，则每人可分得 3 600 元，则共需纳税＝(3 600－800)×20%×(1－30%)×5＝1 960(元)，可节税 2 016－1 960＝56(元)。

该种筹划方法利用的原理，是取得收入低于 4 000 元稿酬的，费用扣除额为 800 元，该项抵扣的效果是大于 20%抵扣标准的。采用这种方法，纳税人该次个人的收入会比单独创作时少。为了减少损失，大家需要长期合作，相互挂名；该种筹划方法一般用在著作任务较多，比如有一套书要出，或者成立长期合作的著作组。而且由于长期的合作，节省税款的数额也会由少积多。

三、费用转移筹划法

根据税法规定，个人取得的稿酬所得只能扣除 800 或 20%的费用。如果能在现有扣除标准下，再多扣除一定的费用，或想办法将应纳税所得额减少，就可以减少应纳税额。通常就是和出版社沟通，由对方提供调研、社会实践等前期的费用。这样，出版社为纳税人支付前期搜集素材费用；纳税人将完工作品的版权卖予出版社，取得稿费和版权收入。在此计算所得税时，纳税人仍然获得 800 或 20%的费用扣除。而实际费用的耗费为 0 或低于 20%扣除率，这就有利于减少纳税。

【例 4-41】 林教授欲创作一本关于民营企业实体经济发展方面的专业书籍，需要到浙江、广东等地区进行实地考察研究，出版社与林教授达成协议全部稿费 25 万元，预计到浙江、广东考察费用支出 8 万元。如果林教授自己负担费用，则：应纳税额＝250 000×(1－20%)×20%×(1－30%)＝28 000(元)，税后净收益实际收入＝250 000－28 000－80 000＝142 000(元)。如果改由出版社支出这 80 000 元费用，则林教授实际获得稿费为 170 000 元，应纳税额＝170 000×(1－20%)×20%×(1－30%)＝19 040(元)，税后净收益＝170 000－19 040＝150 960(元)，可节税 8 960 元。

【知识延伸】 是否还要做自由撰稿人？

自由撰稿人由于工作方式灵活收入较高，越来越成为一些文字工作者的优先选择。作为一名自由撰稿人，在从事自由撰稿并取得一定成绩后，通常会面临三种选择：一是受聘于报社或杂志社成为记者或者编辑；二是受雇于报社或杂志社，为指定版面或栏目创作非署名文章；三是继续保持自由者的身份，向报社或杂志社自由投稿。在实际当中因前两种选择比较有成就感，所以前两种选择会得到多数自由撰稿人的垂青。但是作为自由撰稿人往往最关心还是个人收益，如果从此方面考虑，那么继续保持自由撰稿人的身份将会得到最大的个人收益。这是因为作为自由撰稿人不可避免地会遇到缴纳个人所得税问题。

【例 4-42】 张先生是一位长期从事自由撰稿的文字工作者。由于张先生的文章语言生动、独特，带有浓厚的地方特色，因此很受读者的欢迎。张先生每月发稿在 10 篇左右，每篇大约 2 000 字左右，每篇稿子的稿酬在 300—1 000 元不等。平均每个月张先生的收入在 7 000 元左右。

由于张先生的文字比较受读者欢迎，当地一些报社、杂志社多次找到张先生，请求张先生加入报社、杂志社做记者或编辑，每月工资 7 000 元。如果张先生不愿意也可受雇于报社或杂志社，为指定版面或栏目创作非署名文章。张先生每月向报社或杂志社提供 10 篇稿子，每篇大约 2 000 字，报社或杂志社将每月给予张先生 7 000 元的报酬。

从张先生所面临的情况来看，张先生在缴纳个人所得税方面应有三种情况：一是成为记者、编辑后，按“工资、薪金所得”缴纳个人所得税；二是与报社或杂志社达成合作协议后，按“劳务报酬所得”缴纳个人所得税；三是继续保持自由撰稿人身份，按稿酬所得缴纳个人所得税。

张先生在成为记者或编辑后，按工资、薪金所得每月应缴纳的个人所得税为：(7 000－3 500)×10％－105＝245(元)。

张先生与报社或杂志社达成创作协议后，每月从报社或杂志社取得劳务报酬，个人所得税法实施条例规定，劳务报酬所得，属于一次性收入的，以取得该项目收入为一次；属于同一项目连续性收入的，以一个月内取得的收入为一次。因为张先生是属于同一项目取得连续性收入，所以以一个月内取得的收入为一次收入。张先生按劳务报酬所得每月应缴纳的个人所得税为：[7 000×(1－20％)]×20％＝1 120(元)。

张先生继续保持自由撰稿人身份，个人所得税法实施条例规定，稿酬所得以每次出版、发表取得收入为一次。在此张先生单篇稿件的稿酬按最高稿酬计算，每篇

1 000 元。按照个人所得税法规定，稿酬所得每次不超过 4 000 元的，减除 800 元后全额为应纳个人所得税余额。因此张先生按稿酬所得每月应缴纳的个人所得税最高为：(1 000－800)×20%×(1－30%)×10＝280(元)。

通过以上对照可以看出，仅从个人收益来看张先生继续保持自由撰稿人的身份所获得的个人利益最大。

主要税法依据：

1.《中华人民共和国个人所得税法》(国家税务总局)2011 年 6 月 30 日

2.《全国人民代表大会常务委员会关于修改〈中华人民共和国个人所得税法〉的决定》(中华人民共和国主席令第 48 号)2011 年 6 月 30 日

3.《财政部、国家税务总局关于严格执行个人所得税费用扣除标准和不征税项目的通知》(财税〔2004〕40 号)2004 年 2 月 6 日

4.《国家税务总局关于调整个人取得全年一次性奖金等计算征收个人所得税方法问题的通知》(国税发〔2005〕9 号)2005 年 1 月 21 日

5.《国家税务总局关于单位为员工支付有关保险缴纳个人所得税问题的批复》(国税函〔2005〕318 号)2005 年 4 月 13 日

6. 国家税务总局关于企业为股东个人购买汽车征收个人所得税的批复(国税函〔2005〕364 号)2005 年 4 月 22 日

7. 国家税务总局关于个人兼职和退休人员再任职取得收入如何计算征收个人所得税问题的批复(国税函〔2005〕382 号)2005 年 4 月 26 日

8.《财政部、国家税务总局关于个人所得税有关问题的批复》(财税〔2005〕94 号)2005 年 6 月 23 日

9.《国家税务总局关于印发〈个人所得税管理办法〉的通知》(国税发〔2005〕120 号)2005 年 7 月 6 日

10.《国家税务总局关于纳税人取得不含税全年一次性奖金收入计征个人所得税问题的批复》(国税函〔2005〕715 号)2005 年 7 月 7 日

11.《财政部、国家税务总局关于中国金融教育发展基金会等 10 家单位公益救济性捐赠所得税税前扣除问题的通知》(财税〔2005〕73 号)2006 年 6 月 27 日

12.《国家税务总局关于加强和规范个人取得拍卖收入征收个人所得税有关问题的通知》(国税发〔2007〕38 号)2007 年 4 月 4 日

13.《关于修改〈中华人民共和国个人所得税法实施条例〉的决定》(中华人民共和国国务院令第 519 号)2008 年 2 月 18 日

14.《关于个人所得税工资薪金所得减除费用标准政策衔接问题的通知》(国税发〔2008〕20号)2008年2月20日
15.《关于生育津贴和生育医疗费有关个人所得税政策的通知》(财税〔2008〕8号)2008年3月7日
16.《关于个人向地震灾区捐赠有关个人所得税征管问题的通知》(国税发〔2008〕55号)2008年5月21日
17.《财政部、国家税务总局关于延长下岗失业人员再就业有关税收政策审批期限的通知》(财税〔2010〕10号)2010年3月4日
18.《国家税务总局关于个人提前退休取得补贴收入个人所得税问题的公告》(国家税务总局公告2011年第6号)2011年1月17日
19.《国家税务总局关于企业年金个人所得税有关问题补充规定的公告》(国家税务总局公告2011年第9号)2011年1月30日
20.《国家税务总局关于雇主为雇员承担全年一次性奖金部分税款有关个人所得税计算方法问题的公告》(国家税务总局公告2011年第28号)2011年4月28日
21.《全国人民代表大会常务委员会关于修改〈中华人民共和国个人所得税法〉的决定》(中华人民共和国主席令第48号)2011年6月30日
22.《国务院关于修改〈中华人民共和国个人所得税法实施条例〉的决定》(中华人民共和国国务院令第600号)2011年7月19日
23.《国家税务总局关于贯彻执行修改后的个人所得税法有关问题的公告》(国家税务总局公告2011年第46号)2011年7月29日
24.《财政部、国家税务总局关于工伤职工取得的工伤保险待遇有关个人所得税政策的通知》(财税〔2012〕40号)2012年5月3日
25.《国家税务总局关于证券经纪人佣金收入征收个人所得税问题的公告》(国家税务总局公告2012年第45号)2012年9月12日
26.《出版文字作品报酬规定》(国家版权局)1999年4月

第五章　个人投资、处置财产所得的税收问题

第一节　资本投资利得涉税政策解读

一、资本投资利得范畴

资本投资利得是指个人拥有债权、股权而取得的利息、股息、红利所得。利息，是指个人拥有债权而取得的利息，包括存款利息、出借资金利息和各种债券的利息。按税法规定，个人取得的利息所得，除国债和国家发行的金融债券利息外，应当依法缴纳个人所得税。股息、红利，指个人拥有股权取得的股息、红利。按照一定的比率对每股发给的息金叫股息；公司、企业应分配的利润按股份分配的叫红利。股息、红利所得，除另有规定外，都应当缴纳个人所得税。

除个人独资企业、合伙企业以外的其他企业的个人投资者，以企业资金为本人、家庭成员及其相关人员支付与企业生产经营无关的消费性支出及购买汽车、住房等财产性支出，视为企业对个人投资者的红利分配，依照"利息、股息、红利所得"项目计征个人所得税。企业的上述支出不允许在所得税前扣除。

纳税年度内个人投资者从其投资企业(个人独资企业、合伙企业除外)借款，在该纳税年度终了后既不归还又未用于企业生产经营的，其未归还的借款可视为企业对个人投资者的红利分配，依照"利息、股息、红利所得"项目计征个人所得税。

个人在银行结算账户的存款自2003年9月1日起滋生的利息，应按"利息、股息、红利所得"项目计征个人所得税，税款由办理银行结算账户业务的储蓄机构在结付利息时代扣代缴。

二、资本投资利得税额的计算

资本投资利得适用比例税率，税率为20%。从2007年8月15日起，居民储蓄利息税率调为5%。以每次收入额为应纳税所得额。利息、股息、红利所得，以支付利息、股息、红利时取得的收入为一次。

利息、股息、红利所得应纳税额的计算公式为：

应纳税额＝应纳税所得额×适用税率＝每次收入额×20%(或5%)。

【例5-1】 某居民2007年1月1日存入银行1年期定期存款100 000元。假定年平均利率为4.745%，存款到期日把存款全部取出。请计算其应缴个人所得税。

(1)每天利息收入＝100 000×4.745%÷365＝13(元)。

(2)应缴纳个人所得税＝226×13×20%＋139×13×5%＝677.95(元)。

自2005年6月13日起，个人从上市公司取得的股息、红利所得按以下规定处理：

1.对个人投资者从上市公司取得的股息、红利所得，自2005年6月13日起暂减按50%计入个人应纳税所得额，依照现行税法规定计征个人所得税；

2.对证券投资基金从上市公司分配取得的股息、红利所得，按照财税〔2005〕102号文件规定，扣缴义务人在代扣代缴个人所得税时，减按50%计算应纳税所得额。

【例5-2】 张先生为自由职业者，2012年8月取得如下所得：从A上市公司取得股息所得16 000元，从B非上市公司取得股息所得7 000元。

要求：计算张先生上述所得应缴纳的个人所得税税额。

解：股息所得应纳个人所得税＝16 000×20%×50%＋7 000×20%＝3 000(元)。

三、资本投资利得典型问题解答

(一)关于职工集资取得的利息征税问题

根据国家税务总局《关于做好对储蓄存款利息所得暂免征收个人所得税工作的通知》(国税函〔2008〕826号)要求，自2008年10月9日起暂免征收储蓄存款利息所得个人所得税，即从2008年10月9日起暂免征收利息税，并实行分段计算征免。而个人取得的集资分红收入，如在水泥厂取得的集资利息、在农村信用社持《股金证》取得的股息、红利所得等，应按“利息、股息、红利所得”项目征税，税率为20%，不享受免税政策。

（二）关于个人向企业借款长期不归还征税问题

《财政部、国家税务总局关于规范个人投资者个人所得税征收管理的通知》（财税〔2003〕158号）规定：“纳税年度内个人投资者从其投资企业（个人独资企业、合伙企业除外）借款，在该纳税年度终了后既不归还，又未用于企业生产经营的，其未归还的借款可视为企业对个人投资者的红利分配，依照“利息、股息、红利所得”项目计征个人所得税。”

【例5-3】 某房地产公司股东之一的王某，自2007年至今一直和企业之间存在互相借款行为。王某2009年3月从企业借款290万元，其间又陆续和企业发生互相借款行为，并陆续归还，2011年将290万元归还企业。请问此笔借款是否需按“股息红利”缴纳个人所得税？

根据上述规定，王某在2009年3月从企业借款290万元，所借款项未用于生产经营、用于个人消费，到2009年12月31日终了后，王某仍未归还企业。该借款应视为企业对王某的红利分配，应按“利息、股息、红利所得”项目代扣代缴王某的个人所得税58（290×20%）万元。如果王某能提供证据证明所借款项290万元用于企业生产经营的，不视为企业对王某的红利分配。

（三）关于未分配利润转增资本是否缴纳个人所得税的问题

《国家税务总局关于股份制企业转增股本和派发红股征免个人所得税的通知》（国税发〔1997〕198号）规定：

1.股份制企业用资本公积金转增股本不属于股息、红利性质的分配，对个人取得的转增资本数额，不作为个人所得，不征收个人所得税；

2.股份制企业用盈余公积金派发红股属于股息、红利性质的分配，对个人取得的红股数额，应作为个人所得征税。

《国家税务总局关于原城市信用社在转制为城市合作银行过程中个人股增值所得应纳个人所得税的批复》（国税函〔1998〕289号）则对上述政策中的“资本公积金”的含义进行了解释和规定，指出文中所称的不作为个人所得，不征收个人所得税。“资本公积金”是指股份制企业股票溢价发行收入所形成的资本公积金。将此转增股本由个人取得的数额，不作为应税所得征收个人所得税。而与此不相符合的其他资本公积金分配个人所得部分，应当依法征收个人所得税。

《国家税务总局关于盈余公积金转增注册资本征收个人所得税问题的批复》

(国税函〔1998〕333 号)重申国税发〔1997〕198 号文的政策,并明确:对个人取得的盈余公积金的应纳税款,应该由股份有限公司在有关部门批准增资,公司股东会决议通过后代扣代缴。

根据《国家税务总局关于进一步加强高收入者个人所得税征收管理的通知》(国税发〔2010〕54 号)文件规定:"为加强法人企业转增注册资本和股本管理,对以未分配利润、盈余公积和除股票溢价发行外的其他资本公积转增注册资本和股本的,要按照"利息、股息、红利所得"项目,依据现行政策规定计征个人所得税。"

【例 5-4】 未分配利润转增资本免征个人所得税

2007 年 9 月,万顺股份(300057)以截至 2007 年 6 月 30 日的未分配利润转增资本 9 000 万元,按转增前出资比例分别增加杜成城、杜端凤的出资额 8 100 万元和 900 万元。根据广东省地方税务局《关于贯彻落实省委、省政府关于依靠科技进步推动产业结构优化升级的决定的通知》(粤地税发〔1998〕221 号),万顺股份对本次由未分配利润转增资本涉及的应缴个人所得税事宜向汕头市地方税务局保税区税务分局提出免征申请,该局于 2008 年 9 月 18 日就上述免征个人所得税申请事宜做出了《关于将结存的未分配利润转增股本是否应计入个人所得税计税所得额的报告的批复》,主要内容为"上述分配,是公司股东将其收益直接再投入用于企业的生产经营。且该公司是省科技厅 2007 年认定的高新技术企业,因此,根据广东省地方税务局《关于贯彻落实省委、省政府关于依靠科技进步推动产业结构优化升级的决定的通知》(粤地税发〔1998〕221 号)第四项的规定,该项分配的收益不列为个人所得税计税所得额"。

(四)关于股东因撤资取得债权收入征税问题

根据《国家税务总局关于个人股东取得公司债权债务形式的股份分红计征个人所得税问题的批复》(国税函〔2008〕267 号)规定:"根据《中华人民共和国个人所得税法》和相关规定,个人取得的股份分红所得包括债权、债务形式的应收账款、应付账款相抵后的所得。"个人股东取得公司债权、债务形式的股份分红,应以其债权形式应收账款的账面价值减去债务形式应付账款的账面价值的余额,加上实际分红所得为应纳税所得,按照规定缴纳个人所得税。

【例 5-5】 长江公司要进行改制,张某作为股东要求撤资,公司按规定分给张某股本 500 万元和红利 200 万元,由于公司现金不足,只支付给张某 600 万元的现金,差额部分用公司的 100 万元债权分配给他,用来补偿其分红。

则张某的应纳税所得额为其取得的股份分红200万元（现金100万元、债权100万元）。长江公司应按照“利息、股息、红利”税目为其代扣代缴个人所得税40万元，即200×20%＝40（万元）。

（五）关于企业赠送房产给投资者本人征税问题

依据《财政部、国家税务总局关于规范个人投资者个人所得税征收管理的通知》（财税〔2003〕158号）第一条规定：“个人独资企业、合伙企业的个人投资者以企业资金为本人、家庭成员及其相关人员支付与企业生产经营无关的消费性支出及购买汽车、住房等财产性支出，视为企业对个人投资者的利润分配，并入投资者个人的生产经营所得，依照‘个体工商户的生产经营所得’项目计征个人所得税。”除个人独资企业、合伙企业以外的其他企业的个人投资者，以企业资金为本人、家庭成员及其相关人员支付与企业生产经营无关的消费性支出及购买汽车、住房等财产性支出，视为企业对个人投资者的利润分配，依照“利息、股息、红利所得”项目计征个人所得税。企业的上述支出不允许在所得税前扣除。

（六）关于净资产折股给个人股东征税问题

【例5-6】 某企业截至2012年7月31日经过会计师事务所审计以后的净资产为32 000万元，其中：实收资本2 000万元（全部为个人出资）、资本公积15 000万元（全部为资本溢价）、盈余公积1 500万元、未分配利润13 500万元。现在企业将32 000万元净资产折合股本13 000万元。该种方式原股东（即个人）是否缴纳个人所得税？

答：《公司法》规定，有限责任公司变更为股份有限公司时，折合的实收股本总额不得高于公司净资产额。

《首次公开发行股票并上市管理办法》规定，有限责任公司按原账面净资产值折股整体变更为股份有限公司的，持续经营时间可以从有限责任公司成立之日起计算。

《企业会计准则》规定，公司的净资产也就是所有者权益，所有者权益是指所有者在企业资产中享有的经济利益，其金额为资产减去负债后的余额，包括：实收资本、资本公积、盈余公积和未分配利润等。

由于有限公司净资产额须按原账面净值折股，净资产里的实收资本、盈余公积、资本公积和未分配利润都要折股为股份公司的股本数额，对于原股东来说就涉及所持股份增加而衍生的个人所得税问题。

《个人所得税法实施条例》第八条规定，税法第二条所说的各项个人所得的范围：

（七）利息、股息、红利所得，是指个人拥有债权、股权而取得的利息、股息、红利所得……即自然人股东由于未分配利润和盈余公积折股导致的持股数量增加部分，应作为自然人股东的应税所得，按照股息和分红所得征收20%的个人所得税。

《国家税务总局关于股份制企业转增股本和派发红股征免个人所得税的通知》（国税发〔1997〕198号）第一条规定，股份制企业用资本公积金转增股本不属于股息、红利性质的分配，对个人取得的转增股本数额，不作为个人所得，不征收个人所得税。

第二条规定，股份制企业用盈余公积金派发红股属于股息、红利性质的分配，对个人取得的红股数额，应作为个人所得征税。

《国家税务总局关于原城市信用社在转制为城市合作银行过程中个人股增值所得应纳个人所得税的批复》（国税函〔1998〕289号）第一条规定，在城市信用社改制为城市合作银行过程中，个人以现金或股份及其他形式取得的资产评估增值数额，应当按"利息、股息、红利所得"项目计征个人所得税，税款由城市合作银行负责代扣代缴。

第二条规定，《国家税务总局关于股份制企业转增股本和派发红股征免个人所得税的通知》（国税发〔1997〕198号）中所表述的"资本公积金"是指股份制企业股票溢价发行收入所形成的资本公积金。将此转增股本由个人取得的数额，不作为应税所得征收个人所得税。而与此不相符合的其他资本公积金分配个人所得部分，应当依法征收个人所得税。

根据上述规定，有限责任公司变更为股份有限公司时，按原账面净值折股，其中资本公积折股，如果资本公积是资本溢价形成的，则折股时不作为应税所得缴纳个人所得税；资本公积是其他原因形成的，则应按"利息、股息、红利所得"项目计缴个人所得税。对盈余公积和未分配利润折股，属于股息、红利性质的分配，对个人取得的红股数额，应作为个人所得征税。

（七）关于个人转让新上市公司限售股征税问题

根据规定，个人转让新上市公司限售股的，证券登记结算公司根据实际转让收入和植入证券结算系统的标的限售股成本原值，以实际转让收入减去成本原值和合理税费后的余额，适用20%的税率，直接计算需扣缴的个税额。合理税费指转让限售股过程中发生的印花税、佣金、过户费等与交易相关的税费。

(八)关于个人投资者收购企业股权后将原盈余积累转增股本征税问题

根据《关于个人投资者收购企业股权后将盈余积累转增股本个人所得税问题的公报》(国家税务总局公告 2013 年第 23 号)规定，1 名或多名个人投资者以股权收购方式取得被收购企业 100%股权，股权收购前，被收购企业原账面金额中的“资本公积、盈余公积、未分配利润”等盈余积累未转增股本，而在股权交易时将其一并计入股权转让价格并履行了所得税纳税义务。股权收购后，企业将原账面金额中的盈余积累向个人投资者(新股东，下同)转增股本，有关个人所得税问题区分以下情形处理：

(1)新股东以不低于净资产价格收购股权的，企业原盈余积累已全部计入股权交易价格，新股东取得盈余积累转增股本的部分，不征收个人所得税；

(2)新股东以低于净资产价格收购股权的，企业原盈余积累中，对于股权收购价格减去原股本的差额部分已经计入股权交易价格，新股东取得盈余积累转增股本的部分，不征收个人所得税；对于股权收购价格低于原所有者权益的差额部分未计入股权交易价格，新股东取得盈余积累转增股本的部分，应按照“利息、股息、红利所得”项目征收个人所得税。

新股东以低于净资产价格收购企业股权后转增股本，应按照下列顺序进行，即：先转增应税的盈余积累部分，然后再转增免税的盈余积累部分。

【例 5-7】 甲企业原账面资产总额 8 000 万元，负债 3 000 万元，所有者权益 5 000 万元，其中：实收资本(股本)1 000 万元，资本公积、盈余公积、未分配利润等盈余积累合计 4 000 万元。假定多名自然人投资者(新股东)向甲企业原股东购买该企业 100%股权，股权收购价 4 500 万元，新股东收购企业后，甲企业将资本公积、盈余公积、未分配利润等盈余积累4 000万元向新股东转增实收资本。

案例分析：在新股东 4 500 万元股权收购价格中，除了实收资本 1 000 万元外，实际上相当于以 3 500 万元购买了原股东 4 000 万元的盈余积累，即：4 000 万元盈余积累中，有 3 500 万元计入了股权交易价格，剩余 500 万元未计入股权交易价格。甲企业向新股东转增实收资本时，其中所转增的 3 500 万元不征收个人所得税，所转增的 500 万元应按“利息、股息、红利所得”项目缴纳个人所得税。

第二节　资本投资利得纳税筹划

按照《个人所得税法》规定，投资者从企业取得的股息、红利所得，应该缴纳个人所得税，以每次分配收入额为应纳税所得额，适用比例税率，税率为20%。如果企业分配股息、红利所得时，不是分配货币性资产，而是分配实物，如企业生产的产品或购买的其他货物、有价证券等，也要根据实物价格或市场价格核定应纳税所得额，据以征税。

《个人所得税法实施条例》第十条规定："个人取得的应纳税所得，包括现金、实物和有价证券。"所得为实物的，应当按照取得的凭证上所注明的价格计算应纳税所得额；无凭证的实物或者凭证上所注明的价格明显偏低的，由主管税务机关参照当地的市场价格核定应纳税所得额。所得为有价证券的，由主管税务机关根据票面价格和市场价格核定应纳税所得额。如何使个人投资最大限度地留存是个人投资筹划的主要任务，介绍如下：

一、利用投资方式进行纳税筹划

个人进行投资决策时，最重要的因素就是投资的净收益，也就是扣除各项税款和费用的最终收益。

(一)投资国债

购买国债是一种值得考虑的投资方向。根据《个人所得税法》第四条规定，个人取得的国债和国家发行的金融债券，其利息所得免税。这里所说的国债利息是指个人持有中华人民共和国财政部发行的债券而取得的利息所得，金融债券是指个人持有经国务院批准发行的金融债券而取得的利息所得。

(二)投资股票

自2005年6月13日起，对个人投资者从在上海证券交易所、深圳证券交易所挂牌交易的上市公司取得的股息红利所得，暂减按50%计入个人应纳税所得额征税。股权分置改革中非流通股股东通过对价方式向流通股股东支付的股份、现金等收入，暂免征收流通股股东应缴纳的企业所得税和个人所得税。经国务院批准，对个人转让上市公司股票取得的所得，继续免征个人所得税。

(三)投资保险

我国相关法律规定，居民在购买保险时可享受三大税收优惠：第一，个人按照国家或地方政府规定的比例提取并向指定的金融机构缴付的住房公积金、医疗保险金，不计个人当期的工资、薪金收入，免于缴纳个人所得税；第二，由于保险赔款是赔偿个人遭受意外不幸的损失，不属于个人收入，免缴个人所得税；第三，按照国家或省级地方政府规定的比例缴付的住房公积金、医疗保险金、基本养老保险金和失业保险基金存入银行个人账户所取得的利息收入，也免征个人所得税。

不久的将来，国家还会推出“养老保险投保人给予延迟纳税”等税收优惠。早在 2008 年 12 月，国务院就呼吁研究对养老保险投保人给予延迟纳税等税收优惠。去年的全国金融工作会议上，国务院总理温家宝又明确提出要搞好试点。保监会也将“个人税延型养老保险发展”列入 2012 年保险监管要突出的三个重点之一。

迄今，上海以及广东珠三角申请试点已先后获得国务院批复同意，北京、厦门也在积极争取。其中，上海 2009 年即已开展前期准备。

目前我国推进个税递延养老险试点最大的障碍在于对税收优惠政策的分歧以及税收征管能力的不足。2008 年 6 月，天津滨海新区曾拟试水个人工资收入 30%以内的部分购买补充养老保险可税前扣除。但由于被指“太过优惠，易造成税收流失”，试点发文不足 2 月就遭财政部、税务总局联合叫停。

另外，与实施企业年金个税递延政策的国家普遍采用综合税制不同，我国现行个人所得税制是分项税制，且对退休工资或退休金予以免税，不具备将企业年金递延至个人退休领取环节征税的基本条件。国家税务总局所得税司负责人 2009 年 12 月曾表示，如果在年金领取环节征收个人所得税，则税务机关必须在企业建立年金后的数十年随时监控年金的运行，且保存数十年的个人信息，从目前看，税务机关还不具备这方面的征管能力。

2012 年全国两会上，多位保险界代表均提议加快推行个税递延型养老保险试点。人保集团董事长吴焰认为，我国开展试点的条件已经基本具备。合众人寿董事长戴皓则建议在国务院领导下，由国家发改委牵头，以财政部和国税总局为主，中国保监会参与，尽快出台相关试点政策。

二、所得再投资筹划

对于个人因持有某公司的股票、债券而取得的股息、红利所得，税法规定予以征收个人所得税。但为了鼓励企业和个人进行投资和再投资,各国都不对企业留存未分配利润征收所得税。如果个人对企业的前景看好,就可以将本该领取的股息、红利所得留在企业,作为对公司的再投资,而企业则可以将这部分所得以股票或债券的形式记在个人名下。这种做法既可以避免缴纳个人所得税,又可以更好地促进企业的发展,使自己的股票价值更加可观。但这种方法要求个人对企业的前景比较乐观,如果个人感觉其他公司的发展前景更为乐观,即使缴纳个人所得税后再购买该种股票收益也会更大,则另当别论。

【例 5-8】 朱先生是某房地产公司的股东,预计 2013 年年底的分红可以获得 20 万元收入。朱先生不知道到时获得该项收入投资于何处,便到当地一税务代理机构进行咨询。

本案涉及个人取得收入如何进行投资的问题,这与人们的日常经济生活息息相关。

个人进行投资时,最重要的因素就是投资的净收益,如果一项投资收益的表面值很高,但要缴纳的税收和规费同样也很高,则净收益不一定能吸引人,相反,虽然某些投资的表面收益率不高,但实际收益效果很好,则这项投资也会吸引众多投资者。

根据《个人所得税法》第二条规定,个人取得的利息、股息、红利所得应缴纳个人所得税。因而如果朱先生将这笔分红领取,就要按照 20% 的税率计征个人所得税,实际只会得到 16 万元。

如果朱先生看好该企业的发展前景,觉得投资于此收益会很好,则会直接留存企业,不用支取,以免无益地缴纳税款。如果朱先生觉得该企业发展前景不好,则宜支取,然后用这笔分红进行其他投资。

三、转换投资所得形式

虽然《财政部、国家税务总局关于规范个人投资者个人所得税征收管理的通知》(财税〔2003〕158 号)规定:除个人独资企业、合伙企业以外的其他企业的个人投资者,以企业资金为本人、家庭成员及其相关人员支付与企业生产经营无关的消费性支出及购买汽车、住房等财产性支出,视为企业对个人投资者的红利分配,依照“利息、股息、红利所得”项目计征个人所得税。但税法对此又作了补充规定,企业购买车辆并将车辆所有权办到股东个人名下,其实质为企业对股东进行了红利性质的实物分配,应按照“利息、股息、红利所得”项目征收个人所得税。考虑到该股东个人名下的车辆同时也为企业经营使用的实际情况,允许合理减除部分所得；减除的具体数额由主管税务机关根据车辆的实际使用情况合理确定。

【例 5-9】 按照新的文件规定，A 企业是一个由甲、乙两位股东投资组建成立的有限责任公司，2013 年初公司拟分配税后利润 50 万元，按照公司章程约定，甲、乙可以分别分得税后红利 30 万元和 20 万元。甲、乙从公司和个人需要考虑，决定将分配的红利购置小汽车用于单位和个人使用。如果企业通过税后利润进行分配，无论是分配现金还是购置小汽车分配给股东，都要按照税法规定扣缴甲、乙两人 20%的个人所得税合计 10 万元（50×20%）。但是，如果 A 企业购买车辆并将车辆所有权办到甲、乙股东个人名下，虽然税法还是认定其实质为企业对股东进行了红利性质的实物分配，应按照“利息、股息、红利所得”项目缴纳个人所得税，但不是就车价的全额缴税，而是允许合理减除部分所得，且减除数额要根据车辆的实际使用情况确定。

第三节　财产处置所得涉税政策解读

一、财产租赁所得

财产租赁所得，是指个人出租建筑物、土地使用权、机器设备、车船以及其他财产取得的所得。

个人取得的财产转租收入属于“财产租赁所得”的征税范围，由财产转租人缴纳个人所得税。在确认纳税义务人时，应以产权凭证为依据；对无产权凭证的，由主管税务机关根据实际情况确定。产权所有人死亡，在未办理产权继承手续期间，该财产出租而有租金收入的，以领取租金的个人为纳税义务人。

（一）财产租赁所得应纳税所得额

财产租赁所得一般以个人每次取得的收入，定额或定率减除规定费用后的余额为应纳税所得额。每次收入不超过 4 000 元，定额减除费用 800 元；每次收入在 4 000 元以上，定率减除 20%的费用。财产租赁所得以 1 个月内取得的收入为一次。

在确定财产租赁的应纳税所得额时，纳税人在出租财产过程中缴纳的税金和教育费附加,可持完税(缴款)凭证,从其财产租赁收入中扣除。准予扣除的项目除了规定费用和有关税、费外,还准予扣除能够提供有效、准确凭证,证明由纳税人负担的该出租财产实际开支的修缮费用。允许扣除的修缮费用,以每次800元为限。一次扣除不完的,准予在下一次继续扣除,直到扣完为止。

个人出租财产取得的财产租赁收入,在计算缴纳个人所得税时,应依次扣除以下费用:

1.财产租赁过程中缴纳的税费;

2.由纳税人负担的该出租财产实际开支的修缮费用;

3.税法规定的费用扣除标准。

应纳税所得额的计算公式。

(1)每次(月)收入不超过4 000元的:

应纳税所得额=每次(月)收入额-准予扣除项目-修缮费用(800元为限)-800元。

(2)每次(月)收入超过4 000元的:

应纳税所得额=[每次(月)收入额-准予扣除项目-修缮费用(800元为限)]×(1-20%)。

(二)财产租赁所得应纳税额的计算方法

财产租赁所得适用20%的比例税率。但对个人按市场价格出租的居民住房取得的所得,自2001年1月1日起暂减按10%的税率征收个人所得税。其应纳税额的计算公式为:

应纳税额=应纳税所得额×适用税率。

【例5-10】 刘某于2012年1月将其自有的4间面积为150平方米的房屋出租给张某作经营场所,租期1年。刘某每月取得的租金收入为2 500元,全年租金收入30 000元。计算刘某全年租金收入应缴纳的个人所得税。

财产租赁收入以每月内取得的收入为一次,因此,刘某每月及全年应纳税额为:

(1)每月应纳税额=(2 500-800)×20%=340(元);

(2)全年应纳税额=340×12=4 080(元)。

本例在计算个人所得税时未考虑其他税费。如果对租金收入计征营业税、城市维护建设税、房产税和教育费附加等,还应将其从税前的收入中先扣除后才计算应缴纳的个人所得税。

假定上例中,当年2月份因下水道堵塞找人修理,发生修理费用500元,有维修部门的正式收据，则2月份和全年的应纳税额为：

(1)2月份应纳税额＝(2 500－500－800)×20%＝240(元)；

(2)全年应纳税额＝340×11＋240＝3 980(元)。

在实际征税过程中，有时会出现财产租赁所得的纳税人不明确的情况。对此，在确定财产租赁所得纳税人时，应以产权凭证为依据。无产权凭证的，由主管税务机关根据实际情况确定纳税人。如果产权所有人死亡，在未办理产权继承手续期间，该财产出租且有租金收入的，以领取租金收入的个人为纳税人。

二、财产转让所得

财产转让所得，是指个人转让有价证券、股权、建筑物、土地使用权、机器设备、车船以及其他财产取得的所得。

在现实生活中，个人进行的财产转让主要是个人财产所有权的转让。财产转让实际上是一种买卖行为，当事人双方通过签订、履行财产转让合同，形成财产买卖的法律关系，使出让财产的个人从对方取得价款(收入)或其他经济利益。财产转让所得因其性质的特殊性，需要单独列举项目征税。对个人取得的各项财产转让所得，除股票转让所得外，都要征收个人所得税。具体规定为：

(一)股票转让所得

根据《个人所得税法实施条例》规定，对股票所得征收个人所得税的办法，由财政部另行制定，报国务院批准施行。鉴于我国证券市场发育还不成熟，股份制还处于试点阶段，对股票转让所得的计算、征税办法和纳税期限的确认等都需要做深入的调查研究后，结合国际通行的做法，才能做出符合我国实际的规定。因此，国务院决定，对股票转让所得暂不征收个人所得税。

(二)量化资产股份转让

集体所有制企业在改制为股份合作制企业时，对职工个人以股份形式取得的拥有所有权的企业量化资产，暂缓征收个人所得税；待个人将股份转让时，就其转让收入额，减除个人取得该股份时实际支付的费用支出和合理转让费用后的余额，按“财产转让所得”项目计征个人所得税。

(三)个人出售自有住房

1.根据《个人所得税》法的规定，个人出售自有住房取得的所得应按照“财产转让所得”项目征收个人所得税。

2.个人出售自有住房的应纳税所得税额，按下列原则确定：

(1)个人出售除已购公有住房以外的其他自有住房,其应纳税所得额按照个人所得税法的有关规定确定。

(2)个人出售已购公有住房,其应纳税所得额为个人出售已购公有住房的销售价。减除住房面积标准的经济适用房价款、原支付超过住房面积标准的房价款、向财政或原产权单位缴纳的所得收益以及税法规定的合理费用后的余额。

已购公有住房是指城镇职工根据国家和县级(含县级)以上人民政府有关城镇住房制度改革政策规定,按照成本价(或标准价)购买的公有住房。

经济适用住房价格按县级(含县级)以上地方人民政府规定的标准确定。

(3)职工以成本价(或标准价)出资的集资合作建房、安居工程住房、经济适用住房以及拆迁安置住房,比照已购公有住房确定应纳税所得额。

3.企事业单位将自建住房以低于购置或建造成本价格销售给职工的个人所得税的征税规定:

(1)根据住房制度改革政策的有关规定,国家机关、企事业单位及其他组织(以下简称单位)在住房制度改革期间,按照所在地县级以上人民政府规定的房改成本价格向职工出售公有住房,职工因支付的房改成本价格低于房屋建造成本价格或市场价格而取得的差价收益,免征个人所得税。

(2)除上述符合规定的情形外,根据《中华人民共和国个人所得税法》及其实施条例的有关规定,单位按低于购置或建造成本价格出售住房给职工,职工因此而少支出的差价部分,属于个人所得税应税所得,应按照“工资、薪金所得”项目缴纳个人所得税。

其中“差价部分”,是指职工实际支付的购房价款低于该房屋的购置或建造成本价格的差额。

(3)对职工取得的上述应税所得,比照《国家税务总局关于调整个人取得全年一次性奖金等计算征收个人所得税方法问题的通知》(国税发〔2005〕9号)规定的全年一次性奖金的征税办法,计算征收个人所得税,即先将全部所得数额除以12,按其商数并根据个人所得税法规定的税率表确定适用的税率和速算扣除数,再根据全部所得数额、适用的税率和速算扣除数,按照税法规定计算征税。此前未征税款不再追征,已征税款不予退还。

4.对个人转让自用5年以上并且是家庭唯一生活用房取得的所得,继续免征个人所得税。

5.为了确保有关住房转让的个人所得税政策得到全面、正确的实施,各级房地产交易管理部门应与税务机关加强协作、配合,主管税务机关需要有关本地区房地产交易情况的，房地产交易管理部门应及时提供。

6.个人现自有住房房产证登记的产权人为1人，在出售后1年内又以产权人配偶名义或产权人夫妻双方名义按市场价重新购房的，产权人出售住房所得应缴纳的个人所得税，可以按照《财政部　国家税务总局　建设部关于个人出售住房所得征收个人所得税有关问题的通知》(财税字〔1999〕278号)第三条的规定，全部或部分予以免税；以其他人名义按市场价重新购房的，产权人出售住房所得应缴纳的个人所得税，不予免税。

(四)财产转让所得的应纳税所得额

财产转让所得，以转让财产的收入额减除财产原值和合理费用后的余额，为应纳税所得额。

财产原值，是指：

1.有价证券，为买入价以及买入时按照规定交纳的有关费用；

2.建筑物，为建造费或者购进价格以及其他有关费用；

3.土地使用权，为取得土地使用权所支付的金额，开发土地的费用以及其他有关费用；

4.机器设备、车船，为购进价格、运输费、安装费以及其他有关费用；

5.其他财产，参照以上方法确定。

纳税义务人未提供完整、准确的财产原值凭证，不能正确计算财产原值的，由主管税务机关核定其财产原值。

合理费用是指：纳税人按照规定实际支付的住房装修费用、住房贷款利息、手续费、公证费等费用。支付的住房装修费用，纳税人能提供实际支付装修费用的税务统一发票，并且发票上所列付款人姓名与转让房屋产权人一致的，经税务机关审核，其转让的住房在转让前实际发生的装修费用，可在以下规定比例内扣除：

(1)已购公有住房、经济适用房。最高扣除限额为房屋原值的15%；

(2)商品房及其他住房。最高扣除限额为房屋原值的10%。

纳税人原购房为装修房，即合同注明房价款中含有装修费(铺装了地板，装配了洁具、厨具等)的，不得再重复扣除装修费用。

(五)财产转让所得应纳税额的计算

1.一般情况下财产转让所得应纳税额的计算

财产转让所得应纳税额的计算公式为：

应纳税额＝应纳税所得额×适用税率

＝(收入总额－财产原值－合理税费)×20%。

【例 5-11】 某人建房一幢，造价 36 000 元，支付费用 2 000 元。该人转让房屋，售价 60 000 元，在卖房过程中按规定支付交易费等有关费用2 500元，其应纳个人所得税税额的计算过程为：

(1)应纳税所得额＝财产转让收入－财产原值－合理费用

＝60 000－(36 000＋2 000)－2 500＝19 500(元)；

(2)应纳税额＝19 500×20%＝3 900(元)。

2.个人住房转让所得应纳税额的计算

对个人转让住房征收个人所得税中，出现了需要进一步明确的问题。为完善征收管理制度，加强征管，根据《个人所得税法》和《税收征收管理法》的有关规定精神，国税发〔2006〕108 号文件进一步明确了个人住房转让的征收管理规定。自 2006 年 8 月 1 日起，个人转让住房所得应纳个人所得税的计算具体规定如下：

(1)以实际成交价格为转让收入。纳税人申报的住房成交价格明显低于市场价格且无正当理由的，征收机关依法有权根据有关信息核定其转让收入，但必须保证各税种计税价格一致；

(2)纳税人可凭原购房合同、发票等有效凭证，经税务机关审核后，允许从其转让收入中减除房屋原值、转让住房过程中缴纳的税金及有关合理费用。转让住房过程中缴纳的税金是指纳税人在转让住房时实际缴纳的营业税、城市维护建设税、教育费附加、土地增值税、印花税等税金；

(3)合理费用是指纳税人按照规定实际支付的住房装修费用、住房贷款利息、手续费、公证费等费用。

3.个人销售无偿受赠不动产应纳税额的计算

为加强房地产交易中个人无偿赠与不动产行为的税收管理，国税发〔2006〕144 号文件规定个人将受赠的不动产对外销售应征收个人所得税。个人将受赠不动产对外销售征收个人所得税的具体规定如下：

(1)受赠人取得赠与人无偿赠与的不动产后，再次转让该项不动产的。在缴纳个人所得税时，以财产转让收入减除受赠、转让住房过程中缴纳的税金及有关合理费用后的余额为应纳税所得额，按 20%的适用税率计算缴纳个人所得税；

(2)在受赠和转让住房过程中缴纳的税金

个人转让住房和受赠住房涉及的其他税金，按相关的规定处理。

【例 5-12】 2008 年丈夫甲与妻子乙以 50 万元购入一所住宅，房产双方共有（各占 50%份额）。2011 年 5 月，甲、乙双方离异，双方约定房产归儿子丙所有，并办妥赠与过户手续。2011 年 8 月丙将房产以 80 万元价格出售。由于房产全部为受赠所得，丙应缴个人所得税＝80×20%＝16（万元）（为方便计算，假设其他交易税费为零）。丙实际获款 64 万元。

本例中，如果不是先赠与其儿子丙，而是直接销售给他人，则应缴个人所得税＝(80－50)×20%＝6（万元），所得房款赠与丙，丙实际获款 74 万元。

三、特许权使用费所得

特许权使用费所得，是指个人提供专利权、商标权、著作权、非专利技术以及其他特许权的使用权取得的所得。提供著作权的使用权取得的所得，不包括稿酬所得。

专利权，是由国家专利主管机关依法授予专利申请人或其权利继承人在一定期间内实施其发明创造的专有权。对于专利权，许多国家只将提供他人使用取得的所得，列入特许权使用费。而将转让专利权所得列为资本利得税的征税对象。我国没有开征资本利得税。故将个人提供和转让专利权取得的所得都列入特许权使用费所得征收个人所得税。

商标权，即商标注册人享有的商标专用权。著作权，即版权，是作者依法对文学、艺术和科学作品享有的专有权。个人提供或转让商标权、著作权、专有技术或技术秘密、技术诀窍取得的所得，应当依法缴纳个人所得税。

特许权使用费所得，适用比例税率，税率为 20%。

特许权使用费所得，每次收入不超过 4 000 元的，减除费用 800 元；4 000元以上的，减除 20%的费用，其余额为应纳税所得额。

特许权使用费所得应纳税额的计算公式为：

(1)每次收入不足 4 000 元的：

应纳税额＝应纳税所得额×适用税率＝(每次收入额－800)×20%。

(2)每次收入在 4 000 元以上的：

应纳税额＝应纳税所得额×适用税率＝每次收入额×(1－20%)×20%。

【例 5-13】 某单位高级工程师刘先生于 2013 年 8 月取得特许权使用费收入 3 000 元，9 月又取得一项特许权使用费收入 4 500 元。刘先生这两项收入应缴纳的个人所得税为多少元？

应纳个人所得税＝(3 000－800)×20%＋4 500×(1－20%)×20%＝1 160（元）。

四、偶然所得

偶然所得，是指个人得奖、中奖、中彩以及其他偶然性质的所得。得奖是指参加各种有奖竞赛活动，取得名次得到的奖金；中奖、中彩是指参加各种有奖活动，如有奖销售、有奖储蓄，或者购买彩票，经过规定程序，抽中、摇中号码而取得的奖金。偶然所得应缴纳的个人所得税税款，一律由发奖单位或机构代扣代缴。

偶然所得和其他所得，适用比例税率，税率为20%。偶然所得，以每次收入额为应纳税所得额。

偶然所得应纳税额的计算公式为：

应纳税额＝应纳税所得额×适用税率＝每次收入额×20%。

【例5-14】 张先生为自由职业者，2013年8月，购买福利彩票中奖获得100 000元。要求：计算张先生上述所得应缴纳的个人所得税税额。

福利彩票中奖所得应纳个人所得税＝100 000×20%＝20 000(元)。

五、财产处置所得典型问题解答

(一)关于个人投资医疗设备取得收入征税问题

根据国税函〔2000〕540号文件规定：个人和医院签订协议规定，由个人出资购买医疗仪器或设备交医院使用，取得的收入扣除有关费用后，剩余部分双方按一定比例分成；医疗仪器或设备使用达到一定年限后，产权归医院所有，但收入继续分成。

个人的上述行为，实际上是一种具有投资特征的融资租赁行为。根据《中华人民共和国个人所得税法》的有关规定精神和以上事实，对上述个人取得的分成所得，应按照“财产租赁所得”项目征收个人所得税，具体计征办法为：自合同生效之日起至财产产权发生转移之日止，个人取得的分成所得可在上述年限内按月平均扣除设备投资后，就其余额按税法规定计征个人所得税；产权转移后，个人取得的全部分成收入应按税法规定计征个人所得税。税款由医院在向个人支付所得时代扣代缴。

提示：在合同约定的期限内取得的分成收入，应按“财产租赁所得”计征个人所得税，同时应选择按简易征收交纳按“租赁有形动产”交纳3%的增值税，合同期满后，取得全部的分成收入按“财产转让所得”交纳个人所得税，由医院负责代扣代缴。

【例 5-15】 张先生 2010 年用 100 万元购买了一台医疗设备，与医院合作，交由医院使用，取得的收入按 4∶6 分成，合同约定医疗设备使用 10 年，到期后无偿归医院所有。2013 年，该设备取得医疗收入 50 万，按比例，张先生可获收入 20 万元。

则：张先生 2013 年需要交纳个人所得税＝(20－100÷10)×(1－20%)×20%＝1.6(万元)，增值税＝20÷(1＋3%)×3%＝0.58(万元)。

(二)关于个人取得拍卖收入征税问题

根据国家税务总局《关于加强和规范个人取得拍卖收入征收个人所得税有关问题的通知》(国税发〔2007〕38 号)第一条第二款规定：个人拍卖除文字作品原稿及复印件外的其他财产，应以其转让收入额减除财产原值和合理费用后的余额为应纳税所得额，按照“财产转让所得”项目适用 20% 税率缴纳个人所得税。

第三条规定通过祖传收藏的，其财产原值为其收藏该拍卖品而发生的费用。合理费用是指拍卖财产时纳税人实际按照规定实际支付的拍卖费(佣金)、鉴定费、评估费、图录费、证书费等费用。

另外，第四条规定纳税人如不能提供合法、完整、准确的财产原值凭证，不能正确计算财产原值的按转让收入额的 3% 征收率计算缴纳个人所得税；拍卖品为经文物部门认定是海外回流文物的，按转让收入额的 2% 征收率计算缴纳个人所得税。

【例 5-16】 张先生是一位收藏爱好者，于 2010 年以 30 万元购买了一件古董，在 2013 年将这件古董通过拍卖会拍卖，拍出 100 万元。

则张先生 2013 年就古董拍卖所得需要交纳的个税就是(100－30)×20%＝14(万元)。

(三)关于个人与房地产企业签订优惠价格协议，如何征收个税问题

【例 5-17】 房地产开发企业与商店购买者个人签订协议规定，房地产开发企业按优惠 30% 的价格出售其开发的商店给购买者个人，但购买者个人在 2 年期限内必须将购买的商店无偿提供给房地产开发企业对外出租使用。这种情况涉及个人所得税吗？

【解答】

据《国家税务总局关于个人与房地产开发企业签订有条件优惠价格协议购

买商店征收个人所得税问题的批复》(国税函〔2008〕576 号)规定,所述行为其实质是购买者个人以所购商店交由房地产开发企业出租而取得的房屋租赁收入支付了部分购房价款。因此对上述情形的购买者个人少支出的购房价款,应视同个人财产租赁所得,按照“财产租赁所得”项目征收个人所得税。每次财产租赁所得的收入额,按照少支出的购房价款和协议规定的租赁月份数平均计算确定。

(四)关于股权置换评估增值征税问题

最近一家有限公司的境内自然人股东准备将其持有的股权换取另外一家公司的股权。在股权置换过程中,个人原股权评估增值部分是否需要缴纳个税?如果个人此时没有足够的资金纳税,能否等新股份卖出后再缴税?

针对准备投资的新公司是上市公司与非上市公司,分别分析如下。

1.投资上市公司时股权增值应缴纳个税

如果拟投资的新公司为上市公司,《关于个人以股权参与上市公司定向增发征收个人所得税问题的批复》(国税函〔2011〕89 号)指出,根据《个人所得税法》及其实施条例等规定,南京浦东建设发展有限公司自然人以其所持该公司股权评估增值后,参与苏宁环球股份有限公司定向增发股票,属于股权转让行为,其取得所得,应按照“财产转让所得”项目缴纳个人所得税。根据该文件规定,自然人股东张某以其持有的原公司股权进行评估增值后,将所持股权转让给新的公司,已经构成了自身所持有的股权财产转让,按照财产转让所得课征所得税,以其市场价格换取新的上市公司的股票,属于“股权转让所得”,应按照财产转让所得以评估的市场价减除原投资成本和相关税、费后的余额为应纳税所得额,依照20%的税率缴纳个人所得税。

2.投资非上市公司股权增值也应缴纳个税

以评估增值的股权换取非上市公司股权是否缴纳个税?《国家税务总局关于非货币性资产评估增值暂不征收个人所得税的批复》(国税函〔2005〕319 号)文件规定,考虑到个人所得税的特点和目前个人所得税征收管理的实际情况,对个人将非货币性资产进行评估后投资于企业,其评估增值取得的所得在投资取得企业股权时,暂不征收个人所得税。在投资收回、转让或清算股权时如有所得,再按规定征收个人所得税,其“财产原值”为资产评估前的价值。这个文件是在 2005 年出台的,当时的背景是为了促进投资市场的发展和繁荣。目前市场形势已发生了较大的变化,因此,《国家税务总局关于公布全文失效废止、部分条款失效废止的税收规范性文件目录的公告》(国家税务总局公告 2011 年第 2 号)废止了该文件。上述文件废止后,投资于非上市公司是否纳税当前没有具体规定。

《国家税务总局关于资产评估增值计征个人所得税问题的通知》(国税发〔2008〕115)号规定，个人以评估增值的非货币性资产对外投资取得股权的，对个人取得相应股权价值高于该资产原值的部分，属于个人所得，按照“财产转让所得”项目计征个人所得税。税款由被投资企业在个人取得股权时代扣代缴。但是不知出于什么原因，该文件发文后很快被收回，国税总局网站上已查不到该文件，所以投资于非上市公司是否纳税当前没有具体规定。

依据《个人所得税》法规定，在中国境内有住所，或者无住所而在境内居住满一年的个人，从中国境内和境外取得的，依照本法规定缴纳个人所得税，财产转让所得应纳个人所得税。自然人股东以评估增值的股权换取非上市公司的股权，即自然人股东将持有原公司的股权转让给新公司，而新公司以本公司的股权支付对价。股权置换实质上就是个人以评估增值的非货币性资产即股权，对外投资取得另外一家公司的股权。对个人取得新股权价值高于原股权价值的部分，属于个人所得，应按照‘财产转让所得’项目计征个人所得税。另外，根据《个人所得税法实施条例》第十条：“个人所得的形式，包括现金、实物、有价证券和其他形式的经济利益。所得为实物的，应当按照取得凭证上所注明的价格计算应纳税所得额；无凭证的实物或者凭证上所注明的价格明显偏低的，参照市场价格核定应纳税所得额。所得为有价证券的，根据票面价格和市场价格核定应纳税所得额。所得为其他形式的经济利益的，参照市场价格核定应纳税所得额”的规定，自然人股东取得的非上市公司股权，属于其他形式的经济利益，应按照非上市公司的市场价格确定其应纳税所得额，缴纳个人所得税。

3. 股权变更登记前缴纳个税

《国家税务总局关于加强股权转让所得征收个人所得税管理的通知》(国税函〔2009〕285 号)规定：“股权交易各方在签订股权转让协议并完成股权转让交易以后至企业变更股权登记之前，负有纳税义务或代扣代缴义务的转让方或受让方，应到主管税务机关办理纳税(扣缴)申报，并持税务机关开具的股权转让所得缴纳个人所得税完税凭证或免税、不征税证明，到工商行政管理部门办理股权变更登记手续”的规定，自然人股东应在签订股权转让协议并完成股权转让交易以后，按照“财产转让所得”项目缴纳个人所得税，然后到工商机关办理股权变更手续。

综合以上理由，个人旧股换新股，不管其换取的是上市公司股票还是非上市公司的股权，都是一种股权转让行为，都要在完成股权转让交易后办理股权变更登记前，按照财产转让所得缴纳个人所得税。

(五)关于个人房产捐赠给亲属征税问题

《财政部、国家税务总局关于个人无偿受赠房屋有关个人所得税问题的通知》(财税〔2009〕78号)第一条规定,以下情形的房屋产权无偿赠与对当事双方不征收个人所得税:

1. 房屋产权所有人将房屋产权无偿赠与配偶、父母、子女、祖父母、外祖父母、孙子女、外孙子女、兄弟姐妹;

2. 房屋产权所有人将房屋产权无偿赠与对其承担直接抚养或者赡养义务的抚养人或者赡养人;

3. 房屋产权所有人死亡,依法取得房屋产权的法定继承人、遗嘱继承人或者受遗赠人。

(六)关于离职员工取得的竞业禁止补偿金征税问题

《财政部、国家税务总局关于企业向个人支付不竞争款项征收个人所得税问题的批复》(财税〔2007〕102号)规定,按"偶然所得"项目征收个人所得税。

(七)关于购物索取发票后得知发票中奖,获得的奖金征税问题

根据《财政部、国家税务总局关于个人取得有奖发票奖金征免个人所得税问题的通知》(财税〔2007〕34号)文件规定:个人取得单张有奖发票奖金不超过800元(含800元)的,暂免征收个人所得税;个人取得单张有奖发票奖金所得超过800元的,应全额按照个人所得税法规定的"偶然所得"项目征收个人所得税。

(八)关于购物抽奖所得征税问题

商家促销,除了传统的打折降价外,积分换礼、购物抽奖越来越受到消费者的青睐。税务部门提醒,积分换礼和抽奖虽然同是促销手段,但积分换礼不用缴纳个税,而抽奖所得却需要缴纳个税。

【例5-18】 李女士经常在一家大型超市购物,平时累计的积分总能让她换回不少好东西。在长假里,这家超市增加了抽奖活动。李女士出手不凡,一下子抽了个二等奖人民币2 000元,可拿到手里的钱却没有这么多,商家告知是因为纳了税。"怎么抽个奖还需要缴税?我之前凭积分换的礼品也有价格贵重的东西,怎么从来没听说要缴税呢?"

李女士拨通了税务热线,税务人员解释,根据《关于企业促销展业赠送礼品有关个人所得税问题的通知》中的相关规定,企业对累计消费达到一定额度的顾客,给予额外抽奖机会,个人的获奖所得按照"偶然所得"项目,全额适用20%的税率缴纳个人所得税,应缴税款由赠送礼品的企业代扣代缴。

那为何积分换礼不需要纳税呢？税务人员解释，企业对累计消费达到一定额度的个人按消费积分反馈礼品的情形，属于不征收个人所得税范畴，这与抽奖所拿到的“偶然所得”有本质上的区别。所谓“偶然所得”，即指个人得奖、中奖、中彩以及其他偶然性质的所得。

第四节　财产处置所得纳税筹划

一、财产租赁所得纳税筹划

(一)选准修房时机可节税

对出租的房屋进行维修是每个房屋出租者都会遇到的问题，在维修时间上多数房屋出租者都会选择，需要维修的时候就进行维修。此种维修方式虽说很合乎常理，但其却忽略了税收因素。依照税法规定，向承租人收取房屋租金，此种行为应该缴纳个人所得税(其他税种在此忽略不计)，假如适当地选择一下房屋的维修时间，那么出租者将会节约一笔不小的税款。

【例 5-19】 老王将一间店面出租给他人，租期为 5 个月，在扣除相关费用后老王月应纳税所得额为 2 000 元。

假如在出租后的第二个月里，老王打算对屋顶进行防水处理，预计花费 3 200 元，工期一周。在此种情况下，整个租期内老王应承担的个人所得税为：

1. 老王在房屋出租后的第一个月内应纳税款：2 000×20%＝400(元)(依照个人所得税法规定，财产租赁所得适用 20%的比例税率)。

2. 老王对房屋进行维修后第二个月至第五个月应纳税款：

其花费的 3 200 元维修费用，依照规定可以按每月 800 元费用在以后 4 个月内扣除(假设老王已取得了合法有效的房屋维修发票)。

其应纳税额具体计算如下：[(2 000－800)×20%]×4＝960(元)。

在整个租赁期间老王所负担的个人所得税为：400＋960＝1 360(元)。

而假如老王将对屋顶防水处理的时间选择在租赁结束以后，那么在此种情况下，老王应承担的个人所得税为：2 000×20%×5＝2 000(元)。

老王将修房时间选择在租赁期间与将修房时间选择在租赁结束以后，其税负相差 2 000－1360＝640(元)。

当然,还有一个房屋安全性问题,我们也不能因片面地追求节省税款,在房屋需要维修时不去维修而等到有人租赁时才对房屋进行维修。

(二)租金分次收取

【例 5-20】 黄先生在某写字楼拥有两间办公室,2013 年 1 月起出租给丙公司办公,租期 1 年,租金 3 万元。黄先生希望丙公司于进驻前一次性付清房租,而该公司则希望能按月支付房租。请从税收筹划的角度为黄先生房租收入的取得方式提出建议。

方案一:如果黄先生一次性取得房租,则应纳个人所得税额＝30 000×(1－20%)×20%＝4 800(元)。

方案二:如果黄先生分月取得房租:

每月应纳个人所得税额＝(30 000÷12－800)×20%＝340(元);

全年应纳个人所得税额＝340×12＝4 080(元)。

税收筹划分析:分月取得房租比一次性取得房租黄先生税负减轻720元(4 800－4 080),所以黄先生应采取分月的方式取得房租。

二、财产转让所得纳税筹划

(一)个人股权转让的税收筹划

根据国家税务总局《关于加强股权转让所得征收个人所得税管理的通知》(国税函〔2009〕285 号)文件规定:

1. 个人股权交易各方在签订股权转让协议并完成股权转让交易以后至企业变更股权登记之前,负有纳税义务或代扣代缴义务的转让方或受让方,应到主管税务机关办理纳税(扣缴)申报,并持税务机关开具的股权转让所得缴纳个人所得税完税凭证或免税、不征税证明,到工商行政管理部门办理股权变更登记手续;

2. 税务机关应加强对股权转让所得计税依据的评估和审核。对扣缴义务人或纳税人申报的股权转让所得相关资料应认真审核,判断股权转让行为是否符合独立交易原则,是否符合合理性经济行为及实际情况。对申报的计税依据明显偏低(如平价和低价转让等)且无正当理由的,主管税务机关可参照每股净资产或个人股东享有的股权比例所对应的净资产份额核定。

本质上来说,该文件是加强征管的文件,并不是实质性规定新政策的文件,原个人所得税法已有规定，个人转让股权应按照财产转让所得征收个人所得税，税率为20%。由于当年税收形势紧张，国税总局下发了该文件，重点是规范股权的转让价格，如对申报的计税依据明显偏低（如平价和低价转让等）且无正当理由的，主管税务机关可参照每股净资产或个人股东享有的股权比例所对应的净资产份额核定。这点将对个人转让股权的方式产生影响，如不注意筹划，可能会造成重复纳税，给个人带来不必要的损失。

【例 5-21】 张三投资A企业100万元，取得A公司的100%的股权。两年后，张三将股份转让给关联人李四，转让价格仍为100万元，转让之时，A公司的净资产为150万元。则按照国税函〔2009〕285号，对于平价或低价转让且无正当理由的，税务部门可参照投资企业的净资产核定转让价格，即转让价格应不低于转让时A公司的净资产，即转让价格应不低于150万元，则张三应交纳个人所得税（150－100）×20%＝10（万元）。如转让给李四后，A公司分配股利50万元，则李四还需要交纳红利个人所得税：50×20%＝10（万元）。以上合计交纳个人所得税为20万元。

为规避这一政策规定，建议在转让个人股权时，应采取先分配后转让的策略，仍以上例说明：

在张三准备转让A公司股权时，可先考虑让A公司分配股利50万元，张三取得股利应交纳个人所得税：50×20%＝10（万元），分配股利后A公司的净资产降至100万元，这时候张三再转让股权，则符合国税函〔2009〕285号的规定，转让价格等于净资产的份额，无须再补交税款。这时候，本次转让行为加股利分配只需交纳个人所得税10万元，比上例减少10万元。

（二）个人转让住房纳税筹划

个人转让住房，可能涉及营业税、个人所得税等税种，税负可能增加，售房者因此需最大限度地利用税收优惠政策，减少涉税成本。

首先，要严格对照规定正确确认房产原值。

个人转让住房，以其转让收入额减除财产原值和合理费用后的余额为应纳税所得额，按照“财产转让所得”项目缴纳个人所得税。而应纳税所得额＝房产转让收入额－房产原值－合理费用。为此，正确确认房产原值对于个人转让住房缴纳个人所得税至关重要。

其次，要尽最大可能地扣除所有合理费用。

按《国家税务总局关于实施房地产税收一体化管理若干问题的通知》（国税

发〔2005〕156号)规定,个人转让住房缴纳个人所得税按"转让收入－房产原值－转让住房过程中缴纳的税金及有关合理费用"的20%征收。为此,在确认转让收入和房屋原值基础上,税收筹划时要注意两方面的问题:一是纳税人在转让住房时实际缴纳的营业税、城市维护建设税、教育费附加、土地增值税、印花税等税金可扣除;二是从2006年8月1日起,纳税人按照规定实际支付的住房装修费用、住房贷款利息、手续费、公证费等费用可扣除。当然,有关合理费用的扣除是有严格限定条件的。

【例5-22】 假设王先生于2009年1月以40万元的总价(含购买时所缴税金)在某地购买了一套100平方米的商品房,住房装修费用5万元,支付住房按揭贷款利息2万元(除公证费和有关手续费外),均有相应规范的票据。2013年1月,他决定将房屋以70万元的总价售出。

由于王先生取得产权证或完税发票的时间不满5年,所需缴纳的税费为:

(1)营业税金及附加＝700 000×5.5%＝38 500(元),印花税700 000×0.5‰＝350(元);

(2)土地增值税。虽然王先生转让该住房获得增值额＝700 000－400 000－38 500－350－50 000－20 000＝191 150(元)。但是根据规定:"对居民个人拥有的普通住宅,在其转让时暂免征收土地增值税;"

(3)应纳个人所得税＝个人所得税应纳税所得额×20%＝(转让收入－房屋原值－转让住房过程中缴纳的税金－有关合理费用)×20%,其中,房屋原值400 000元;转让住房过程中缴纳的税金＝营业税＋印花税＋土地增值税(免征)＝38 500＋350＝38 850(元);合理费用＝住房装修费用＋住房贷款利息等费用＝400 000×10%＋20 000＝60 000(元)(住房装修费用5万元只能扣除40 000元)。则个人所得税应纳税所得额＝700 000－400 000－38 850－60 000＝201 150(元);应纳个人所得税＝个人所得税应纳税所得额×20%＝201 150×20%＝40 230(元)。

再次,要充分用好用足相关税收优惠政策。

按照《财政部、国家税务总局、建设部关于个人出售住房所得征收个人所得税有关问题的通知》(财税字〔1999〕278号)规定,对个人转让自用5年以上,并且是家庭唯一生活用房取得的所得,免征个人所得税。对照这个政策法规规定,纳税人对即将自用满5年的家庭唯一生活用房,尽量使用5年期满后再转让。

同时,在作上述筹划时,要特别掌握下列政策规定:一是原住房为已购公有住房的,原住房销售额应扣除已按规定向财政或原产权单位缴纳的所得收益;二是要适当选择核定征税的特殊规定。

国税发〔2006〕108号文件规定，纳税人未提供完整、准确的房屋原值凭证，不能正确计算房屋原值和应纳税额的，税务机关可根据《税收征管法》第三十五条的规定，对其实行核定征税，即按纳税人住房转让收入的一定比例核定应纳个人所得税额。具体比例由省级地方税务局或者省级地方税务局授权的地市级地方税务局根据纳税人出售住房的所处区域、地理位置、建造时间、房屋类型、住房平均价格水平等因素，在住房转让收入1%—3%的幅度内确定。这无疑为人们进行有关税收筹划提供了新空间。

【例5-23】 接上例，假设王先生所在的省份规定普通住房转让的个人所得税征收比例为2%，如果王先生不提供完整、准确的房屋原值凭证，不能正确计算房屋原值和应纳税额，则根据规定，王先生应纳个人所得税＝700 000×2%＝14 000(元)，这样，比筹划前节省26 230元(40 230－14 000)。

同时，各省对土地增值税的核定征税比例也不一样，如江西省对普通标准住宅的预征率仅暂定为1%，同时，该省规定，对纳税人因财务制度不健全，主管地税机关难以对其预征税款情况进行项目结算和已完工项目税款进行清算的，主管地税机关有权按照《税收征管法》的有关规定，对其应纳的土地增值税实行核定征收，核定征收的税款不能低于预征率计算出来的税款。为此，即使在征收土地增值税的情况下，纳税人在土地增值税方面也有可能获得收益。所以在某种情况下，人们充分利用好核定征税这一特殊政策规定，无疑可以合理合法地节税不少。

三、特许权使用费所得纳税筹划

(一)转让技术的筹划

个人可以采取将特许权出售、投资入股等方式提供给企业应用，从而获得收入；通常情况下，提供使用权比转让所有权收益更大。

【例5-24】 林教授申请了一个专利技术，专利权属个人拥有。现在有两个方案供其选择：一是将其转让出售，可获转让收入100万元；二是可将该专利折合股份投资，让其拥有相同价款(100万)的股权，预计在10年内每年可获取股息收入10万元。林教授应采取哪种方式比较有利？

方案一：如果将专利技术单纯转让。专利技术属于无形资产，将其转让，需按5%交纳营业税，但根据《财政部、国家税务总局关于贯彻落实〈中共中央国务院关于加强技术创新，发展高科技，实现产业化的决定〉有关税收问题的通知》（财税字〔1999〕273号）文件的规定，对单位和个人从事技术转让、技术开发业务和与之相关的技术咨询、技术服务业务取得的收入，免征营业税。但需要交纳个人所得税＝100×(1－20%)×20%＝16(万元)，实际税后所得为100－16＝84(万元)。

方案二：如果将专利技术折合成股份，拥有股权。按照营业税有关规定，以无形资产投资入股，参与接受投资方的利润分配，共同承担投资风险的行为，不征收营业税。根据个人所得税法规定，作为股东，获取的股息、红利，应按20%的比例税率缴纳个人所得税。当年应纳个人所得税＝10×20%＝2(万元)，当年实际税后所得为10－2＝8(万元)。

通过特许权投资，当年仅需负担2万元的税款。如果每年都可以获取股息收入10万元，那么经营10年，在不考虑货币时间和风险的情况下，就可以收回全部转让收入，而且还可得到100万元的股份。

(二)拍卖文稿的筹划

根据税法规定，作者将自己的文字作品手稿原件或复印件公开拍卖(竞价)取得的所得，应按特许权使用费所得项目征收个人所得税。因此，如果一篇作品尚未出版(发表)，作者在选择是将其拍卖还是用于出版(发表)之前，应充分考虑两方面的得失。

【例5-25】 林教授系国内知名文学作家，经过多年的艰苦创作，终于完成了一部60多万字著作。有出版社想支付100万元稿酬，决定出版此书。如果将该著作出版，林教授将获得100万元的稿酬收入，则应纳税额＝100万×(1－20%)×20%×(1－30%)＝11.2(万元)，税后净收入＝100－11.2＝88.8(万元)。

如果选择将该著作拍卖，假定拍卖应缴纳的各种手续费占拍卖收入2%，并假定拍卖收入为X元。则净收益为：

X－X×(1－20%)×20%－X×2%

如果选择拍卖方式，至少应保证净收益大于88.8万元，甚至更大，因为拍卖以后就不能再版了，这种收益只有一次。则：X－X×(1－20%)×20%－X×20%＞88.8(万元)，X＞138.75 (万元)。

四、偶然所得纳税筹划

(一)偶然所得的临界点筹划

偶然所得是个人得奖、中奖、中彩以及其他偶然性质的所得，对偶然所得统一按照20%的比例税率缴纳个人所得税。根据“临界点”税负差异原理，可以对特殊项目的偶然所得进行税务筹划。

【例5-26】 李先生于2013年2月因购买体育彩票而中奖，获得奖金11 000元，应纳个人所得税=11 000×20%=2 200(元)，实际获得税后收入为:11 000−2 200=8 800(元)。

如果其获得的奖金不是11 000元，而是10 000元，那么李先生就无需纳税，后者比前者反而多收益1 200元。只有当奖金超出1万元达到一定数额时，获奖者才不会感到“吃亏”。下面通过设立方程式求解均衡点：

令奖金为X，则有:X(1−20%)≥10 000

解之得，X≥12 500(元)，换言之，如果奖金落在区间(10 000，12 500)，那么，税后收益反而会低于10 000元。

因此，发行体育彩票和社会福利有奖募捐的单位在设立奖项时，应当考虑税收政策的规定，要么低于1万元，要么超过12 500元。

(二)偶然所得捐赠纳税筹划

个人将其所得通过中国境内的社会团体、国家机关向教育和其他社会公益事业以及遭受严重自然灾害地区、贫困地区的捐赠，捐赠额未超过纳税人申报的应纳税所得额30%的部分，可以从应纳税所得额中扣除，超过部分不得扣除。而个人通过非营利性的社会团体和国家机关向红十字事业的捐赠，向福利性、非营利性的老年服务机构的捐赠，向农村义务教育的捐赠，对公益性青少年活动场所(其中包括新建)的捐赠，准予在所得额中全额扣除。

【例5-27】 某甲参加社会的抽奖，中奖所得共计为100万元，该人如果将其所得90万通过民政局捐赠给非营利性的敬老院，那么其个人所得税应纳税额该如何计算：

①根据个人所得税法的有关规定，某甲的捐赠额可以从应纳税所得额中扣除为100×30%=30(万元)；

②应纳税所得额=偶然所得−捐赠额可以扣除额=100−30=70(万元)；

③应纳税额=应纳税所得额×适用税率=70×20%=14(万元)。

其应纳税额14万元超过了其实际所得10万元。

该人如果将其所得90万元捐赠给红十字会，那么其个人所得税应纳税额=(100−90)×20%=1(万元)，还实际可得9万元。

纳税人在捐赠之前应多做研究比较，认真做好税收筹划，以避免增加个人负担。

主要税法依据:

1.《中华人民共和国个人所得税法》(国家税务总局)2011年6月30日

2.《全国人大常委会关于修改个人所得税法的决定》(第九届全国人大常委会第十一次会议通过)1999年8月30日

3.《财政部、国家税务总局关于非产权人重新购房征免个人所得税问题的批复》(财税〔2003〕123号)2003年5月28日

4.《财政部、国家税务总局关于规范个人投资者个人所得税征收管理的通知》(财税〔2003〕158号)2003年7月11日

5.《国家税务总局、中国人民银行关于个人银行结算账户利息所得征收个人所得税问题的通知》(国税发〔2004〕6号)2004年1月12日

6.《财政部、国家税务总局关于严格执行个人所得税费用扣除标准和不征税项目的通知》(财税〔2004〕40号)2004年2月6日

7.《国家税务总局关于纳税人收回转让的股权征收个人所得税问题的批复》(国税函〔2005〕130号)2005年1月28日

8.《财政部、国家税务总局关于个人股票期权所得征收个人所得税问题的通知》(财税〔2005〕35号)2005年3月28日

9.《财政部、国家税务总局关于股息红利个人所得税有关政策的通知》(财税〔2005〕102号)2005年6月13日

10.《国家税务总局关于个人因购买和处置债权取得所得征收个人所得税问题的批复》(国税函〔2005〕655号)2005年6月24日

11.《财政部、国家税务总局关于股息红利有关个人所得税政策的补充通知》(财税〔2005〕107号)2005年6月24日

12.《国家税务总局关于印发〈个人所得税管理办法〉的通知》(国税发〔2005〕120号)2005年7月6日

13.《财政部、国家税务总局关于中国金融教育发展基金会等10家单位公益救济性捐赠所得税税前扣除问题的通知》(财税〔2005〕73号)2006年6月27日

14.《国家税务总局关于个人住房转让所得征收个人所得税有关问题的通知》(国税发〔2006〕108号)2006年7月18日

15.《国家税务总局关于个人股票期权所得缴纳个人所得税有关问题的补充通知》(国税函〔2006〕902号)2006年9月30日

16.《财政部、国家税务总局关于个人取得有奖发票奖金征免个人所得税问题的通知》(财税〔2007〕34号)2007年2月27日

17.《国家税务总局关于加强和规范个人取得拍卖收入征收个人所得税有关问题的通知》(国税发〔2007〕38号)2007年4月4日

18.《关于修改〈中华人民共和国个人所得税法实施条例〉的决定》(中华人民共和国国务院令第519号)2008年2月18日

19.《财政部、国家税务总局关于廉租住房、经济适用住房和住房租赁有关税收政策的通知》(财税〔2008〕24号)2008年3月3日

20.《关于个人向地震灾区捐赠有关个人所得税征管问题的通知》(国税发〔2008〕55号)2008年5月21日

21.《关于证券市场个人投资者证券交易结算资金利息所得有关个人所得税政策的通知》(财税〔2008〕140号)2008年10月26日

22.《关于个人转租房屋取得收入征收个人所得税问题的通知》(国税函〔2009〕639号)2009年11月18日

23.《财政部、国家税务总局、证监会关于个人转让上市公司限售股所得征收个人所得税有关问题的通知》(财税〔2009〕167号)2009年12月31日

24.《国家税务总局关于做好限售股转让所得个人所得税征收管理工作的通知》(国税发〔2010〕8号)2010年1月15日

25.《国家税务总局关于限售股转让所得个人所得税征缴有关问题的通知》(国税函〔2010〕23号)2010年1月18日

26.《关于个人转让上市公司限售股所得征收个人所得税有关问题的补充通知》(财税〔2010〕70号)2010年11月10日

27.《关于股权转让所得个人所得税计税依据核定问题的公告》(国家税务总局公告2010年第27号)2010年12月14日

28.《财政部、国家税务总局关于企业促销展业赠送礼品有关个人所得税问题的通知》(财税〔2011〕50号)2011年6月9日

29.《全国人民代表大会常务委员会关于修改〈中华人民共和国个人所得税法〉的决定》(中华人民共和国主席令第48号)2011年6月30日

30.《国务院关于修改〈中华人民共和国个人所得税法实施条例〉的决定》(中华人民共和国国务院令第600号)2011年7月19日

31.《国家税务总局关于个人终止投资经营收回款项征收个人所得税问题的公告》(国家税务总局公告2011年第41号)2011年7月25日

32.《国家税务总局关于贯彻执行修改后的个人所得税法有关问题的公告》(国家税务总局公告2011年第46号)2011年7月29日
33.《财政部、国家税务总局关于地方政府债券利息所得免征所得税问题的通知》(财税〔2011〕76号)2011年8月26日
34.《财政部、国家税务总局关于证券机构技术和制度准备完成后个人转让上市公司限售股有关个人所得税问题的通知》(财税〔2011〕108号)2011年12月30日
35.《财政部　国家税务总局　证监会关于实施上市公司股息红利差别化个人所得税政策有关问题的通知》(财税〔2012〕85号)2012年11月16日
36.《国家税务总局关于个人投资者收购企业股权后将原盈余积累转增股本个人所得税问题的公告》(国家税务总局公告2013年第23号)2013年5月7日
37.《关于〈个人投资者收购企业股权后将原盈余积累转增股本个人所得税问题的公告〉的解读》(国家税务总局)2013年5月14日

第六章　个人经营房产的税收问题

第一节　个人经营房产的营业税政策

一、征税范围

（一）基本规定

个人在中华人民共和国境内转让土地使用权、销售或出租不动产应按规定征收营业税。

1. 转让土地使用权，是指土地使用者转让土地使用权的行为。土地所有者出让土地使用权和使用者将土地使用权归还给土地所有者的行为不征收营业税。

2. 出租或销售不动产征税范围包括销售或出租建筑物、构筑物、销售或出租其他土地附着物。

建筑物、构筑物是指通过建筑、安装和工程作业等生产方式形成的建筑产品。包括：

(1)房屋：住房、厂房、办公楼、仓库、学校、商业用房等；

(2)烟囱、铁路、窑炉、公路、港口、灌渠、堤坝、水库、井等；

(3)设备安装工程(不包括机械设备本身)：支柱、水塔、水池、设备基础、操作平台、各种设备的砌筑结构工程、金属结构工程。

其他土地附着物，是指除建筑物、构筑物以外的其他附着于土地的不动产，如树木、庄稼、花草等。

(二)特殊规定

《中华人民共和国营业税暂行条例》实施细则第五条规定:纳税人有下列情形之一的,视同发生应税行为:

1. 单位或者个人将不动产或者土地使用权无偿赠送其他单位或者个人;

2. 单位或者个人自己新建(以下简称自建)建筑物后销售,其所发生的自建行为;

3. 财政部、国家税务总局规定的其他情形。

条例第一条所称提供条例规定的劳务、转让无形资产或者销售不动产,是指有偿提供条例规定的劳务、有偿转让无形资产或者有偿转让不动产所有权的行为(以下称应税行为)。但单位或者个体工商户聘用的员工为本单位或者雇主提供条例规定的劳务,不包括在内。

前款所称有偿,是指取得货币、货物或者其他经济利益。

【例 6-1】 下列涉税行为属于营业税征税范围的是(　　)。

A. 个人卖冰棍

B. 个人将不动产转让给他人

C. 企业生产并销售集邮商品

D. 企业发生货物销售并负责运输所售货物

【答案】 B

【答案解析】 ACD 均为增值税征税范围。

二、纳税义务人和扣缴义务人

(一)纳税义务人

在中华人民共和国境内提供本条例规定的劳务、转让无形资产或者销售不动产的单位和个人,为营业税的纳税人,应当依照本条例缴纳营业税。

(二)扣缴义务人

1. 中华人民共和国境外的单位或者个人在境内提供应税劳务、转让无形资产或者销售不动产,在境内未设有经营机构的,以其境内代理人为扣缴义务人;在境内没有代理人的,以受让方或者购买方为扣缴义务人。

2. 国务院财政、税务主管部门规定的其他扣缴义务人。

【例 6-2】 下列各项中,属于营业税扣缴义务人的有(　　)。

A. 个人转让土地使用权，应以受让者为扣缴义务人

B. 境外单位在境内发生应税行为而境内未设机构的，其代理人或购买者

C. 纳税人在劳务发生地没有办理税务登记或临时税务登记的，则需要以建设单位或个人为营业税扣缴义务人

D. 如果将委托方的资金转给经办机构，由最终将贷款发放给使用单位或个人并取得贷款利息的经办机构为扣缴义务人

【答案】 BCD

【答案解析】 个人转让除土地使用权以外的其他无形资产，其应纳税款以受让者为扣缴义务人；金融机构接受其他单位和个人的委托，为其办理委托贷款的业务时，如果将委托方的资金转给经办机构，由经办机构将资金给使用单位或个人的，由最终将贷款发放给使用单位或个人并取得贷款利息的经办机构代扣委托方应纳的营业税。按营业税的规定，提供的劳务发生在境外的不属于营业税的征收范围，故不存在扣缴的问题。

三、营业额

(一)基本规定

房地产业营业额为纳税人转让土地使用权或销售不动产向对方收取的全部价款和价外费用。价外费用，包括收取的手续费、补贴、基金、集资费、返还利润、奖励费、违约金、滞纳金、延期付款利息、赔偿金、代收款项、代垫款项、罚息及其他各种性质的价外收费，但不包括同时符合以下条件代为收取的政府性基金或者行政事业性收费：

1. 由国务院或者财政部批准设立的政府性基金，由国务院或者省级人民政府及其财政、价格主管部门批准设立的行政事业性收费；

2. 收取时开具省级以上财政部门印制的财政票据；

3. 所收款项全额上缴财政。

【例 6-3】 冯强系某建筑队(个体)的业主。6 月份收到工程款78 000元，提前竣工奖 2 000 元，则冯强按规定计算出工程结算收入应纳的营业税的营业额为 80 000 元。

(二)特殊规定

1. 纳税人在转让土地使用权或销售不动产时发生退款，纳税人的营业额计算缴纳营业税后因发生退款减除营业额的，应当退还已缴纳营业税税款或者从

纳税人以后的应缴纳营业税税额中减除。

2.纳税人采取折扣方式转让土地使用权或销售不动产，如果将价款与折扣额在同一张发票上注明的，以折扣后的价款为营业额；如果将折扣额另开发票的，不论其在财务上如何处理，均不得从营业额中扣除。

3.纳税人转让土地使用权或销售的不动产的价格明显偏低而无正当理由的，以及将不动产无偿赠与他人的，按下列顺序确定其营业额：

(1)按纳税人最近时期发生同类应税行为的平均价格核定；

(2)按其他纳税人最近时期发生同类应税行为的平均价格核定；

(3)按下列公式核定：

营业额＝营业成本或者工程成本×(1＋成本利润率)÷(1－营业税税率)

公式中的成本利润率，由省、自治区、直辖市税务局确定。

【例 6-4】 1月某房地产公司将自己新建的房屋出售，房屋工程成本为1 200万元，成本利润率为15％，销售额为1 800万元，计算该公司应纳营业税税额。

解：自建行为应纳营业税＝1 200×(1＋15％)/(1－3％)×3％＝42.68(万元)

销售行为应纳营业税＝1 800×5％＝90(万元)

应纳营业税＝42.68＋90＝132.68(万元)

4.纳税人以人民币以外的货币结算营业额的，其营业额的人民币折合率可以选择营业额发生的当天或者当月1日的人民币汇率中间价。纳税人应当在事先确定采用何种折合率，确定后1年内不得变更。

四、税率

房产出租或销售的营业税税率为5％，个人出租住房用于居住的营业税税率减按3％。

五、纳税义务发生时间

(一)基本规定

房地产业的纳税义务发生时间为纳税人转让土地使用权或者销售不动产并收讫营业收入款项或者取得索取营业收入款项凭据的当天。国务院财政、税务主管部门另有规定的，从其规定。取得索取营业收入款项凭据的当天，为书面合同确定的付款日期的当天；未签订书面合同或者书面合同未确定付款日期的，为应税行为完成的当天。

营业税扣缴义务发生时间为纳税人营业税纳税义务发生的当天。

（二）特殊规定

细则第二十五条：

1. 纳税人转让土地使用权或者销售不动产，采取预收款方式的，其纳税义务发生时间为收到预收款的当天；

2. 纳税人提供建筑业或者租赁业劳务，采取预收款方式的，其纳税义务发生时间为收到预收款的当天；

3. 纳税人发生本细则第五条所称将不动产或者土地使用权无偿赠送其他单位或者个人的，其纳税义务发生时间为不动产所有权、土地使用权转移的当天；

4. 纳税人发生本细则第五条所称自建行为的，其纳税义务发生时间为销售自建建筑物的纳税义务发生时间。

六、纳税地点

1. 纳税人转让、出租土地使用权，应当向土地所在地的主管税务机关申报纳税。

2. 纳税人销售、出租不动产应当向不动产所在地的主管税务机关申报纳税。

3. 扣缴义务人应当向其机构所在地或者居住地的主管税务机关申报缴纳其扣缴的税款。

4. 纳税人应当向土地或者不动产所在地的主管税务机关申报纳税而自应当申报纳税之月起超过 6 个月没有申报纳税的，由其机构所在地或者居住地的主管税务机关补征税款。

七、减免税

1. 1994 年 1 月 1 日起，对将土地使用权转让给农业生产者用于农业生产的免征营业税。农业，包括农业、林业、牧业、水产业。

2. 对农村、农场将土地承包（出租）给个人或公司用于农业生产，收取的固定承包金（租金），可比照财税字〔1994〕002 号文件的规定，免征营业税。

(1)自 2011 年 1 月 28 日起，个人将购买不足 5 年的住房对外销售的，全额征收营业税。

【例 6-5】 2013 年 2 月某人出售住房，合同转让价格 150 万元，面积为

140.13m²,其房屋购买时间为2010年9月,未满5年。

营业税及附加税额(指城市维护建设税、教育费附加及地方教育附加,下同)=150×5.6%=8.4(万元)。

(2)自2011年1月28日起,个人将购买超过5年(含5年)的非普通住房对外销售的,按照其销售收入减去购买房屋的价款后的差额征收营业税。

【例6-6】 2013年3月某人出售住房,合同转让价格300万元,面积为256m²,为非普通住房,其房屋购买时间为2004年3月,已满5年,房产原值为220万元。

营业税及附加税额=(300-220)×5.6%=4.48(万元)。

(3)自2011年1月28日起,个人将购买超过5年(含5年)的普通住房对外销售的,免征营业税。

【例6-7】 2013年4月某人出售住房,合同转让价格100万元,面积为120m²,为普通住房,其房屋购买时间为2004年2月,已满5年。按规定减免营业税及附加税额。

第二节 个人经营房产的土地增值税政策

土地增值税是对转让国有土地使用权、地上建筑物及其附着物并取得收入的单位和个人,就其转让房地产所取得的增值额征收的一种税。

一、征税范围

根据《土地增值税暂行条例》及其实施细则的规定,土地增值税的征税范围包括:

(一)转让国有土地使用权

这里所说的"国有土地",是指按国家法律规定属于国家所有的土地。

(二)地上的建筑物及其附着物连同国有土地使用权一并转让

这里所说的"地上的建筑物",是指建于土地上的一切建筑物,包括地上地下的各种附属设施。这里所说的"附着物",是指附着于土地上的不能移动或一经移动即遭损坏的物品。

【例 6-8】 下列各项中属于土地增值税征税范围的有(　　)。

A. 出让国有土地使用权

B. 城市房地产的出租

C. 转让国有土地使用权

【答案】 C

二、征税范围的界定

准确界定土地增值税的征税范围十分重要。在实际工作中,我们可以通过以下几条标准来判定:

(一)土地增值税是对转让国有土地使用权及其地上建筑物和附着物的行为征税

这里,转让的土地,其使用权是否为国家所有,是判定是否属于土地增值税征税范围的标准之一。

(二)土地增值税是对国有土地使用权及其地上的建筑物和附着物的转让行为征税

这里,土地使用权、地上的建筑物及其附着物的产权是否发生转让是判定是否属于土地增值税征税范围的标准之二。

(三)土地增值税是对转让房地产并取得收入的行为征税

这里,是否取得收入是判定是否属于土地增值税征税范围的标准之三。

三、若干具体情况的判定

根据以上三条判定标准我们就可对以下若干具体情况是否属于土地增值税的征税范围进行判定:

(一)以出售方式转让国有土地使用权、地上的建筑物及附着物的

这种情况因其同时符合上述三个标准,所以属于土地增值税的征税范围。这里又分为 3 种情况:

1. 出售国有土地使用权的。这种情况是指土地使用者通过出让方式,向政府缴纳了土地出让金,有偿受让土地使用权后,仅对土地进行通水、通电、通路和

平整地面等土地开发，不进行房产开发，即所谓“将生地变熟地”，然后直接将空地出售出去。这属于国有土地使用权的有偿转让，应纳入土地增值税的征税范围。

2.取得国有土地使用权后进行房屋开发建造然后出售的。这种情况即是一般所说的房地产开发。虽然这种行为通常被称作卖房，但按照国家有关房地产法律和法规的规定：卖房的同时，土地使用权也随之发生转让。由于这种情况既发生了产权的转让又取得了收入，所以应纳入土地增值税的征税范围。

3.存量房地产的买卖。这种情况是指已经建成并已投入使用的房地产，其房屋所有人将房屋产权和土地使用权一并转让给其他单位和个人。这种行为按照国家有关的房地产法律和法规，应当到有关部门办理房产产权和土地使用权的转移变更手续；原土地使用权属于无偿划拨的，还应到土地管理部门补交土地出让金。这种情况既发生了产权的转让又取得了收入，应纳入土地增值税的征税范围。

(二)以继承、赠与方式转让房地产的

这种情况因其只发生房地产产权的转让，没有取得相应的收入，属于无偿转让房地产的行为，所以不能将其纳入土地增值税的征税范围。这里又可分为两种情况：

1.房地产的继承。房地产的继承是指房产的原产权所有人、依照法律规定取得土地使用权的土地使用人死亡以后，由其继承人依法承受死者房产产权和土地使用权的民事法律行为。这种行为虽然发生了房地产的权属变更，但作为房产产权、土地使用权的原所有人(即被继承人)并没有因为权属的转让而取得任何收入。因此，这种房地产的继承不属于土地增值税的征税范围。

2.房地产的赠与。房地产的赠与是指房产所有人、土地使用权所有人将自己所拥有的房地产无偿地交给其他人的民事法律行为。但这里的“赠与”仅指以下情况：

(1)房产所有人、土地使用权所有人将房屋产权、土地使用权赠与直系亲属或承担直接赡养义务人的；

(2)房产所有人、土地使用权所有人通过中国境内非营利的社会团体、国家机关将房屋产权、土地使用权赠与教育、民政和其他社会福利、公益事业的。

上述社会团体是指中国青少年发展基金会、希望工程基金会、宋庆龄基金会、减灾委员会、中国红十字会、中国残疾人联合会、全国老年基金会、老区促进会以及经民政部门批准成立的其他非营利的公益性组织。

房地产的赠与虽发生了房地产的权属变更，但作为房产所有人、土地使用权的所有人并没有因为权属的转让而取得任何收入。因此，房地产的赠与不属于土地增值税的征税范围。

（三）房地产的出租

房地产的出租是指房产的产权所有人、依照法律规定取得土地使用权的土地使用人，将房产、土地使用权租赁给承租人使用，由承租人向出租人支付租金的行为。房地产的出租，出租人虽取得了收入，但没有发生房产产权、土地使用权的转让。因此，不属于土地增值税的征税范围。

（四）房地产的抵押

房地产的抵押是指房地产的产权所有人、依法取得土地使用权的土地使用人作为债务人或第三人向债权人提供不动产作为清偿债务的担保而不转移权属的法律行为。这种情况由于房产的产权、土地使用权在抵押期间产权并没有发生权属的变更，房产的产权所有人、土地使用权人仍能对房地产行使占有、使用、收益等权利，房产的产权所有人、土地使用权人虽然在抵押期间取得了一定的抵押贷款，但实际上这些贷款在抵押期满后是要连本带利偿还给债权人的。因此，对房地产的抵押，在抵押期间不征收土地增值税。待抵押期满后，视该房地产是否转移而确定是否征收土地增值税。对于以房地产抵债而发生房地产权属转让的，应列入土地增值税的征税范围。

（五）房地产的交换

这种情况是指一方以房地产与另一方的房地产进行交换的行为。由于这种行为既发生了房产产权、土地使用权的转移，交换双方又取得了实物形态的收入，按《土地增值税暂行条例》规定，它属于土地增值税的征税范围。但对个人之间互换自有居住用房地产的，经当地税务机关核实，可以免征土地增值税。

（六）以房地产进行投资、联营

对于以房地产进行投资、联营的，投资、联营的一方以土地（房地产）作价入股进行投资或作为联营条件，将房地产转让到所投资、联营的企业中时，暂免征收土地增值税。对投资、联营企业将上述房地产再转让的，应征收土地增值税。

（七）合作建房

对于一方出地，一方出资金，双方合作建房，建成后按比例分房自用的，暂免征收土地增值税；建成后转让的，应征收土地增值税。

【例 6-9】 对于一方出地，一方出资金，双方合作建房，建成后按比例分房自用或转让的，均暂免征收土地增值税（ ）。

【答案】 ×

(八)企业兼并转让房地产

在企业兼并中，对被兼并企业将房地产转让到兼并企业中的，暂免征收土地增值税。

(九)房地产的代建房行为

这种情况是指房地产开发公司代客户进行房地产的开发，开发完成后向客户收取代建收入的行为。对于房地产开发公司而言，虽然取得了收入，但没有发生房地产权属的转移，其收入属于劳务收入性质，故不属于土地增值税的征税范围。

(十)房地产的重新评估

这主要是指国有企业在清产核资时对房地产进行重新评估而使其升值的情况。这种情况房地产虽然有增值，但其既没有发生房地产权属的转移，房产产权、土地使用权人也未取得收入，所以不属于土地增值税的征税范围。

【例 6-10】 下列各项中，不属于土地增值税征税范围的有（ ）。

A. 以房地产抵债而尚未发生房地产权属转移的

B. 以房地产抵押贷款而房地产尚在抵押期间的

C. 被兼并企业的房地产在企业兼并中到兼并方的

D. 以出地、出资双方合作建房，建成后又给其中一方的

【答案】 ABC

四、应纳税额的计算

土地增值税纳税依据为增值额，增值额为土地增值税纳税人转让房地产所取得的收入减除规定的扣除项目金额后的余额。

(一)应税收入的确定

根据《土地增值税暂行条例》及其实施细则的规定，纳税人转让房地产取得的应税收入，应包括转让房地产的全部价款及有关的经济收益。从收入的形式来看，包括货币收入、实物收入和其他收入。

（二）扣除项目的确定

计算土地增值税应纳税额，并不是直接对转让房地产所取得的收入征税，而是要对收入额减除国家规定的各项扣除项目金额后的余额计算征税（这个余额就是纳税人在转让房地产中获取的增值额）。因此，要计算增值额，首先必须确定扣除项目。税法准予纳税人从转让收入额减除的扣除项目包括如下几项。

1.取得土地使用权所支付的金额

取得土地使用权所支付的金额包括两方面的内容：

（1）纳税人为取得土地使用权所支付的地价款；

（2）纳税人在取得土地使用权时按国家统一规定缴纳的有关费用。

2.房地产开发成本

房地产开发成本是指纳税人房地产开发项目实际发生的成本，包括土地的征用及拆迁补偿费、前期工程费、建筑安装工程费、基础设施费、公共配套设施费、开发间接费用等。

3.房地产开发费用

房地产开发费用是指与房地产开发项目有关的销售费用、管理费用和财务费用。根据现行财务会计制度的规定，这3项费用作为期间费用，直接计入当期损益，不按成本核算对象进行分摊。故作为土地增值税扣除项目的房地产开发费用，不按纳税人房地产开发项目实际发生的费用进行扣除，而按《实施细则》的标准进行扣除。

《实施细则》规定："财务费用中的利息支出，凡能够按转让房地产项目计算分摊并提供金融机构证明的，允许据实扣除，但最高不能超过按商业银行同类同期贷款利率计算的金额。"其他房地产开发费用，按《实施细则》第七条（一）、（二）项规定（即取得土地使用权所支付的金额和房地产开发成本，下同）计算的金额之和的5％以内计算扣除。凡不能按转让房地产项目计算分摊利息支出或不能提供金融机构证明的，房地产开发费用按《实施细则》第七条（一）、（二）项规定计算的金额之和的10％以内计算扣除。计算扣除的具体比例，由各省、自治区、直辖市人民政府规定。

上述规定的具体含义是：

（1）纳税人能够按转让房地产项目计算分摊利息支出，并能提供金融机构的贷款证明的，其允许扣除的房地产开发费用为：利息＋（取得土地使用权所支付的金额＋房地产开发成本）×5％以内（注：利息最高不能超过按商业银行同类同期贷款利率计算的金额）；

(2)纳税人不能按转让房地产项目计算分摊利息支出或不能提供金融机构贷款证明的,其允许扣除的房地产开发费用为:(取得土地使用权所支付的金额+房地产开发成本)×10%以内。

4.与转让房地产有关的税金

与转让房地产有关的税金是指在转让房地产时缴纳的营业税、城市维护建设税、印花税。因转让房地产缴纳的教育费附加,也可视同税金予以扣除。

5.其他扣除项目

对从事房地产开发的纳税人可按《实施细则》第七条(一)、(二)项规定计算的金额之和,加计20%的扣除。

6.旧房及建筑物的评估价格

旧房及建筑物的评估价格是指在转让已使用的房屋及建筑物时,由政府批准设立的房地产评估机构评定的重置成本价乘以成新度折扣率后的价格。评估价格须经当地税务机关确认。

(三)土地增值税的计算

土地增值税按照纳税人转让房地产所取得的增值额和规定的税率计算征收。土地增值税的计算公式是:

应纳税额 $= \sum$(每级距的增值额×适用税率)

但在实际工作中,分步计算比较烦琐,一般可以采用速算扣除法计算。即:计算土地增值税税额,可按增值额乘以适用的税率减去扣除项目金额乘以速算扣除系数的简便方法计算,具体公式为:土地增值税税额=增值额×税率-扣除项目金额×速算扣除系数。

(四)税率

土地增值税实行四级超率累进税率如表6-1所示。

表6-1　土地增值税四级超率累进税率表

级数	增值额与扣除项目金额的比率	税率(%)	速算扣除系数(%)
1	不超过50%的部分	30	0
2	超过50%至100%的部分	40	5
3	超过100%至200%的部分	50	15
4	超过200%的部分	60	35

举一个简单例子并用简便方法来具体说明:

【例 6-11】 某纳税人转让房地产所取得的收入为400万元，其扣除项目金额为100万元，请计算其应纳土地增值税的税额。

第一步，先计算增值额。

增值额为：400－100＝300（万元）

第二步，再计算增值额与扣除项目金额之比。

增值额与扣除项目金额之比为：300÷100＝300％

由此可见，增值额超过扣除项目金额200％，其适用的简便计算公式为：

土地增值税税额＝增值额×60％－扣除项目金额×35％

第三步，计算土地增值税税额。

土地增值税税额为：300×60％－100×35％＝145（万元）。

五、预征

纳税人在项目全部竣工结算前转让房地产取得的收入，由于涉及成本确定或其他原因，而无法据以计算土地增值税的，可以预征土地增值税，待该项目全部竣工、办理结算后再进行清算，多退少补。

六、核定征收

按征管法规定纳税人符合核定征收条件的，税务机关将实行核定征收，核定征收比例为非住宅1.5％、住宅1.2％（普通住宅减半）。如果纳税人是房地产开发企业的，核定征收比例一律为2％。

【知识链接】 根据《财政部国家税务总局关于土地增值税若干问题的通知》（财税〔2006〕21号）、浙江省财政厅、浙江省地方税务局《关于推进全省房地产税收一体化管理工作的意见》（浙财农税字〔2006〕38号）文件精神，对个人转让非普通住宅征收土地增值税规定如下：

从2007年7月1日起，对个人在市区范围内转让未满5年的非普通住宅，既不能提供购房发票，又不能提供房屋及建筑物价格评估报告，征收土地增值税扣除项目金额难以确定的，实行核定征收办法，即按转让非普通住宅交易价格金额的0.5％征收土地增值税。

七、有符合下列情形之一的，免征土地增值税

（一）纳税人建造普通标准住宅出售，增值额未超过规定的扣除项目金额20％的。

(二)因国家建设需要依法征用、收回的房地产。

(三)以房地产投资、联营的(从事房地产开发除外)。

(四)一方出地、一方出资金,双方合作建房,建成后按比例分房自用的。

(五)在企业兼并中,对被兼并企业将房地产转让到兼并企业中的。

(六)对个人之间互换自有居住用房地产的,经当地税务机关核实,可以免征土地增值税。

(七)个人将购买的普通住房对外销售的。

【例 6-12】 根据有关规定,可以不征或免征土地增值税的有( )。

A. 以房地产进行投资,将房地产转让到所投资的企业

B. 个人以房地产进行交换的

C. 被兼并企业的房地产转让到兼并企业

D. 以房地产抵债而发生房地产权属转让的

【答案】 AC

第三节 个人经营房产的契税政策

契税是以所有权发生转移变动的不动产为征税对象,向产权承受人征收的一种财产税。

一、征税范围

契税的征税对象是境内转移的土地、房屋权属。具体包括以下六项内容:

(一)国有土地使用权出让

国有土地使用权出让是指土地使用者向国家交付土地使用权出让费用,国家将国有土地使用权在一定年限内让与土地使用者的行为。

(二)土地使用权的转让

土地使用权的转让是指土地使用者以出售、赠与、交换或者其他方式将土地使用权转移给其他单位和个人的行为。土地使用权的转让不包括农村集体土地承包经营权的转移。

(三)房屋买卖

即以货币为媒介，出卖者向购买者过渡房产所有权的交易行为。以下几种特殊情况，视同买卖房屋：

1. 以房产抵债或实物交换房屋

经当地政府和有关部门批准，以房抵债和实物交换房屋，均视同房屋买卖，应由产权承受人，按房屋现值缴纳契税。

例如，甲某因无力偿还乙某债务，而以自有的房产折价抵偿债务。经双方同意，有关部门批准，乙某取得甲某的房屋产权，在办理产权过户手续时，按房产折价款缴纳契税。如以实物(金银首饰等等价物品)交换房屋，应视同以货币购买房屋。

2. 以房产作投资或作股权转让

这种交易业务属房屋产权转移，应根据国家房地产管理的有关规定，办理房屋产权交易和产权变更登记手续，视同房屋买卖，由产权承受方按契税税率计算缴纳契税。

例如，甲某以自有房产，投资于乙某企业。其房屋产权变为乙某企业所有，故产权所有人发生变化，因此，乙某企业在办理产权登记手续后，按甲某入股房产现值(国有企事业房产须经国有资产管理部门评估核价)缴纳契税。如丙某以股份方式购买乙某企业房屋产权，丙某在办理产权登记后，按取得房产买价缴纳契税。

以自有房产作股投入本人独资经营企业，免纳契税。因为以自有的房地产投入本人独资经营的企业，产权所有人和使用权使用人未发生变化，不需办理房产变更手续，也不办理契税手续。

3. 买房拆料或翻建新房，应照章征收契税

例如，甲某购买乙某房产，不论其目的是取得该房产的建筑材料或是翻建新房，实际构成房屋买卖。甲某应首先办理房屋产权变更手续，并按买价缴纳契税。

(四)房屋赠与

房屋的赠与是指房屋产权所有人将房屋无偿转让给他人所有。其中，将自己的房屋转交给他人的法人和自然人，称作房屋赠与人；接受他人房屋的法人和自然人，称为受赠人。房屋赠与的前提必须是，产权无纠纷，赠与人和受赠人双

方自愿。

(五)房屋交换

房屋交换是指房屋所有者之间互相交换房屋的行为。

随着经济形势的发展。有些特殊方式转移土地、房屋权属的,也将视同土地使用权转让、房屋买卖或者房屋赠与:一是以土地、房屋权属作价投资、入股;二是以土地、房屋权属抵债;三是以获奖方式承受土地、房屋权属;四是以预购方式或者预付集资建房款方式承受土地、房屋权属。

(六)承受国有土地使用权支付的土地出让金

对承受国有土地使用权所应支付的土地出让金,要计征契税。不得因减免土地出让金而减免契税。

【例 6-13】 下列行为中,应视同土地使用权转让征收契税的有(　　)。

A. 以土地权属作价投资　　B. 以土地权属抵债

C. 以获奖方式承受土地权属　　D. 以预购方式承受土地权属

【答案】 ABCD

【例 6-14】 下列各项中,应当征收契税的有(　　)。

A. 以房产抵债　　B. 将房产赠与他人

C. 以房产作投资　　D. 子女继承父母房产

【答案】 ABC

【解析】 子女继承父母房产,属于法定继承人继承土地、房屋权属,是不征契税的。

二、应纳税额的计算

(一)计税依据

契税的计税依据为不动产的价格。由于土地、房屋权属转移方式不同,定价方法不同,因而具体计税依据视不同情况而决定。

1. 国有土地使用权出让、土地使用权出售、房屋买卖,以成交价格为计税依据。成交价格是指土地、房屋权属转移合同确定的价格,包括承受者应交付的货币、实物、无形资产或者其他经济利益。

2. 土地使用权赠与、房屋赠与,由征收机关参照土地使用权出售、房屋买卖的市场价格核定。

【例 6-15】 下列各项中，契税计税依据可由征收机关核定的是（　　）。

A. 土地使用权出售　　　　B. 国有土地使用权出让

C. 土地使用权赠与　　　　D. 以划拨方式取得土地使用权

【答案】 C

3. 土地使用权交换、房屋交换，为所交换的土地使用权、房屋的价格差额。也就是说，交换价格相等时，免征契税；交换价格不等时，由多交付的货币、实物、无形资产或者其他经济利益的一方缴纳契税。

【例 6-16】 甲、乙双方发生房屋交换行为，当交换价格相等时，契税（　　）。

A. 由甲方缴纳　　　　B. 由乙方缴纳

C. 由甲、乙双方各缴一半　　　　D. 甲、乙双方都不缴纳

【答案】 D

4. 以划拨方式取得土地使用权，经批准转让房地产时，由房地产转让者补交契税。计税依据为补交的土地使用权出让费用或者土地收益。

为了避免偷、逃税款，税法规定，成交价格明显低于市场价格并且无正当理由的，或者所交换土地使用权、房屋的价格的差额明显不合理并且无正当理由的，征收机关可以参照市场价格核定计税依据。

（二）税率

契税实行3%—5%的幅度税率。各省、自治区、直辖市人民政府可以在3%—5%的幅度税率规定范围内，按照本地区的实际情况决定。

（三）应纳税额的计算方法

契税采用比例税率。当计税依据确定以后，应纳税额的计算比较简单。应纳税额的计算公式为：

应纳税额＝计税依据×税率

【例 6-17】 居民甲有两套住房，将一套出售给居民乙，成交价格为200 000元；将另一套两室住房与居民丙交换成两处一室住房，并支付给丙换房差价款60 000元。试计算甲、乙、丙相关行为应缴纳的契税（假定税率为4%）。

（1）甲应缴纳契税＝60 000×4%＝2 400（元）。

（2）乙应缴纳契税＝200 000×4%＝8 000（元）。

（3）丙不缴纳契税。

三、减税、免税

(一)自 2010 年 10 月 1 日起，对个人购买 $90m^2$ 及以下普通住房，且该住房属于家庭(成员范围包括购房人、配偶以及未成年人，下同)唯一住房的，减按 1%征收契税。对个人购买普通住房($90m^2$ 以上至 $144m^2$)，且该住房属于家庭唯一住房的，减半征收契税(1.5%)。(财税〔2010〕94 号)

(二)继承、析产不征收契税。

(三)婚姻关系存续期间，房屋、土地权属原归夫妻一方所有，变更为夫妻双方共有的免征契税。

【延伸阅读】

2011 年《婚姻法》的司法解释称婚前以个人财产支付首付款的房屋属于登记方的个人，造成很多夫妻要求在房产证上加名。当时，包括很多媒体在内，搞不清楚，加名是否要交税？财政部与国家税务总局 2011 年 8 月 31 日联合发布通知称，在婚姻关系存续期间，房屋、土地权属由夫妻一方所有变更为夫妻双方共有免征契税。也就是说，财政部与税务总局达成共识，不会对夫妻房产证加名征税，此公告属法律规范性文件，具有法律效力。

(四)对拆迁居民因拆迁重新购置住房的，对购房成交价格中相当于拆迁补偿款的部分免征契税。

(五)国家政策规定的其他减征、免征契税的项目。

第四节　个人经营房产的其他纳税政策

个人经营房产还会牵涉到房产税、城镇土地使用税、印花税，在缴纳营业税的同时，还涉及城市维护建设税和教育费附加，本节就这些税种向读者作一简单介绍。

一、房产税

(一)房产税的纳税人

房产税以在征税范围内的房屋产权所有人为纳税人。其中：

1. 产权属国家所有的,由经营管理单位纳税;产权属集体和个人所有的,由集体单位和个人纳税;

2. 产权出典的,由承典人纳税;

3. 产权所有人、承典人不在房屋所在地的,由房产代管人或者使用人纳税;

4. 产权未确定及租典纠纷未解决的,亦由房产代管人或者使用人纳税;

5. 无租使用其他房产的问题。纳税单位和个人无租使用房产管理部门、免税单位及纳税单位的房产,应由使用人代为缴纳个人房产税。

【例 6-18】 下列关于房产税的纳税人的说法中,正确的有(　　)。

A. 产权属国家所有的,由经营管理单位纳税

B. 产权所有人、承典人不在房屋所在地的,由房屋代管人或者使用人纳税

C. 产权出典的,由出典人纳税

D. 产权未确定及租典纠纷未解决的,由房产代管人或者使用人纳税

【答案】 ABD

【解析】 选项 C,产权出典的,由承典人缴纳房产税。

(二)征税范围

城市、县城、建制镇、工矿区,不包括农村的房屋。

(三)计税依据

1. 从价计征

按照房产余值征税的,称为从价计征。

个人房产税依照房产原值一次减除 10%～30%后的余值计算缴纳。

房产原值:应包括与房屋不可分割的各种附属设备或一般不单独计算价值的配套设施。主要有:暖气,卫生,通风等,纳税人对原有房屋进行改建、扩建的,要相应增加房屋的原值。

2. 从租计征

按照房产租金收入计征的,称为从租计征,房产出租的,以房产租金收入为个人房产税的计税依据。

(1)房产出租的,以房产租金收入为个人房产税的计税依据。对投资联营的房产,在计征个人房产税时应予以区别对待。共担风险的,按房产余值作为计税依据,计征个人房产税;对收取固定收入,应由出租方按租金收入计缴个人房产税。

(2)对融资租赁房屋的情况,在计征个人房产税时应以房产余值计算征收,

租赁期内个人房产税的纳税人，由当地税务机关根据实际情况确定。

(3)新建房屋交付使用时，如中央空调设备已计算在房产原值之中，则房产原值应包括中央空调设备；旧房安装空调设备，一般都作单项固定资产入账，不应计入房产原值。

【例 6-19】 对于投资联营的房产，下列关于其房产税的计税依据确认中，正确的有（　）。

A. 对投资联营的房产，投资者参与投资分红，共担风险的，按房产的计税余值作为计税依据

B. 对投资联营的房产，投资者参与投资分红，共担风险的，按照租金收入计算缴纳房产税

C. 对以房产投资，收取固定收入，不承担联营风险的，按照租金收入计算缴纳房产税

D. 对以房产投资，收取固定收入，不承担联营风险的，按房产的计税余值作为计税依据

E. 对投资联营的房地产，在计征房产税时要区别对待

【答案】 ACE

【解析】 选项 AB：对投资联营的房产，投资者参与投资分红，共担风险的，按房产的计税余值作为计税依据计征房产税；选项 CD：对以房产投资，收取固定收入，不承担联营风险的，由出租方按照租金收入计算缴纳房产税。

(四)税率

1. 按房产余值计征的，年税率为 1.2%。

2. 按房产出租的租金收入计征的，税率为 12%。但对个人按市场价格出租的居民住房，用于居住的，可暂减按 4% 的税率征收个人房产税。

(五)房产税应纳税额计算

1. 从价计征的计算

从价计征是按房产的原值减除一定比例后的余值计征，其公式为：

应纳税额＝应税房产原值×(1－扣除比例)×年税率 1.2%。

2. 从租计征的计算

从租计征是按房产的租金收入计征，其公式为：应纳税额＝租金收入×12%。

个人所有非营业用的房产免征房产税。但个人拥有的营业用房或出租的房

产，应照章纳税；对个人按市场价格出租的居民住房，可减按4%的税率征收个人房产税。

【例6-20】 位于某县城的鸿福商业大厦在2011年初拥有的房产情况如下：一栋独立的购物广场，其中地上部分房屋原值5 000万元，主要用于电器、服装、玩具等销售；地下部分原值1 000万元，主要用于超市经营。则鸿福大厦2011年需要缴纳的房产税是多少万元？（假设当地规定按房产原值一次性扣除30%后为计税余值，地下建筑用于商业用途的，以房屋原价的70%作为计税房产原值）。

应纳房产税＝(5 000＋1 000)×(1－30%)×1.2%＝50.4(万元)。

【解析】 对于与地上房屋相连的地下建筑物，如房屋的地下室、地下停车场、商场的地下部分等，应将地下部分与地上部分视为一个整体，按照地上建筑的有关规定计算征收房产税。

【例6-21】 张某于2012年2月份将其自有的房屋出租给一个体业主居住，租期两年，年租金24 000元，则张某年要交纳的营业税和房产税分别是：

营业税＝24 000×3%＝720(元)；

房产税＝24 000×4%＝960(元)。

二、城镇土地使用税

(一)城镇土地使用税纳税人

在城市、县城、建制镇、工矿区范围内使用土地的单位和个人，为城镇土地使用税(以下简称土地使用税)的纳税人。

城镇土地使用税的纳税人通常包括以下几类：

1. 拥有土地使用权的单位和个人；

2. 拥有土地使用权的单位和个人不在土地所在地的，其土地的实际使用人和代管人为纳税人；

3. 土地使用权未确定或权属纠纷未解决的，其实际使用人为纳税人；

4. 土地使用权共有的，共有各方都是纳税人，由共有各方分别纳税。

(二)征税范围

城镇土地使用税的征税范围，包括在城市、县城、建制镇和工矿区内的国家所有和集体所有的土地。

【例 6-22】 根据城镇土地使用税法律制度的有关规定，下列各项中，应征收城镇土地使用税的有(　　)。

A. 某公园内的索道公司经营用地

B. 某镇村民居住用地

C. 某市区外资企业生产车间用地

D. 纳税单位无偿使用免税单位的土地

【答案】 ACD

【答案解析】 城镇土地使用税的征税范围为城市、县城、建制镇、工矿区。自 2009 年 1 月 1 日起，公园、名胜古迹内的索道公司经营用地，应按规定缴纳城镇土地使用税。

(三)城镇土地使用税应纳税额的计算

1. 计税依据

城镇土地使用税以纳税人实际占用的土地面积为计税依据，土地面积计量标准为每平方米。即税务机关根据纳税人实际占用的土地面积，按照规定的税额计算应纳税额，向纳税人征收土地使用税。

纳税人实际占用的土地面积按下列办法确定：

(1)由省、自治区、直辖市人民政府确定的单位组织测定土地面积的，以测定的面积为准；

(2)尚未组织测地，但纳税人持有政府部门核发的土地使用证书的，以证书确认的土地面积为准；

(3)尚未核发出土地使用证书的，应由纳税人申报土地面积，据以纳税，待核发土地使用证以后再作调整。

2. 税率

城镇土地使用税采用定额税率，即采用有幅度的差别税额，按大、中、小城市和县城、建制镇、工矿区分别规定每平方米土地使用税年应纳税额。具体标准如下：

(1)大城市 1.5 元至 30 元；

(2)中等城市 1.2 元至 24 元；

(3)小城市 0.9 元至 18 元；

(4)县城、建制镇、工矿区 0.6 元至 12 元。

大、中、小城市以公安部门登记在册的非农业正式户口人数为依据，按照国务院颁布的《城市规划条例》中规定的标准划分。人口在 50 万以上者为大城市；

人口在20万至50万之间者为中等城市；人口在20万以下者为小城市。城镇土地使用税税率表(如表6-2所示)。

表6-2　城镇土地使用税税率表

级　别	人口(人)	每平方米税额(元)/年
大城市	50万以上	1.5—30
中等城市	20万—50万	1.2—24
小城市	20万以下	0.9—18
县城、建制镇、工矿区		0.6—12

3.应纳税额的计算方法

城镇土地使用税的应纳税额可以通过纳税人实际占用的土地面积乘以该土地所在地段的适用税额求得。其计算公式为：

全年应纳税额＝实际占用应税土地面积(平方米)×适用税额。

【例6-23】 下列关于城镇土地使用税的计税依据的说法中，正确的有(　　)。

A.城镇土地使用税以纳税人实际占用的土地面积(平方米)为计税依据

B.纳税人实际占用的土地面积，是指由省、自治区、直辖市人民政府确定的单位组织测定的土地面积

C.尚未组织测量，但纳税人持有政府部门核发的土地使用证书的，以证书确认的土地面积为准

D.尚未核发土地使用证书的，应由纳税人据实申报土地面积，据以纳税，待核发土地使用证以后再作调整

【答案】 ABCD

【例6-24】 设在某城市的一企业使用土地面积为10 000m^2。经税务机关核定，该土地为应税土地，每平方米年税额为4元。请计算其全年应纳的土地使用税税额。

年应纳土地使用税税额＝10 000×4＝40 000(元)。

4.个人所有的居住房屋及院落用地免税，但出租需要交税。

【例6-25】 甲某为乙公司的法人代表，2011年11月22日，甲乙双方签订租赁合同，约定：甲将市区1万m^{2}的土地(土地用途：工业；产权为甲某私有。)及地上厂房出租给乙使用；租赁时间：2012年1月1日—2015年12月31日；租

金:35 万元/年,付款方式:年付;租赁期间的土地使用税和水、电费均由乙方交纳。

2012 年,乙公司向甲某支付了租金 35 万元,向地税局申报土地使用税 50 000元并在管理费用中列支,检查人员发现后调增了乙公司 2012 年度的应纳税所得额 50 000 元,并进行了相应的处罚。

在处理过程中,存在以下争论:

(1)没有文件明确个人出租土地要缴纳土地使用税,甲某出租土地给乙公司是否要缴纳土地使用税?

(2)甲某认为乙公司也是自己的,交了本不需交的税,还要在所得税上补税罚款,真冤。他的认识对吗?

答:根据国家税务局关于检发《关于土地使用税若干具体问题的解释和暂行规定》的通知国税地字〔1988〕第 015 号文件的规定:

土地使用税由拥有土地使用权的单位或个人缴纳,拥有土地使用权的纳税人不在土地所在地的,由代管人或实际使用人纳税;土地使用权未确定或权属纠纷未解决的,由实际使用人纳税;土地使用权共有的,由共有各方分别纳税。

甲某出租土地应按规定由其缴纳土地使用税。乙企业代甲某缴纳的土地使用税,土地使用税属于与生产经营或者说与取得收入的支出,那么按照《中华人民共和国企业所得税法》及其实施条例的规定,是不能在税前扣除的。

三、印花税

(一)纳税人

房地产印花税是指因房地产买卖、房地产产权变动、转移等而对书立的或领受的房地产凭证的单位和个人征收的一种税赋。是在我国境内书立、领受应税房地产凭证的单位和个人以及在国外书立、受我国法律保护、在我国境内适用的应税房地产凭证的单位和个人。

(二)征税范围

房地产印花税的征税凭证主要包括:具有房地产买卖合同性质的凭证;房地产产权转让书据;房地产权利许可证明;房地产经营账簿;经财政部确定征税的其他凭证。

(三)计税依据

房地产印花税的征税对象是特定行为,而其计税依据则是该种行为的所负载的资金量或实物量，其中房地产产权转移书据印花税的计税依据是书据所载金额；房地产权利证书(包括房屋产权证和土地使用证)印花税的计税依据则是按件计收；房屋租赁合同印花税的计税依据是租赁金额；房产购销合同的计税依据是购销金额。

(四)税率

房地产印花税的税率有两种：第一种是比例税率，适用于房地产产权转移书据，税率为0.05%，同时适用于房屋租赁合同，税率为0.1%，房产购销合同，税率为0.03%；第二种是定额税率，适用于房地产权利证书，包括房屋产权证和土地使用证，税率为每件5元。

(五)应纳税额计算

应纳税额=应税凭证计税金额(或应税凭证件数)×适用税率。

【例6-26】 某建筑公司与甲企业签订一份建筑承包合同，合同金额6 000万元。施工期间，该建筑公司又将其中价值800万元的安装工程转包给乙企业，并签订转包合同。该建筑公司上述合同应缴纳印花税为多少万元？(印花税税率0.3‰)。

应纳印花税=(6 000+800)×0.3‰=2.04(万元)。

【解析】 建筑承包合同中总包合同和分包合同都是需要贴花的。

(六)减税免税

免纳房地产印花税的情况包括：

1.已缴纳印花税的凭证的副本或者抄本，但以副本或者抄本视同正本使用的，应另贴印花；

2.财产所有人将财产赠给政府、社会福利单位、学校所立的书据；

3.经财政部批准免税的其他凭证；

4.对个人销售或购买住房暂免征收印花税。

四、城市维护建设税与教育费附加

城建税和教育费附加是以纳税人实际缴纳的增值税、消费税、营业税税额为计税依据的，既然个人房地产涉及营业税，自然就要涉及城建税和教育费附加。城建税按纳税人所在地的不同，设置了3档地区差别比例税率，即：

1.纳税人所在地为市区的，税率为7%；

2.纳税人所在地为县城、镇的，税率为5%；

3. 纳税人所在地不在市区、县城或镇的，税率为1%。

城建税的适用税率，应当按纳税人所在地的规定税率执行。

教育费附加税率不分地区，统一为3%，地方教育费附加税率为2%。

【注】 城建税和教育费附加以"三税"税额为计税依据并同时征收，如果要免征或者减征"三税"，也要同时免征或减征城建税和教育费附加。但对出口产品退还增值税、消费税的，不退还已缴纳的城建税和教育费附加。

【例 6-27】 某市一生产企业为增值税一般纳税人。2013 年 1 月进口原材料一批，向海关缴纳增值税 20 万元，在国内销售产品缴纳增值税 30 万元、消费税 40 万元，由于延期缴纳消费税被罚滞纳金 2 万元，出口产品获得增值税退税 4 万元。该企业当月应缴纳城建税和教育费附加为：

应纳城建税＝(30＋40)×7%＝4.9(万元)；

应纳教育费附加＝(30＋40)×3%＝2.1(万元)。

第五节 个人转让房产涉税问题计算实例

为了更直观地让读者了解个人转让住房涉税问题，本节以杭州存量房买卖、交换的规定为例，向大家介绍个人转让住房涉及到的营业税、契税、个人所得税等税种相关规定。(资料来源于杭州财税网)

一、税费政策

杭州市区普通住宅标准应同时符合以下条件：

1. 住宅小区建筑容积率在 1.0 以上；

2. 单套建筑面积在 140m² 以下；

3. 实际成交价格低于同级别土地上住宅平均交易价格 1.44 倍以下。

(一)房屋买卖：

1. 承受方应缴纳的税费种类及税率如表 6-3 所示：

表 6-3　承受方应缴纳的税费种类及税率

<table>
<tr><td rowspan="2">税种</td><td rowspan="2">计税金额</td><td rowspan="2" colspan="6">房屋类型</td><td colspan="2">税率(%)</td></tr>
<tr><td>个人</td><td>单位</td></tr>
<tr><td rowspan="5">契税</td><td rowspan="5">成交价格</td><td colspan="6">非住宅</td><td>3</td><td rowspan="5">3</td></tr>
<tr><td colspan="6">非普通住宅</td><td>3</td></tr>
<tr><td rowspan="3" colspan="2">普通住宅</td><td colspan="4">非家庭唯一住房</td><td>3</td></tr>
<tr><td colspan="4">140 平方米以下(家庭唯一)</td><td>1.5</td></tr>
<tr><td colspan="4">90 平方米及以下(家庭唯一)</td><td>1</td></tr>
<tr><td rowspan="2">印花税</td><td rowspan="2">成交价格</td><td colspan="6">住宅</td><td>免征</td><td rowspan="2">0.05</td></tr>
<tr><td colspan="6">非住宅</td><td>0.05</td></tr>
<tr><td rowspan="3">土地出让金</td><td colspan="9">土地等级相对应的出让金标准×土地分摊面积(划拨土地上标准住宅转让)</td></tr>
<tr><td>土地等级</td><td>一</td><td>二</td><td>三</td><td>四</td><td>五</td><td>六</td><td>七</td><td>八</td></tr>
<tr><td>缴纳标准(元/m^2)</td><td>600</td><td>500</td><td>400</td><td>300</td><td>200</td><td>100</td><td>80</td><td>50</td></tr>
</table>

说明：(1)土地分摊面积为交易房屋的土地证书证载土地面积。

(2)土地出让年期统一为 70 年，自土地出让合同签订之日起算，不作年期修正。

2. 出让方应缴纳的税费种类及税率如表 6-4 所示：

表 6-4　出让方应缴纳的税费种类及税率

<table>
<tr><td>税种</td><td colspan="2">个　人</td><td>单　位</td></tr>
<tr><td rowspan="5">营业税
城市维护建设税
教育费附加
地方教育附加</td><td>非住宅</td><td>按(成交价格－购入原价)×5.6%缴纳</td><td rowspan="5">按(成交价格－购入原价)×5.6%缴纳</td></tr>
<tr><td rowspan="2">非普通住宅</td><td>购买未满 5 年对外销售的，按成交价格×5.6%缴纳</td></tr>
<tr><td>超过 5 年(含 5 年)的，按(成交价格－购入原价)×5.6%缴纳</td></tr>
<tr><td rowspan="2">普通住宅</td><td>购买未满 5 年对外销售的，按成交价格×5.6%缴纳</td></tr>
<tr><td>超过 5 年(含 5 年)的，免征</td></tr>
</table>

续　表

税种	个人		单　位
个人所得税	住宅	(转让收入额－住宅原值－转让过程中缴纳的税金－合理费用)×20％	无
		对杭州市区纳税人未提供完整、准确的房屋原值凭证，不能正确计算房屋原值和应纳税额的，按纳税人住房转让收入的1％核定其应纳个人所得税额	
		转让5年唯一生活用房的免征	
	非住宅	自行向属地税务机关申报	
土地增值税	非住宅	按照个人转让所取得的增值额实行四级超率累进税率计算征收。增值额未超过扣除项目金额50％的部分，税率为30％；增值额超过扣除项目金额50％、未超过扣除项目金额100％的部分，税率为40％；增值额超过扣除项目金额100％、未超过扣除项目金额200％的部分，税率为50％；增值额超过扣除项目金额200％的部分，税率为60％	自行向属地税务机关申报
		个人既不能提供购房发票，又不能提供房屋及建筑物价格评估报告，征收土地增值税扣除项目金额难以确定的，按转让收入的0.5％征收率征收土地增值税	
	住宅	免征	
印花税	非住宅	0.05％	0.05％
	住宅	免征	
土地出让金	土地等级相对应的出让金标准×土地分摊面积(农居房上市交易)		

印花税	土地等级	一	二	三	四	五	六	七	八
印花税	缴纳标准(元/m^2)	600	500	400	300	200	100	80	50

(二)房屋交换

1.承受方应缴纳的税费种类及税率如表6-5所示：

表6-5　承受方应缴纳的税费种类及税率

纳税人	契税		印花税
	计税金额	税率	
单位、个人	交换房屋价格的差额	3％	参见“房屋买卖”

注：由多付货币、实物、无形资产或者其他经济利益的一方按房屋差价的3％缴纳；交换价格相等的，免征契税。

2. 出让方应缴纳的税费种类及税率如表 6-6 所示：

表 6-6　出让方应缴纳的税费种类及税率

纳税人	营业税及附加	个人所得税	土地增值税	印花税
单位	参见“房屋买卖”	/	自行向属地税务机关申报	参见“房屋买卖”
个人	参见“房屋买卖”	参见“房屋买卖”	参见“房屋买卖”	参见“房屋买卖”

注：房改房上市交换，土地仍保留划拨性质，免缴土地出让金。

（三）政策说明

1. 根据《杭州市财政局地方税务局关于转发浙江省财政厅浙江省地方税务局实行房屋交易最低计税价格管理办法的通知》（杭财农〔2008〕161 号）中相关规定：纳税人申报的成交价格高于最低计税价格的，征收机关按成交价格计征税费；纳税人申报的成交价格低于最低计税价格且无正当理由的，征收机关按最低计税价格核定征收。

2. 营业税及附加“从购买到对外销售”的 5 年时间认定：个人购买住房以取得房屋产权证注明的时间和契税完税证明注明的时间孰先为原则确定起点，至销售时买卖双方签订《杭州市房屋转让合同》之日为终点，计算确定。

（1）个人销售以拆迁安置方式获得的住房，其购房时间按被拆迁房屋的购房时间确定。

（2）个人销售集资建房，以集资购房合同的生效时间、房款收据的开具日期或房屋产权证上注明的时间，按照孰先为原则确定起点。

（3）个人销售通过继承、遗嘱、离婚、赡养关系、直系亲属赠与方式取得的住房，该住房的购房时间按发生受赠、继承、离婚、析产分割行为前的购房时间确定；销售通过其他无偿受赠方式取得的住房，该住房的购房时间按照发生受赠行为后新的房屋产权证或契税完税证明上注明的时间确定。

（4）根据国家房改政策购买的公有住房，以购房合同的生效时间、房款收据的开具日期或房屋产权证上注明的时间，按照孰先的原则确定购买房屋的时间。

3. 营业税及附加：

（1）营业税，税率为计税金额的 5%；

（2）城市维护建设税，税率为营业税税额的 7%；

（3）教育费附加，税率为营业税税额的 3%；

（4）地方教育附加，税率为营业税税额的 2%。

4. 个人所得税减免政策：

对个人转让自用5年以上，并且是家庭唯一生活用房取得的所得，免征个人所得税。

"5年时间"的认定，以纳税义务人所出售住房购入时签订合同（包括预售合同、补充合同）的日期为起点计算；不能提供合同的，以该住房的房屋所有权证的发证日期为起点计算。拆迁回迁所得、继承所得、分析所得的住房，以拆迁回迁、继承、分析前住房购入时间为起点计算。接受赠与、抵债和交换所得的住房，以接受赠与公证时间、抵债合同、住房交换合同签订时间为起点计算。

"唯一生活用房"的确认：该住房出售时，纳税义务人及配偶除所售住房外，不再拥有其他房屋所有权的，则所售住房方可视作家庭唯一生活用房。以上确认需由纳税义务人本人提供相应的证明（或承诺书）。

二、纳税申报流程

1. 产权受理：到杭州市房管部门各相关办证大厅办理房产交易产权登记手续。

2. 纳税申报：把房产登记受理单复印件及相关交易资料递交我局办税服务大厅或延伸申报点"申报受理"窗口；领取《杭州市地方税务局直属分局业务受理单》第二联。

注：如成交价格未通过最低计税价格审核，征收机关需要核实相关情况。

3. 票单领取：房管部门产权转移审核通过后到"开票发证"窗口领取《纳税申报表》《契税缴款书》等缴费单据。

4. 银行缴款：凭《纳税申报表》《契税缴款书》等相关票单到银行窗口缴纳税款。

5. 领取契证：凭银行盖章的《纳税申报表》到"开票发证"窗口领取《杭州市地方税务局直属分局业务联系单》《销售不动产统一发票（代开）》和《契证》；凭契税缴款书第六联、《杭州市地方税务局直属分局业务联系单》和其他有关资料去杭州市房管部门各相关办证点领取房屋所有权证；凭《契证》复印件和其他有关资料去杭州市国土资源局土地交易登记发证中心办理土地使用证。

三、需提供的资料

1. 杭州市房产管理部门的《房产交易产权登记申请受理单》复印件。

2.《杭州市房屋转让合同》原件（拍卖的提供成交确认书原件）。

3. 原房屋所有权证、土地使用证复印件(有地名变更的提供门牌证复印件)。

4. 原房屋契证原件。

5. 身份证明复印件。

(1)个人提供身份证复印件，外籍人士提供护照和大使馆证明复印件；

(2)系夫妻共有产的提供夫妻双方身份证复印件、结婚证明复印件；

(3)户口簿复印件或户籍证明复印件(须校验原件)；

(4)如夫妻双方约定房屋所有权归其中一方所有的，还须提供财产约定书原件；

(5)如为单身的，须申明本人婚姻状况，并自负法律责任；

(6)单位提供营业执照或法人资格证书复印件、税务登记证复印件。

6. 非住宅类交易要提供评估报告书原件。

7. 委托他人代办的须提供委托书原件及代办人身份证复印件。

8. 涉及个人所得税的还需提供：房屋原值凭证、允许扣除税金及合理费用的原始凭证原件、复印件等；如 5 年唯一生活用房的需填写承诺书；如不能提供原值凭证，不能正确计算应纳税额的，须填写《申明书》。

9. 涉及土地增值税的还需提供：房屋原值凭证(购房发票或房屋及建筑物价格评估报告)、允许扣除税金的原始凭证原件、复印件等；如不能提供原值凭证的，不能正确计算应纳税额的须填写《申明书》。

10. 征收机关要求提供的其他资料。

注：

1. 下列房地产交易行为因无款项收支发生，不予开具《销售不动产统一发票(代开)》：房屋的继承、分析；以房地产抵债；以房地产投资作价入股等。

2. 房屋交换以交换房屋的差价，开具《销售不动产统一发票(代开)》。

四、举例(以下案例均假设成交价格经征收机关核定后认为是正常交易价格)

【例 6-28】 崔先生于 2012 年 1 月 15 日向王女士转让一套购入未满 5 年，建筑面积为 45m^2 的普通住宅，出售价为 990 000 元。王女士购买的为家庭唯一住房，崔先生所售住房的购置价为 890 000 元，购置时缴纳了契税 8 900 元、印花税 445 元，交易手续费 85 元，出售时崔先生缴纳了公证费 900 元，交易手续费 227.76 元，中介收取代理费用为 6 200 元，问崔先生和王女士应分别缴纳哪些税费？

答：

王女士应缴纳契税：990 000×1% ＝ 9 900(元)。

崔先生应缴纳营业税：990 000×5.6%＝55 440(元)。

崔先生应缴纳个人所得税：

出售价 ＝ 990 000(元)。

房屋原值 ＝ 890 000＋8 900＋445＋85＝899 430(元)。

转让住房过程中缴纳的税金＝990 000×5.6%＝55 440(元)。

合理费用 ＝ 900＋227.76＋6 200 ＝7 327.76(元)。

应纳税额 ＝（出售价－房屋原值－转让住房过程中缴纳的税金－合理费用)×20%＝（990 000－899 430－55 440－7 327.76)×20% ＝ 5 560.45(元)。

崔先生应缴纳的个人所得税为 5 560.45 元。

【例 6-29】 2012 年 2 月 1 日，张女士把其 2006 年 5 月 1 日购买的，建筑面积为 120m^2 的普通住宅出售给刘先生，出售价格 200 万元。该房是张女士家庭唯一生活住房，刘先生夫妻及未成年子女名下无其他住房。问张女士、刘先生各应缴纳多少税费？

答：

刘先生应缴纳契税：200×1.5% ＝ 3(万元)。

张女士不需缴纳税费。

由于张女士出售的房屋属普通住房，并且出售时已超过 5 年，所以张女士免征营业税。购房时间在 2008 年 11 月 1 日之后，免征印花税。

由于张女士出售的住房为自用 5 年以上，并且出售时该住房为张女士家庭唯一的生活用房，所以张女士不需缴纳个人所得税。在申报时张女士应出具家庭唯一生活用房的承诺书，承诺书可到征收大厅索取。

【例 6-30】 2012 年 2 月 11 日，蔡女士把拆迁安置所得的一套建筑面积为 180m^2 的非普通住宅以 230 万元的价格出售给李女士，该房出售合同签订时间距被拆迁房屋购入时间未满 5 年，出售时蔡女士未能提供完整、准确的房屋原值凭证，问蔡女士、李女士各应缴纳多少税费？

答：

李女士应缴纳契税：230×3% ＝ 6.9(万元)。

蔡女士应缴纳营业税及附加：230×5.6% ＝12.88(万元)。

由于蔡女士出售的房屋属非普通住房，并且出售时未满 5 年，所以按其售房收入全额计征营业税。

个人所得税：230×1%＝2.3(万元)。

由于蔡女士未能提供完整、准确的房屋原值，不能正确计算房屋原值和应纳税额，所以所涉及的个人所得税按1%核定征收。蔡女士在申报时应填写《申明书》并自负法律责任。

【例6-31】 沈女士于2002年2月15日购入一个商铺，价格100万元，并于2002年2月25日完税，2012年2月15日沈女士因经营情况不善，将该商铺出售，出售价及评估价均为250万元，2012年3月25日，沈女士偕同买主张小姐前来税务机关办理纳税申报手续，出售时沈女士未能提供完整、准确的房屋原值凭证，问沈女士、张小姐各应缴纳多少税费？

答：

张小姐应缴纳契税：250×3%＝7.5(万元)。

印花税：250×0.05%＝0.125(万元)。

沈女士应缴纳营业税及附加：(250－100)×5.6% ＝ 8.4(万元)。

印花税：250×0.05%＝0.125(万元)。

土地增值税：250×0.5%＝1.25(万元)。

由于沈女士未能提供完整、准确的房屋原值凭证，征收土地增值税扣除项目金额难以确定，所以所涉及的土地增值税按0.5%的征收率核定征收。在申报时沈女士应填写《申明书》，并自负法律责任。

沈女士还应自行向属地税务机关申报缴纳个人所得税。

【例6-32】 2012年3月1日，李女士把购买不足5年的房改房(建筑面积$65m^2$的标准住宅)，以105万元的价格卖给张先生，该房屋土地等级为二级，分摊面积为$15m^2$，出售时李女士未能提供完整、准确的房屋原值凭证，张先生夫妻及未成年子女名下无其他住宅，问李女士和张先生各应缴纳多少税费？

答：

张先生应缴纳契税：105×1% ＝ 1.05(万元)。

土地出让金：500×15＝0.75(万元)。

李女士应缴纳营业税及附加：105×5.6% ＝ 5.88(万元)。

个人所得税：105×1% ＝ 1.05(万元)。

【例6-33】 王先生购入的房改房建筑面积为$85m^2$，购入价20万元，土地等级一级，分摊面积为$18m^2$，购入还不到5年；张先生购入的房改房建筑面积为$156m^2$，购入价为25万元，土地等级为四级，分摊面积为$30m^2$，购入已超过5年但不是家庭唯一生活用房；现王先生的房子作价70万元，张先生的房屋作价150万元，双方的房屋于2012年3月15日交换，出售时双方均未能提供完整、准确的房屋原值凭证，问王先生和张先生各应缴纳多少税费？

答：

王先生应缴纳契税：(150－70)×3％ ＝ 2.4(万元)。

营业税及附加：70×5.6％ ＝ 3.92(万元)。

个人所得税：70×1％ ＝ 0.7(万元)。

张先生应缴纳营业税及附加：(150－25)×5.6％ ＝ 7(万元)。

个人所得税：150×1％ ＝ 1.5(万元)。

以交换形式取得的划拨土地上的标准住宅，仍保留划拨土地的性质，免缴土地出让金。

第六节　个人转让和赠与房产节税技巧

本节仅从税收负担的角度对个人之间转让与受让、赠与与受赠房屋哪种方式更划算做一简要分析。

一、转让人与赠与人的比较

(一)转让人

营业税，转让普通住房，满 5 年(含 5 年，下同)的可免纳营业税，未满 5 年按销售收入全额缴纳营业税；转让非普通住房，满 5 年的可差额缴纳营业税，不满 5 年的要全额缴纳营业税。

土地增值税，《财政部、国家税务总局关于调整房地产交易环节税收政策的通知》(财税〔2008〕137 号)文件规定：2008 年 11 月 1 日起，对个人销售住房暂免征收土地增值税。

个人所得税，根据个人所得税法的规定，个人出售自有住房取得的所得应按照“财产转让所得”项目征收个人所得税。

若符合家庭生活自用 5 年以上唯一住房的，可以申请免征个人所得税。“自用 5 年以上”，是指个人购房至转让房屋的时间达 5 年以上。

印花税，根据财税〔2008〕137 号文件规定：2008 年 11 月 1 日起，对个人销售或购买住房暂免征收印花税。

注意，上述优惠均是针对个人住房而言，对个人出售商业用房取得的所得，应按规定缴纳营业税、土地增值税、个人所得税及印花税。

(二)赠与人

关于营业税，2009 年 1 月 1 日起实施的《营业税条例实施细则》第五条第一款规定：单位或者个人将不动产或者土地使用权无偿赠送其他单位或者个人，视同发生应税行为，应征收营业税。该条规定改变了原条例只对单位无偿赠送视同应税行为征收营业税的处理原则，个人也被纳入其中，而且把土地使用权也纳入其中，但财税〔2009〕111 号文件对个人无偿赠与不动产、土地使用权暂免征收营业税的情形此做了如下的规定：①离婚财产分割；②无偿赠与配偶、父母、子女、祖父母、外祖父母、孙子女、外孙子女、兄弟姐妹；③无偿赠与对其承担直接抚养或者赡养义务的抚养人或者赡养人；④房屋产权所有人死亡，依法取得房屋产权的法定继承人、遗嘱继承人或者受遗赠人。个人无偿赠与不动产属于免税情形的，税务机关不得向其发售发票或者代为开具发票。

对于应税的其他情形，根据《营业税条例实施细则》第二十条的规定顺序确定其营业额，并根据第二十五条第三款的规定确定不动产所有权、土地使用权转移的当天为纳税人发生时间。

土地增值税，根据《土地增值税暂行条例实施细则》第二条的规定，个人以继承、赠与方式无偿转让房地产的，免征土地增值税。

个人所得税，根据 2009 年 5 月 25 日起执行的财税〔2009〕78 号文件规定，同营业税的政策规定一样，对 4 种情形下当事双方的赠与均不缴纳个人所得税。其他情形的赠与，对赠与人而言，在赠与时并未取得相应的所得，因此，也不用缴纳个人所得税。

印花税，根据《印花税暂行条例实施细则》第五条规定，条例第二条所说的产权转移书据，是指单位和个人产权的买卖、继承、赠与、交换、分割等所立的书据。因此，个人之间房产的赠与所立的书据为产权转移书据，应按万分之五的税率于书立时贴花。

结论：相比较之下，对转让方与赠与方来讲，营业税及个人所得税的处理各不相同，但均有免税的规定，营业税，转让时免税的条件是普通住房且购买要超过 5 年，赠与时免税的条件是要属于继承等 4 种情形，此时不再区分是否为普通住房，也无论是否超过 5 年；转让行为除 2 种免税规定外都要缴纳“财产转让所得”的个人所得税，赠与因未取所得是不用缴纳个人所得税；2008 年 11 月 1 日起个人转让住房行为不用缴纳印花税，但转让商业用房还是要缴纳印花税，赠与行为要按“产权转移书据”缴纳印花税；自 2008 年 11 月 1 日起，无论是转让人还是赠与人均不用再缴纳土地增值税，但转让人所转让的应是住房而非商业用房，对赠与人没有这方面的限制；转让时可以开具发票，但免税赠与时不能开出发票。

二、受让人与受赠人的比较

流转税，无论是受让人还是受赠人，均不属于流转税的征税范围，不用缴纳营业税及土地增值税。

个人所得税的受让人，并没有征收个人所得税的例外规定，不用缴纳个人所得税。受赠人，根据财税〔2009〕78 号文件以及《国家税务总局关于明确个人所得税若干政策执行问题的通知》(国税发〔2009〕121 号)文件规定，不予征税的 4 种情形与上述赠与人的规定基本相同。对 4 种免税情形外的受赠人，因无偿受赠房屋取得的受赠所得，按照“经国务院财政部门确定征税的其他所得”项目缴纳个人所得税，税率为 20%。具体应纳税所得额为：房地产赠与合同上标明的赠与房屋价值减除赠与过程中受赠人支付的相关税费后的余额。

对受赠后再行转让该房屋时的税务处理，自 2009 年 5 月 25 日起，以其转让受赠房屋的收入减除原捐赠人取得该房屋的实际购置成本以及赠与和转让过程中受赠人支付的相关税费后的余额。

印花税的处理与转让人和赠与人相同。

契税，转让人，根据《财政部、国家税务总局关于调整房地产交易环节税收政策的通知》(财税〔2008〕137 号)文件规定，对个人首次购买 $90m^2$ 及以下普通住房的，契税税率暂统一下调到 1%。首次购房证明由住房所在地县(区)住房建设主管部门出具。受赠人，根据《国家税务总局关于加强房地产交易个人无偿赠与不动产税收管理有关问题的通知》(国税发〔2006〕144 号)文件规定，关于个人无偿赠与不动产契税、印花税税收管理问题规定：对于个人无偿赠与不动产行为，应对受赠人全额征收契税。

结论：相比较之下，无论是受让人还是受赠人，均不用缴纳营业税及土地增值税；受赠人要缴纳个人所得税，而受让人则不用缴纳个人所得税，再转让时受让而来的房产可扣除原购入时的成本及相关税费，而受赠而来的房产可扣除原捐赠人取得该房屋的实际购置成本以及赠与和转让过程中受赠人支付的相关税费，相比之下，增加了可扣除受赠时的相关税费；个人如果是首次购买房产在 $90m^2$ 以下普通住房，可以按 1%税率缴纳契税，非首次及超过 $90m^2$ 的普通住房可减半征收契税，具体契税税率依各省的规定执行，获赠住房应全额计缴契税；2008 年 11 月 1 日起个人购买住房行为不用缴纳印花税，但商业用房要缴纳印花税，赠与行为要按“产权转移书据”缴纳印花税；受让房产可以取得发票，受赠免税房产无法取得发票。

当然，以上的比较仅从税负角度出发，并不考虑转让与赠与时的人情关系等因素，但如果个人在处置房产时还是可以根据具体情况来进行测算，而且要从长远考虑，以规避税收负担。

【例 6-34】 *房产买卖和赠与的筹划*

张A欲将一套面积120m^{2}的住房赠与直接赡养义务人李B，这也是李B的唯一住房，该房产市场价值为100万元，张A不能提供取得该房产完整、准确的房屋原值凭证，当地个人所得税核定税率为1%，假定1年后李B以150万元出售，税务机关确定可以扣除的有关合理费用为5万元。本例中，双方是选择赠与还是买卖好？

假设一：张A的房产购买时间超过5年（含5年）。

方案一，采用赠与。

赠与时：张A不用交税。李B应纳契税＝100×3%＝3（万元）。

李B转让时：不用交税。

方案二，采用购买。

购买时：张A不用交税。李B应纳契税＝100×1.5%＝1.5（万元）。

李B转让时：不用交税。

方案二比方案一节税1.5万元。

假设二：张A所赠房产购买时间不足5年。

方案一，采用赠与。

赠与时：张A不用交税。李B应纳契税＝100×3%＝3（万元）。

李B转让时：李B应纳个人所得税＝（100－5－3）×20%＝18.4（万元）。合计应纳税＝3＋18.4＝21.4（万元）。

方案二，采用购买。

购买时：张A应纳营业税及附加＝100×5.5%＝5.5（万元），应纳个人所得税＝100×1%＝1（万元）；李B应纳契税＝100×1.5%＝1.5（万元）。

李B转让时：李B应纳营业税及附加＝150×5.5%＝8.25（万元），应纳个人所得税＝（150－100－1.5－8.25）×20%＝8.05（万元）。双方合计应纳税＝5.5＋1＋1.5＋8.25＋8.05＝24.3（万元）。方案一比方案二节税＝24.3－18＝6.3（万元）。

从上述两种情形分析可知，如果受赠人取得赠与人无偿赠与的不动产后，准备再次转让该项不动产。如果赠与的房产购置时间在5年以内,选择赠与方式,否则买卖方式,这样往往可以减轻总体税负,而且可以取得税务机关开具的发票。当然如果受赠人取得赠与人无偿赠与的不动产后,不准备转让该项不动产的,则另当别论。同时,在税收筹划时,必须视具体情况和国家政策法规而定,所采用的筹划方案必须符合国家立法精神和政策导向,具备合法性。

第七节 个人购置房产的纳税筹划

【案例导入】

某甲5年前花了80万元在市区购买了一套70m²的商品房。为了改善住房条件,最近,他打算出售这套唯一的住宅,购买一套105m²的新房,新房议定价格为124万元。某乙有意购买某甲这套二手房,双方议定售价为100万元。从税收的角度看,某甲应该怎样操作才合算呢?

【政策规定】

税法明确规定,纳税人销售房屋等不动产应当缴纳营业税、契税等税费。但是,对于个人改善住房条件,国家制定了一系列优惠政策,主要有以下几项:

营业税、土地增值税和契税优惠。《契税暂行条例》第一条、第二条及《契税暂行条例实施细则》第十条规定:土地使用权及房屋交换价格不相等的,由多支付货币、实物、无形资产或者其他经济利益的一方缴纳税款;交换价格相等的,免征契税。

个人所得税优惠。财政部、国家税务总局、建设部在《关于个人出售住房所得征收个人所得税问题的通知》(财税字〔1999〕278号)中规定:对个人转让自用5年以上、并且是家庭唯一生活用房取得的所得,继续免征个人所得税。

【操作方式】

根据以上政策的精神,某甲把卖房改为换房不仅可免缴营业税、城建税及教育费附加,而且可以免交个人所得税。其纳税保证金=(100－80)×20%=4(万元)。因此,某甲只要缴纳购买新房时所产生的契税和相应的其他费用(这里不考虑其他费用问题)。

他可以用三种方式完成其改善住房条件的过程。

方式一:直接将旧房卖给某乙,然后向房产开发公司购买新房。某甲需要缴纳的契税为48 000元。

方式二：将旧房交给房产开发公司处理（如果房产开发公司接受的话），然后在该公司买新房。

在这种情况下，某甲只需缴纳交换房屋的差额部分的契税2 400元。

方式三：与某乙调换。即在签订新房购买合同时，请某乙配合共同签约，共同购买新房（某乙出资100万元），然后，在办产权证明时某甲用旧房与某乙出资的新房部分进行交换。

由于某乙的出资额与旧房协议出售价格相等，这部分不需缴纳契税，某甲只需缴纳差额部分的契税24 000元。

比较上述三种操作方式，我们不难发现，方式一税负重，显然不可取。方式二，由于房产开发公司考虑其自身的工作量和其他情况，一般不会同意；对某甲而言，在操作上也有一定的难度。第三种方式对于普通购房者来说，税负较轻，而且容易操作。

在具体操作过程中，换房者应注意以下问题：

一是个人销售普通住宅，应持下列资料到主管地方税务机关开具发票并办理免税手续：居民身份证件；购买普通住宅时与销售方签订的买卖合同或其他有房屋权属转移合同性质的凭证的复印件；购入普通住宅时向对方索取的发票复印件；房产管理部门或建设主管部门发放的房屋权属证书复印件；销售普通住宅时向对方开具的发票复印件；销售普通住宅时与购买方签订的买卖合同或其他具有房屋权属转移合同性质的凭证的复印件；税务机关要求提供的其他资料；

二是个人在申请退还纳税保证金时，应向主管税务机关提供合法、有效的售房购房合同和主管税务机关要求的其他有关资料，经主管税务机关审核确认后方可办理纳税保证金退还手续。

第八节　个人以房产投资股权的避税途径

【案例导入】

张先生2007年以自有商业房产评估作价2 000万元投资某公司，取得该公司30%的股权，2010年张先生协议转让持有的该项股权投资，协议价3 500万元。

张先生一直以为，当时以房产评估作价投资时，本应视同转让房产，而不交营业税；房产增值，不交土地增值税和个人所得税，是否意味着推迟纳税，等投资收回、转让或清算股权时如有所得再进行补缴上述税款呢？如果要补缴上述税款，张先生认为税负太重，显得忧心忡忡。因此张先生又咨询某税务师，该股权转让需要缴纳什么税。得到的答复，是只补缴个人所得税，而无须补缴营业税和土地增值税。张先生虽然很高兴，但仍半信半疑，觉得有点不解。随后税务师向其做了详细的回复。

（一）营业税

根据《财政部、国家税务总局关于股权转让有关营业税问题的通知》（财税〔2002〕191 号）对股权转让中涉及的无形资产、不动产转让如何征收营业税问题作了规定：第一，以无形资产、不动产投资入股，参与接受投资方利润分配，共同承担投资风险的行为，不征收营业税；第二，对股权转让不征收营业税。

即张先生上述股权转让环节，无须补缴投资环节，不动产应视同销售的营业税。

（二）土地增值税

财政部、国家税务总局《关于调整房地产交易环节税收政策的通知》（财税〔2008〕137 号）第三条规定，对个人销售住房暂免征收土地增值税。没有规定销售商业房产免征土地增值税的条款。

但根据《财政部、国家税务总局关于土地增值税一些具体问题规定的通知》（财税字〔1995〕48 号）第一条规定，以房地产进行投资、联营的一方以土地（房地产）作价入股进行投资或作为联营条件，将房地产转让到所投资、联营的企业中时，暂免缴纳土地增值税。对投资、联营企业将上述房地产再转让的，应按规定缴纳土地增值税。

财税字〔1995〕48 号规定，个人房地产投资环节暂免缴纳土地增值税，待被投资单位处置（权属发生变化）该项房地产时才产生土地增值税义务。而股东将股权转让，房产权属并未发生变化，不产生土地增值税纳税义务。

因此，张先生转让股权时，原先评估增值部分，也无须补缴免征的土地增值税。

（三）个人所得税

根据《关于非货币性资产评估增值暂不征收个人所得税的批复》（国税函〔2005〕319 号）规定，考虑到个人所得税的特点和目前个人所得税征收管理的实际情况，对个人将非货币性资产进行评估后投资于企业，其评估增值取得的所得在投资取得企业股权时，暂不征收个人所得税。在投资收回、转让或清算股权时如有所得，再按规定征收个人所得税，其“财产原值”为资产评估前的价值。

因此，张先生转让股权时，对增值部分需要补缴房产评估增值取得的所得在投资取得企业股权时，暂不征收的个人所得税。

【点评】

我们知道自然人如果要转让商业房产，如存在增值，须缴纳营业税、土地增值税、个人所得税，存在很重的税收负担。但从上述案例，我们可以发现自然人以房产投资股权，再转让股权的方式，规避了营业税、土地增值的负担。当然投资股权，股权价值要视被投资企业的经营好坏，存在一定的投资风险。

主要税法依据：

1.《中华人民共和国营业税暂行条例》(国务院令第540号)2008年11月10日
2.《中华人民共和国营业税暂行条例实施细则》(财政部、国家税务总局第52号)2008年12月15日
3.《关于调整个人住房转让营业税政策的通知》(财税〔2009〕157号)2009年12月22日
4.《国家税务总局关于纳税人转让土地使用权或者销售不动产同时一并销售附着于土地或者不动产上的固定资产有关税收问题的公告》(国家税务总局公告2011年第47号)2011年8月17日
5.《关于修改〈中华人民共和国增值税暂行条例实施细则〉和〈中华人民共和国营业税暂行条例实施细则〉的决定》(中华人民共和国财政部令第65号)2011年11月28日
6.《中华人民共和国土地增值税暂行条例》(国务院令第138号)1993年12月13日
7.《中华人民共和国土地增值税暂行条例实施细则》(财法字〔1995〕006号)1995年1月27日
8.《财政部、国家税务总局关于土地增值税一些具体问题规定的通知》(财税字〔1995〕048号)1995年5月25日
9.《国家税务总局、建设部关于土地增值税征收管理有关问题的通知》(国税发〔1996〕048号)1996年4月5日
10.《财政部、国家税务总局关于土地增值税若干问题的通知》(财税〔2006〕21

号)2006 年 3 月 2 日

11.《中华人民共和国契税暂行条例》(国务院令第 224 号)1997 年 7 月 7 日

12.《中华人民共和国契税暂行条例细则》(财法字〔1997〕52 号)1997 年 10 月 28 日

13.《国家税务总局关于继承土地、房屋权属有关契税问题的批复》(国税函〔2004〕1036 号)2004 年 9 月 2 日

14.《国家税务总局关于加强房地产交易个人无偿赠与不动产税收管理有关问题的通知》(国税发〔2006〕144 号)2006 年 9 月 14 日

15.《财政部、国家税务总局关于调整房地产交易环节契税、个人所得税优惠政策的通知》(财税〔2010〕94 号)2010 年 9 月 29 日

16.《财政部、国家税务总局关于购房人办理退房有关契税问题的通知》(财税〔2011〕32 号)2011 年 4 月 26 日

17.《财政部、国家税务总局关于房屋、土地权属由夫妻一方所有变更为夫妻双方共有契税政策的通知》(财税〔2011〕82 号)2011 年 8 月 31 日

18.《中华人民共和国房产税暂行条例》(国发〔1986〕90 号)1986 年 9 月 15 日

19.《财政部、国家税务总局关于房产税若干具体问题的解释和暂行规定》(财税地字〔1986〕第 008 号)1986 年 9 月 25 日

20.《财政部、国家税务总局关于调整住房租赁市场税收政策的通知》(财税〔2000〕125 号)2000 年 12 月 7 日

21.《财政部、国家税务总局关于房产税城镇土地使用税有关政策的通知》(财税〔2006〕186 号)2006 年 12 月 25 日

22.《中华人民共和国城镇土地使用税暂行条例》(国务院令第 483 号)2006 年 12 月 31 日

23.《财政部、国家税务总局关于房产税城镇土地使用税有关问题的通知》(财税〔2008〕152 号)2008 年 12 月 18 日

24.《财政部、国家税务总局关于对外资企业及外籍个人征收房产税有关问题的通知》(财税〔2009〕3 号)2009 年 1 月 12 日

25.《中华人民共和国印花税暂行条例》(国务院令第 11 号)1988 年 8 月 6 日

26.《中华人民共和国印花税暂行条例施行细则》(财税字〔1988〕第 255 号)1988 年 9 月 29 日

第七章　个人消费行为的税收问题

第一节　个人购买商品的增值税政策

一、增值税概述

1. 增值税是指对从事销售货物或者提供加工、修理修配劳务，交通运输和部分现代服务，以及进口货物的单位和个人取得的增值额为计税依据征收的一种流转税。

2. 增值税的类型：生产型增值税、收入型增值税、消费型增值税。

(1)生产型增值税——计算增值税时不允许扣除外购固定资产价款。

(2)收入型增值税——计算增值税时，对外购固定资产价款只允许扣除当期计入产品价值的折旧部分。

(3)消费型增值税——计算增值税时，允许将当期购入的固定资产价款一次性全部扣除（最能体现增值税优越性的类型，我国从 2009 年 1 月 1 日起全面实行消费型增值税）。

二、增值税一般纳税人

增值税一般纳税人的认定标准：

1. 从事货物生产或提供应税劳务的纳税人，以及以其为主，兼营货物批发或零售的纳税人，年销售额在 50 万元以上；

2. 从事货物批发或零售的纳税人，年销售额在 80 万元以上；

3. “营改增”中的交通运输业和现代服务业的应税服务收入，年营业额在

500万元以上。

【例7-1】 商业性企业及主营商业的企业年应税销售额不低于(　　)万元的,可以认定为一般纳税人。

A. 30　　B. 80　　C. 100　　D. 50

【答案】 B

三、增值税税率

增值税一般纳税人的税率:基本税率17%和低税率13%。

1. 基本税率17%:除适用13%税率货物之外的应税货物以及所有应税劳务。

2. 低税率13%,适用13%税率的货物包括以下几种:

(1)粮食、食用植物油、自来水、热水、暖气、冷气、煤气、石油液化气、天然气、沼气、居民用煤炭制品;

(2)图书、报纸、杂志、音像制品、电子出版物;

(3)饲料、化肥、农药、农机、农膜、农产品。

3. "营改增"税率:

(1)交通运输业适用11%税率;

(2)其他部分现代服务业适用6%税率;

(3)有形动产租赁适用17%税率。

【例7-2】 增值税一般纳税人销售货物适用13%税率的有(　　)。

A. 销售饲料　　B. 销售钢材

C. 销售图书　　D. 销售自来水

【答案】 ACD

四、增值税一般纳税人应纳税额的计算

计算公式:应纳税额=当期销项税额-当期进项税额

1. 销项税额

(1)计算公式:销项税额=不含税销售额×适用税率。

含税销售额转化为不含税销售额计算公式:不含税销售额=含税销售额÷(1+税率)。

(2)销售额的确定。

包括：纳税人销售货物或者提供应税劳务向购买方收取的全部价款和价外费用。

不包括：

①受托加工应征消费税的消费品所代收代缴的消费税；

②同时符合下列条件的代垫运费：承运部门的运费发票开具给购货方；纳税人将该项发票转交给购货方；

③符合条件代为收取的政府性基金或行政事业性收费；

④向购买方收取的销项税额。

【例 7-3】 下列各项中，不应计入增值税应税销售额的有（　　）。

A. 向购买者收取的包装物租金

B. 向购买者收取的销项税额

C. 因销售货物向购买者收取的手续费

D. 受托加工应征消费税的消费品所代收代缴的消费税

【答案】 BD

2. 进项税额

(1)准予抵扣的进项税额：

①从销售方取得的增值税专用发票上注明的增值税税额；

②从海关取得的完税凭证上注明的增值税税额；

③其他按规定计算的准予抵扣的进项税额，如购买农业产品准予按买价和13%扣除率抵扣进项税额。

(2)不得抵扣的进项税额：

①购进货物用于非应税项目、免税项目、集体福利或个人消费；

②非正常损失的购进货物；

③非正常损失的在产品、产成品所耗用的购进货物或应税劳务；

④未按规定取得并保存增值税扣税凭证，或者增值税扣税凭证上未按规定注明增值税税额及其他有关事项。

五、小规模纳税人

1. 小规模纳税人的认定标准

(1)从事货物生产或提供应税劳务的纳税人，以及以其为主，兼营货物批发或零售的纳税人，年销售额在 50 万元以下。

(2)从事货物批发或零售的纳税人，年销售额在 80 万元以下。

(3)“营改增”中的交通运输业和现代服务业的应税服务收入，年营业额在500万元以下。

2. 小规模纳税人的征收率

征收率为3%。

3. 小规模纳税人应纳税额的计算

计算公式:应纳税额=不含税销售额×征收率(实行简易征收制，不得抵扣进项税额)。

4. 含税销售额转化为不含税销售额计算公式

不含税销售额=含税销售额÷(1+征收率)。

【例7-4】 某个体户为小规模纳税人，2013年1月销售货物一批，含税价格10 300元，则当月其应交增值税=10 300÷(1+3%)×3%=300(元)。

六、增值税征收管理

1. 纳税义务发生时间

一般规定:销售货物或应税劳务的纳税义务发生时间为收讫销售款或取得索取销售款凭据的当天;先开具发票的，为开具发票的当天。进口货物的纳税义务发生时间为报关进口的当天。

具体规定:

(1)直接收款方式。不论货物是否发出，均为收到销售款或取得索取价款凭据的当天;

(2)托收承付和委托收款方式。发出货物并办妥托收手续的当天;

(3)赊销和分期收款方式。有书面合同的为书面合同约定的收款日期的当天，无书面合同的或者书面合同没有约定收款日期的，为货物发出的当天;

(4)预收货款方式。货物发出的当天。生产销售生产工期超过12个月的大型机械设备、船舶、飞机等货物，为收到预收款或者书面合同约定的收款日期的当天;

(5)委托代销方式。收到代销清单或者收到全部或者部分货款的当天。未收到代销清单及货物的，为发出代销货物满180天的当天;

(6)销售应税劳务。提供劳务同时收讫价款或索取价款凭据的当天;

(7)视同销售行为。货物移送的当天。

【例7-5】 采取分期收款方式销售货物，纳税义务发生时间为(　　)。

A. 货物发出的当天　　　　B. 收到销售额的当天

C. 收到代销清单的当天　　　　D. 合同约定的收款日期的当天

【答案】 D

【例 7-6】 下列有关增值税的纳税义务发生时间的表述中，符合我国税法规定的有(　　)。

A. 采取直接收款方式销售货物，不论货物是否发出，均为收到销售款或取得索取销售款凭据的当天

B. 采取预收货款方式销售货物，为实际收到货款的当天

C. 采取分期收款方式销售货物，为合同约定的收款日期的当天

D. 委托其他纳税人代销货物，为收到代销单位销售货物的代销清单或者收到全部或者部分货款的当天

【答案】 ACD

2. 纳税期限

(1)增值税的纳税期限分别为 1 日、3 日、5 日、10 日、15 日、1 个月或 1 个季度。不能按照固定期限纳税的，可以按次纳税。

以 1 个月或 1 个季度为一期纳税的，自期满之日起 15 日内申报纳税；以 1 日、3 日、5 日、10 日、15 日为一期纳税的，自期满之日起 5 日内预缴税款，次月 1 至 15 日内申报缴纳，并结清上月应纳税款。

(2)进口货物，应当自海关填发税款缴纳凭证之日起 15 日内缴纳税款。

(3)出口货物，应当按月申报办理出口退税。

3. 纳税地点

(1)固定业户应当向其机构所在地主管税务机关申报纳税。

(2)非固定业户应当向销售地或劳务发生地主管税务机关申报纳税。

(3)固定业户到外县(市)销售货物或应税劳务的，应向机构所在地主管税务机关申请开具外出经营活动税收管理证明，并向其机构所在地主管税务机关申报纳税；未开具证明的，应向销售地或劳务发生地主管税务机关申报纳税；未向销售地或劳务发生地主管税务机关申报纳税的，由其机构所在地主管税务机关补征税款。

(4)进口货物，应向报关地海关申报纳税。

【例 7-7】 固定业户到外县(市)销售货物或者应税劳务，未向销售地或者劳务发生地的主管税务机关申报纳税的，由其机构所在地的主管税务机关补征

税款。(　　)

【答案】 √

第二节　个人购买消费品的消费税政策

一、消费税的概念与计税方法

1. 概念:消费税是对在我国境内生产、委托加工、进口应税消费品的单位和个人征收的一种流转税。

2. 消费税征税范围:烟、酒及酒精、化妆品、贵重首饰及珠宝玉石、鞭炮焰火、成品油、汽车轮胎、摩托车、小汽车、高尔夫球及球具、高档手表、游艇、木制一次性筷子、实木地板。

【例 7-8】 下列消费品中,不属于消费税征税范围的是(　　)。

A. 汽车轮胎　　B. 网球及球具

C. 烟丝　　D. 实木地板

【答案】 B

3. 消费税计税方法:从价定率、从量定额、复合计税(既从价又从量)。

二、消费税纳税义务人

在中华人民共和国境内生产、委托加工和进口应税消费品的单位和个人,为消费税的纳税义务人。

三、消费税税目和税率

1. 单一比例税率:除适用单一定额税率和复合税率之外的各种应税消费品。

2. 单一定额税率:黄酒、啤酒、成品油。

3. 复合税率:卷烟、白酒。

消费税税目、税率表如表 7-1 所示:

表 7-1 消费税税目、税率(税额)表

税 目	税 率
一、烟	
1.卷烟	
(1)甲类卷烟	56%加0.003元/支(生产环节)
(2)乙类卷烟	36%加0.003元/支(生产环节)
(3)批发环节	5%
2.雪茄烟	36%
3.烟丝	30%
二、酒及酒精	
1.白酒	20%加0.5元/500克(或者500毫升)
2.黄酒	240元/吨
3.啤酒	
(1)甲类啤酒	250元/吨
(2)乙类啤酒	220元/吨
4.其他酒	10%
5.酒精	5%
三、化妆品	30%
四、贵重首饰及珠宝玉石	
1.金银首饰、铂金首饰和钻石及钻石饰品	5%
2.其他贵重首饰和珠宝玉石	10%
五、鞭炮、焰火	15%
六、成品油	
1.汽油	
(1)含铅汽油	1.40元/升
(2)无铅汽油	1.00元/升
2.柴油	0.80元/升
3.航空煤油	0.80元/升
4.石脑油	1.00元/升
5.溶剂油	1.00元/升
6.润滑油	1.00元/升
7.燃料油	0.80元/升
七、汽车轮胎	3%
八、摩托车	
1.汽缸容量(排气量,下同)在250毫升(含250毫升)以下的	3%
2.汽缸容量在250毫升以上的	10%

续 表

税 目	税 率
九、小汽车 1.乘用车 (1)汽缸容量(排气量,下同)在1.0升(含1.0升)以下的 (2)汽缸容量在1.0升以上至1.5升(含1.5升)的 (3)汽缸容量在1.5升以上至2.0升(含2.0升)的 (4)汽缸容量在2.0升以上至2.5升(含2.5升)的 (5)汽缸容量在2.5升以上至3.0升(含3.0升)的 (6)汽缸容量在3.0升以上至4.0升(含4.0升)的 (7)汽缸容量在4.0升以上的 2.中轻型商用客车	 1% 3% 5% 9% 12% 25% 40% 5%
十、高尔夫球及球具	10%
十一、高档手表	20%
十二、游艇	10%
十三、木制一次性筷子	5%
十四、实木地板	5%

【例7-9】 下列应税消费品中,实行从价定率与从量定额相结合的复合计税方法的有(　　)。

A.烟丝　　B.卷烟　　C.白酒　　D.酒精

【答案】 BC

四、消费税应纳税额

1.应纳税额计算公式

(1)从价定率:应纳税额=销售额×税率。

销售额的确认:销售应税消费品向购买方收取的全部价款和价外费用。

实行从价定率计征的消费品,其消费税计税依据和增值税计税依据是一致的,都是以含消费税不含增值税的销售额作为计税依据。

【例7-10】 在计算消费税应纳税额时,受托加工应征消费税的消费品所代收代缴的消费税应计入销售额中(　　)。

【答案】 ×

(2)从量定额:应纳税额=销售数量×单位税额。

销售量的确认:

①销售应税消费品：销售数量；

②自产自用应税消费品：移送使用数量；

③委托加工应税消费品：收回数量；

④进口应税消费品：进口征税数量。

(3)复合计征：应纳税额＝销售额×税率＋销售数量×单位税额。

2. 应纳税额的计算

(1)生产销售应税消费品应纳税额的计算。

纳税人外购应税消费品生产应税消费品销售的，可按当期生产领用数量计算准予扣除外购应税消费品已纳的消费税税款。

(2)委托加工应税消费品应纳税额的计算。

①委托加工应税消费品的，除受托方为个体经营者外，一律由受托方在向委托方交货时代收代缴消费税。

②委托加工的应税消费品，按照受托方同类消费品的销售价格计算纳税；没有同类消费品的销售价格的，按照组成计税价格计算纳税。

③组成计税价格计算公式。

A. 实行从价定率办法计算纳税的：

组成计税价格＝(材料成本＋加工费)÷(1－比例税率)；

应纳税额＝组成计税价格×比例税率。

B. 实行复合计税办法计算纳税的：

组成计税价格＝(材料成本＋加工费＋委托加工数量×定额税率)÷(1－比例税率)；

应纳税额＝同类产品售价×委托加工数量×比例税率＋委托加工数量×定额税率。

(3)自产自用应税消费品应纳税额的计算。

①纳税人自产自用的应税消费品，用于连续生产应税消费品的不纳税；用于其他方面的，于移送使用时纳税。

②用于换取生产资料、消费资料、投资入股和抵偿债务的应税消费品，应按同类应税消费品的最高售价计算纳税；其余情况应按平均售价计算纳税。没有同类应税消费品价格的，应按组成计税价格计算纳税。

③组成计税价格计算公式。

A. 实行从价定率办法计算纳税的：

组成计税价格＝(成本＋利润)÷(1－比例税率)；

应纳税额＝组成计税价格×比例税率。

B. 实行复合计税办法计算纳税的：

组成计税价格＝(成本＋利润＋自产自用数量×定额税率)÷(1－比例税率)；

应纳税额＝组成计税价格×比例税率＋自产自用数量×定额税率。

【例 7-11】 纳税人将自产应税消费品用于换取生产资料，消费资料，投资入股和抵偿债务的，应按同类消费品的加权平均销售价格计算纳税(　　)。

【答案】 ×

【解析】 用于换取生产资料、消费资料、投资入股和抵偿债务的应税消费品，应按同类应税消费品的最高售价计算纳税。

(4)进口应税消费品应纳税额的计算。

①进口应税消费品按组成计税价格计算纳税。

②组成计税价格计算公式。

A. 实行从价定率办法计算纳税的：

组成计税价格＝(关税完税价格＋关税)÷(1－比例税率)；

应纳税额＝组成计税价格×比例税率。

B. 实行复合计税办法计算纳税的：

组成计税价格＝(关税完税价格＋关税＋进口数量×定额税率)÷(1－比例税率)；

应纳税额＝组成计税价格×比例税率＋进口数量×定额税率。

【例 7-12】 某酒厂委托一酒精加工厂加工酒精，酒精加工厂没有同类产品售价可以比照，需按组成计税价格计算缴纳消费税，其组成计税价格为(　　)。

A.(材料成本＋加工费)÷(1－消费税税率)

B.(成本＋利润)÷(1－消费税税率)

C.(材料成本＋加工费)÷(1＋消费税税率)

D.(成本＋利润)÷(1＋消费税税率)

【答案】 A

【例 7-13】 进口消费税应税消费品的组成计税价格公式为：组成计税价格＝(关税完税价格＋关税)÷(1＋消费税税率)(　　)。

【答案】 ×

五、消费税征收管理

1. 纳税义务发生时间

(1)销售应税消费品：销售时(不同结算方式下纳税义务发生时间同增值税)。

注意：金银首饰、钻石及钻石饰品在零售环节纳税。

(2)自产自用应税消费品：移送使用的当天。

(3)委托加工应税消费品：委托方提货的当天。

(4)进口应税消费品：报关进口的当天。

2. 纳税期限：同增值税

【例 7-14】 某卷烟厂为增值税一般纳税人，其消费税以一个月为一期缴纳，其申报纳税的期限为自期满之日起(　　)。

A. 10 日内　　B. 5 日内　　C. 15 日内　　D. 30 日内

【答案】 C

3. 纳税地点

纳税地点如表 7-2 所示：

表 7-2　纳税地点

项　目	纳　税　地　点
销售应税消费品	机构所在地或居住地主管税务机关
自产自用应税消费品	
到外县(市)销售或委托外县(市)代销的	
委托加工应税消费品	①受托方是个人的，由委托方向其机构所在地或者居住地主管税务机关申报纳税 ②除受托方为个人外，由受托方向其所在地主管税务机关申报纳税
进口应税消费品	报关地海关

【例 7-15】 纳税人销售应税消费品，应当向(　　)主管税务机关申报纳税。

A. 机构所在地　　B. 纳税人核算地

C. 居住地　　D. 消费品生产地

【答案】 AC

第三节　个人购车行为的车辆购置税政策

一、纳税义务人和征税范围

(一)纳税义务人

在中华人民共和国境内购置应税车辆的单位和个人。

应税行为包括:

1. 购买使用行为。包括购买使用国产应税车辆和购买使用进口应税车辆;
2. 进口使用行为。指直接进口使用应税车辆的行为;
3. 受赠使用行为;
4. 自产自用行为;
5. 获奖使用行为;
6. 拍卖、抵债等方式取得并使用的行为。

【例 7-16】 根据车辆购置税暂行条例规定,下列行为属于车辆购置税应税行为的有(　　)。

A. 应税车辆的购买使用行为

B. 应税车辆的销售行为

C. 自产自用应税车辆的行为

D. 以获奖方式取得并自用应税车辆的行为

【答案】 ACD

【解析】 选项 B,车辆购置税应税行为不包括应税车辆的销售行为。

(二)征税范围

车辆购置税以列举产品(商品)为征税对象,未列举的车辆不纳税。征收范围包括汽车(各类汽车)、摩托车、电车、挂车、农用运输车。

二、税率与计税依据

(一)税率

车辆购置税实行统一比例税率,税率为 10%。

(二)计税依据

1. 购买自用应税车辆计税依据的确定

计税价格的组成为纳税人购买应税车辆而支付给销售者的全部价款和价外费用(不含增值税)。

计税价格＝(全部价款＋价外费用)÷(1＋17%)。

2. 进口自用应税车辆计税依据的确定

组成计税价格＝关税完税价格＋关税＋消费税。

3. 其他自用应税车辆计税依据的确定

纳税人自产、受赠、获奖和以其他方式取得并自用的应税车辆的计税价格，不能或不能准确提供价格的，则由主管税务机关参照国家税务总局规定相同类型应税车辆的最低计税价格核定。

4. 最低计税价格为计税依据的确定

几种特殊情形应税车辆的最低计税价格规定如下：

(1)对已缴纳并办理了登记注册手续的车辆，其底盘和发动机同时发生更换，其最低计税价格按同类型新车最低计税价格的70%计算。

(2)免税条件消失的车辆，最低计税价格的确定方法为：

最低计税价格＝同类型新车最低计税价格×[1－(已使用年限÷规定使用年限)]×100%。

规定使用年限：国产车按10年计算，进口车按15年计算，超过使用年限的车辆，不再征收。

(3)非贸易渠道进口车辆的最低计税价格为同类新车最低计税价格。

三、应纳税额的计算

应纳税额＝计税价格×10%。

(一)购买自用应税车辆应纳税额的计算

应注意以下费用的计税规定：

1. 随车支付的工具件和零部件价款应作为购车价款并入计税依据征税；

2. 车辆装饰费作为价外费用并入计税依据征税；

3. 代收款项看发票：使用代收单位(受托方，实际是卖车方)票据收取款项的，视为价外费用，并入计税依据征税，否则不并入计税依据征税；

4. 支付的控购费(行政性收费)，不并入计税依据征税；

5. 收取的各种费用一并开在一张发票上难以划分的，作为价外收入计算征税。

【例 7-17】 张某2013年12月8日，从某有限公司购买一辆轿车供自己使用，支付含增值税车价款106 000元，另支付代收临时牌照费150元，代收保险费352元，支付购买工具件和零配件价款2 035元，车辆装饰费250元。支付的各项价费均由该汽车有限公司开具“机动车销售统一发票”和有关票据。计算车辆购置税应纳税额。

(1)计税价格＝(106 000＋150＋352＋2 035＋250)÷(1＋17%)＝92 980.34(元)。

(2)应纳税额＝92 980.34×10%＝9 298.03(元)。

(二)进口自用应税车辆应纳税额的计算

应纳税额＝(关税完税价格＋关税＋消费税)×税率。

【例 7-18】 某外贸进出口公司2013年11月12日，从国外进口10辆宝马公司生产的某型小轿车。该公司报关进口这批小轿车时，经报关地口岸海关对有关报关资料的审查，确定关税计税价格为198 000元/辆(人民币)，海关按关税政策规定课征关税217 800元/辆，并按消费税、增值税有关规定分别代征进口消费税21 884元/辆，增值税74 406元/辆。由于业务工作的需要，该公司将两辆小轿车用于本单位使用。试根据纳税人提供的有关报关进口资料和经海关审查确认的有关完税证明资料，计算应纳的车辆购置税税额。

车辆购置税税额计算：

(1)组成计税价格＝关税完税价格＋关税＋消费税＝198 000＋217 800＋21 884＝437 684(元)；

(2)应纳税额＝自用数量×组成计税价格×税率＝2×437 684×10%＝87 536.8(元)。

(三)其他自用应税车辆应纳税额的计算

纳税人自产自用、受赠使用、获奖使用和以其他方式(如拍卖、抵债、走私、罚没)取得并自用应税车辆的，凡不能取得该型车辆的购置价格，或者低于最低计税价格的，以国家税务总局核定的最低计税价格为计税依据计算征收车辆购置税。

【例 7-19】 某客车制造厂将自产的一辆某型号客车，用于本厂后勤生活服务，该厂在办理车辆上牌落籍前，出具该车的发票注明金额为44 300元，并按此金额向主管税务机关申报纳税。经审核，国家税务总局对该车同类型车辆核定的最低计税价格为 47 000 元。该厂对作价问题提不出正当理由。计算该车应纳的车辆购置税税额。

应纳税额＝47 000×10％＝4 700（元）。

（四）特殊情形自用应税车辆应纳税额的计算

1. 减税、免税条件消失车辆应纳税额的计算

【例 7-20】 某部队在更新武器装备过程中，将设有雷达装置的东风雷达车进行更换，该车使用年限为 10 年，已使用 4 年，属列入军队武器装备计划的免税车辆，部队更换车辆时将雷达装备拆除，并将其改制为后勤用车。由于只改变车厢及某些部件，经审核，该车发动机、底盘、车身和电气设备 4 大组成部分的性能技术数据与东风 EQ1092F·202 型 5 吨汽车的性能数据相近。东风 EQ1092F·202 型 5 吨汽车核定的最低计税价格为 56 000 元。计算改制的这辆汽车应纳的车辆购置税税额。

应纳税额＝同类型新车最低计税价格×［1－（已使用年限÷规定使用年限）］×100％×税率＝56 000×［1－（4÷10）］×10％＝3 360（元）。

2. 未按规定缴税车辆应补税额的计算

区分情况，分别确定征税。不能提供购车发票和有关购车证明资料的，检查地税务机关应按同类型应税车辆的最低计税价格征税；如果纳税人回落籍地后提供的购车发票金额与支付的价外费用之和高于核定的最低计税价格的，落籍地主管税务机关还应对其差额计算补税。

四、税收优惠

（一）车辆购置税减税免税的具体规定

1. 外国驻华使馆、领事馆和国际组织驻华机构及其外交人员自用车辆免税。

2. 中国人民解放军和中国人民武装警察部队列入军队武器装备订货计划的车辆免税。

3. 设有固定装置的非运输车辆免税。

4. 防汛部门和森林消防等部门用于指挥、检查、调度、报汛（警）、联络的设有固定装置的指定型号车辆。

5. 回国服务的留学人员用现汇购买一辆个人自用国产小汽车。

6. 长期来华定居专家一辆自用小汽车。

(二)车辆购置税的退税

纳税人已经缴纳车辆购置税但在办理车辆登记注册手续前,因下列原因需要办理退还车辆购置税的,由纳税人申请,征收机构审查后办理退还车辆购置税手续:

1. 公安机关车辆管理机构不予办理车辆登记注册手续的,凭公安机关车辆管理机构出具的证明办理退税手续;

2. 因质量等原因发生退回所购车辆的,凭经销商的退货证明办理退税手续。

【例 7-21】 我国车辆购置税实行法定减免税,下列不属于车辆购置税减免税范围的是(　　)。

A. 外国驻华使馆、领事馆和国际组织驻华机构及其外交人员自用车辆

B. 回国服务的留学人员用人民币现金购买一辆个人自用国产小汽车

C. 设有固定装置的非运输车辆

D. 长期来华定居专家一辆自用小汽车

【答案】 B

【解析】 回国服务的留学人员用现汇购买 1 辆个人自用国产小汽车免税。

五、征收管理

(一)纳税申报

一车一申报制度。购买二手车时,购买者须向原车主索要《车辆购置税完税证明》。购买已经办理车辆购置税免税手续的二手车,购买者须到税务机关重新办理申报缴税或免税手续。

(二)车辆购置税的纳税环节

在应税车辆上牌登记注册前的使用环节征收。

(三)车辆购置税纳税地点

纳税人购置应税车辆,应当向车辆登记注册地的主管税务机关申报纳税;购置不需办理车辆登记注册手续的应税车辆,应当向纳税人所在地的主管税务机关申报纳税。

(四)纳税期限

纳税人购买自用的应税车辆,自购买之日起 60 日内申报纳税。

进口自用的应税车辆,应当自进口之日起 60 日内申报纳税。

自产、受赠、获奖和以其他方式取得并自用应税车辆的,应当在取得之日起

60日内申报纳税。

(五)车辆购置税的缴税管理

1.自报核缴。

2.集中征收缴纳。

3.代征、代扣、代收。

第四节　个人车船税政策

一、纳税义务人与征税范围

1.纳税义务人:在中华人民共和国境内,车辆、船舶(以下简称车船)的所有人或者管理人为车船税的纳税人。

2.征税范围:车辆、船舶。

(1)依法应当在车船登记管理部门登记的机动车辆和船舶。

(2)依法不需要在车船登记管理部门登记的在单位内部场所行驶或者作业的机动车辆和船舶。

二、税目与税率

税目如表7-3所示:

表7-3　车船税税目税额表

税　目		计税单位	年适用税额(元)	备　注
乘用车[按发动机气缸容量(排气量)分档]	1.0升(含)以下的	每辆	60—360	核定载额人数9人(含)以下
	1.0升以上至1.6升(含)的		360—660	
	1.6升以上至2.0升(含)的		660—960	
	2.0升以上至2.5升(含)的		960—1620	
	2.5升以上至3.0升(含)的		1620—2460	
	3.0升以上至4.6升(含)的		2460—3600	
	4.0升以上的		3600—5400	

续表

税目		计税单位	年适用税额(元)	备注
商用车	客车	每辆	480—1440	核定载客人数 9 人以上包括电车
	货车	整备质量每吨	16—120	包括半挂牵引车、三轮汽车和低速载货汽车等
挂车		整备质量每吨	16—120	按照货车税额的 50 计算
其他车辆	专业作业车	整备质量每吨	16—120	不包括拖拉机
	轮式专用机械车	整备质量每吨	16—120	
摩托车		每辆	36—180	
船舶	机动船舶	净吨位每吨	3—6	拖船、非机动驳船分别按照机动船舶税额的 50%计算
	游艇	艇身长度每米	600—2000	

【例 7-22】 下列车船中,应以"辆"作为车船税计税单位的有(　　)。

A.电车　　B.摩托车　　C.微型客车　　D.半挂牵引车

【答案】 ABC

【解析】 选项 D,半挂牵引车按整备质量每吨作为计税单位。

三、应纳税额的计算与代收代缴

(一)计税依据

1.拖船按照发动机功率每 2 马力折合净吨位 1 吨计算征收车船税。

2.车辆整备质量尾数不超过 0.5 吨,按照 0.5 吨计算;超过 0.5 吨的,按照 1 吨计算。整备质量不超过 1 吨的车辆,按照 1 吨计算。

3.船舶净吨位尾数不超过 0.5 吨的不予计算,超过 0.5 吨的,按 1 吨计算。净吨位不超过 1 吨的船舶,按照 1 吨计算。

4.排气量、整备质量、核定载客人数、净吨位、艇身长度,以车船登记管理部门核发的车船登记证书或者行驶证所载数据为准。

依法不需要办理登记的车船和依法应当登记而未办理登记或者不能提供车船登记证书、行驶证的车船,以车船出厂合格证明或者进口凭证标注的技术参数、数据为准;不能提供车船出厂合格证明或者进口凭证的,由主管税务机关参照国家相关标准核定,没有国家相关标准的参照同类车船核定。

【例 7-23】 根据车船税法的规定，下列表述错误的是（　　）。

A. 拖船按照发动机功率每 2 马力折合净吨位 1 吨计算征收车船税

B. 在机场、港口以及其他企业内部场所行驶或者作业且依法不需在车船登记管理部门登记的车船不缴纳车船税

C. 车船税按年申报缴纳，具体申报纳税期限由省、自治区、直辖市人民政府规定

D. 按照规定缴纳船舶吨税的机动船舶，自车船税法实施之日起 5 年内免征车船税

【答案】 B

【解析】 选项 B，依法应当在车船登记管理部门登记的车辆和船舶，在机场、港口以及其他企业内部场所行驶或者作业且依法不需在车船登记管理部门登记的车船也纳入征收范围。

(二)应纳税额的计算

1. 购置的新车船，购置当年的应纳税额自纳税义务发生的当月起按月计算。

应纳税额＝年应纳税额÷12×应纳税月份数。

【例 7-24】 张某 4 月 12 日购小轿车 1 辆，到当年 12 月 31 日未到车辆管理部门登记。已知小轿车年单位税额 480 元。

要求：计算张某当年应缴纳车船税税额。

应缴纳车船税＝480÷12×9＝360（元）。

【例 7-25】 某小型运输公司 2013 年拥有并使用以下车辆：(1)整备质量 5 吨的载货卡车 10 辆，省级人民政府规定年税额每吨 50 元；(2)18 座的小型客车 3 辆，省级人民政府规定年税额每辆 530 元。该公司 2013 年应纳车船税为多少元。

载货卡车应纳税额＝10×5×50＝2 500（元）；

小型客车应纳税额＝3×530＝1 590（元）；

该运输公司应纳车船税＝2 500＋1 590＝4 090（元）。

2. 已缴纳车船税的车船在同一纳税年度内办理转让过户的，不另纳税，也不退税。

(三)保险机构代收代缴

从事机动车第三者责任强制险业务的保险机构有代缴义务，包括：欠缴税款

的滞纳金。

四、税收优惠

(一)法定减免

1. 捕捞、养殖渔船。

2. 军队、武装警察部队专用的车船。

3. 警用车船。

4. 依照法律规定应当予以免税的外国驻华使领馆、国际组织驻华代表机构及其有关人员的车船。

5. 对节约能源、使用新能源的车船可以减征或者免征车船税;对受严重自然灾害影响纳税困难以及有其他特殊原因确需减税、免税的,申批同意后可以减征或者免征车船税。

6. 省、自治区、直辖市人民政府根据当地实际情况,可以对公共交通车船,农村居民拥有并主要在农村地区使用的摩托车、三轮汽车和低速载货汽车定期减征或者免征车船税。

【例 7-26】 根据车船税法的规定,下列车船中需要缴纳车船税的是(　　)。

A. 领事馆大使专用车辆　　B. 武装警察部队专用的车船

C. 拥有小汽车的某省省长　　D. 报废的车辆

【答案】 C

【解析】 依照我国有关法律和我国缔结或者参加的国际条约的规定应当予以免税的外国驻华使馆、领事馆和国际组织驻华机构及其有关人员免车船税。拥有小汽车的某省省长,依法缴纳车船税,选项 C 是正确的。

(二)特定减免

1. 经批准临时入境的外国车船和香港特别行政区、澳门特别行政区、台湾地区的车船,不征收车船税。

2. 按照规定缴纳船舶吨税的机动船舶,自车船税法实施之日起 5 年内免征车船税。

3. 机场、港口内部行驶或作业的车船,自车船税法实施之日起 5 年内免征车船税。

五、征收管理

(一)纳税期限

纳税义务发生时间为取得车船所有权或者管理权的当月(交付当月)。以合同、协议载明的车船交付日期，或者以购买车船的发票或者其他证明文件所载日期的当月为准。

1. 核发的车船登记证书或行驶证所载日期的当月。

2. 无1的，购车船的发票日期的当月。

3. 无1.2的，税务机关核定。

(二)纳税地点

车船的登记地或者车船税扣缴义务人所在地。依法不需要办理登记的车船，车船税的纳税地点为车船的所有人或者管理人所在地。

(三)纳税申报

车船税按年申报，分月计算，一次性缴纳。纳税年度为公历1月1日至12月31日。

(四)其他规定

在一个纳税年度内，已完税的车船被盗抢、报废、灭失的，纳税人可以凭有关管理机关出具的证明和完税凭证，向纳税所在地的主管税务机关申请退还自被盗抢、报废、灭失月份起至该纳税年度终了期间的税款。

已办理退税的被盗抢车船失而复得的，纳税人应当从公安机关出具相关证明的当月起计算缴纳车船税。

【例7-27】 下列各项中，符合车船税有关征收管理规定的是(　　)。

A. 车船税按年申报，分月计算，一次性缴纳

B. 纳税人自行申报缴纳的，应在纳税人所在地缴纳

C. 节约能源、使用新能源的车船一律减半征收车船税

D. 临时入境的外国车船属于车船税的征税范围，需要缴纳车船税

【答案】 A

【解析】 选项B，纳税人自行申报缴纳的，应在车船的登记地缴纳车船税；选项C，节约能源、使用新能源的车船可以免征或者减半征收车船税；选项D，临时入境的外国车船和香港特别行政区、澳门特别行政区、台湾地区的车船，不征收车船税。

第五节　个人购置车辆的纳税筹划

随着社会经济发展和人民生活水平的提高,我国城乡居民拥有机动车的数量正逐年提高,小汽车也在进入寻常百姓家,企、事业单位的公务用车数量更是不断增长。如何降低车辆购置税,正为购车人士所关注。

一、选择卖家

由于目前汽车经销方式灵活多样,对购车一族,汽车经销商一般采用两种经销方式:一是经销商自己从厂家或上级经销商购进再卖给消费者,以自己名义开具机动车销售发票,并按规定缴纳税;二是以收取手续费形式代理卖车,即由上级经销商直接开具机动车发票给消费者,本级经销商以收取代理费形式从事中介服务。由于车辆购置税目前征收以机动车发票上注明金额为计税依据,因此,两种不同购进方式对消费者缴纳车购税的影响较大,采用付手续费方式进行购车,将支付给本级经销商的报酬从车辆购置税计税价格中剥离,从而消费者可少缴车购税,因此,购车一族应把握购进方式利润平衡点,多选择付手续费方式购车,同时从减少车辆流通环节入手进行购车,所以消费者要尽量向上级经销商或生产厂家购车,以在获得价格优惠的同时少缴车辆购置税。

【例 7-28】 甲某从浙江温州市某汽车经销商购买一辆帕萨特—领驭轿车,该级经销商开给甲某机动车发票注明价格为 180 341 元(不含税),乙某也从同一经销商处购同型号车,不过乙某以支付手续费 10 000 元由经销商到浙江杭州经销商处购车,乙某另外支付购车款 170 341 元(不含税)给杭州经销商,由杭州经销商向乙某开具机动车发票,则甲某应缴车购税=180 341×10%=18 034.1 元,乙某应缴车购税=170 341×10%=17 034.1元,两者相差 1 000 元。

二、正确区分代收款项与价外费用

《车辆购置税征收管理办法》(国家税务总局令第 15 号)中明确指出,《车辆购置税暂行条例》所说的价外费用是指销售方价外向购买方收取的基金、集资费、返还利润、补贴、违约金(延期付款利息)和手续费、包装费、储存费、优质费、运输装卸费、保管费、代收款项、代垫款项以及其他各种性质的价外收费,但购车一族应对现行税收政策理解透彻，按现行税收政策规定，对代收款项与价外费用应区别征税，凡使用代收单位的票据收取的款项，应视为代收单位的价外费用，并入计税价格计算征收车辆购置税；凡使用委托方的票据收取，受托方只履行代收义务或收取手续费的款项，代收款项不并入价外费用计征车辆购置税，另外，《财政部、国家税务总局关于增值税若干政策的通知》(财税〔2005〕165 号)明确代办保险费、车辆购置税、牌照费征税问题：纳税人销售货物的同时代办保险而向购买方收取的保险费，以及从事汽车销售的纳税人向购买方收取的代购买方缴纳的车辆购置税、牌照费，不作为价外费用征收增值税，由于使用委托方票据，当然也就不征收车购税了。

【例 7-29】 甲某于 2013 年 4 月 23 日从杭州市某汽车销售公司购买一辆轿车供自己使用，支付车款 150 000 元(不含税)：另外支付的各项费用有：临时牌照费用 500 元，代收保险金 3 500 元。上述费用合计 154 000 元，上述款项全部由汽车销售公司开具机动车发票，则应纳车辆购置税税额＝154 000×10%＝15 400(元)。若汽车销售公司采取支付车款 150 000 元开具机动车发票，收取的代办临时牌照费、代收保险金、分别开具交通部门、保险机构的发票给甲某，则甲某应纳车辆购置税税额＝150 000×10%＝15 000(元)，两者相差 400 元。

需要注意的是，实务中，每一辆车税务部门已经核定了最低计税价，在汽车销售价格高于最低计税价时，按销售价格完税；如果销售价格低于最低计税价时，按最低计税价完税；如果销售价格高于最低计税价，购车人可以选择车价和价外费用的分开支付方式，以节约车辆购置税。

三、延后部分商品购进时间或选择别家购进

对购买者随车购买的工具件或零件款、支付的车辆装饰费用等应于缴纳车购税后再购进，或选择别家经销商处进行购买，因按现行税法规定，对消费者随车购买的工具件、零件、车辆装饰费等，若付车款时同时付款且开具在机动车发票中，应作为购车款的一部分作为价外费用并入计税价格征收车辆购置税，但若不同时间或销售方不同，则不并入计征车辆购置税，因此建议购车一族对车辆维修工具及汽车装饰等可采取日后再配或到另外经销商处购买，以少缴车辆购置税。

【例 7-30】 甲某在一家汽车经销商(增值税一般纳税人)购买了一辆本田轿车，车辆价格为 234 000 元，他还购买了工具用具 6 000 元，汽车装饰费用

25 000 元，3 项价款由汽车销售商开具了《机动车销售统一发票》，发票合计金额 265 000，则其应缴车辆购置税(234 000＋6 000＋25 000)÷(1＋17%)×10%＝22 649.57 元，若甲某在购车过程中，除了购车款，没有支付其他任何费用，而是在缴纳车辆购置税后再购买工具用具 6 000 元、对车辆进行装饰 25 000 元，则其应缴车辆购置税＝234 000÷(1＋17%)×10%＝20 000 元，两者相差 2 649.57 元。

四、车辆销售商身份的选择

车辆购置税由购买者缴纳，对于消费者而言，在购买机动车时要从经销商入手进行相关税收筹划。

《中华人民共和国增值税暂行条例》及实施细则第二条、第十二条、第十四条及第二十五条规定：纳税人销售或者进口货物、提供加工、修理修配劳务，除出口零税率及部分货物国家规定 13%税率外，其余税率为 17%；小规模纳税人销售货物或应税劳务的征收率为 3%。

同时《国家税务总局关于确定车辆购置税计税依据的通知》(国税函〔2006〕1139 号)明确：根据《中华人民共和国增值税暂行条例》及其实施细则的有关规定，纳税人销售货物不含增值税的销售额的计算公式为：销售额＝含税销售额÷(1＋增值税税率或征收率)，主管税务机关在计征车辆购置税确定计税依据时，计算车辆不含增值税价格的计算方法与增值税相同，即：不含税价＝(全部价款＋价外费用)÷(1＋增值税税率或征收率)。

从增值税暂行条例及总局文件可知，上述所指的增值税税率是指增值税一般纳税人 17%的税率，征收率是指商业增值税小规模纳税人 3%的征收率。对由摩托车、农用运输车经销商及汽车经销商为消费者开具的机动车销售统一发票，凡该类经销商不能提供增值税一般纳税人证明的，对车购税纳税人一律按 3%征收率换算车辆购置税计税依据，对该类经销商能提供增值税一般纳税人证明的，对车购税纳税人按 17%增值税率换算车辆购置税计税依据。

所以，对于纳税人从增值税一般纳税人及从小规模纳税人手中购买机动车计算缴纳的车辆购置税是不同的：

从增值税一般纳税人手中购买机动车，应纳车购税＝(全部价款＋价外费用)÷(1＋17%)×10%；

从小规模纳税人商业企业中购买机动车，应纳车购税＝(全部价款＋价外费用)÷(1＋3%)×10%。

因此，消费者购买同类型机动车，付同样的购车款，从具有一般纳税人资格经销商手中购买比从小规模纳税人经销商处购买可少缴车购税。

【例 7-31】 浙江省温州市甲某从认定为增值税一般纳税人的汽车经销商购进一部北京现代 BH 车，发票开具金额为 105 000 元。乙某从小规模纳税人的某汽车经销商购买同类型车，价格同样为 105 000 元。

根据规定，甲某能提供该经销商增值税一般纳税人证明，则在向国税机关申报缴纳车辆购置税的金额为：105 000÷(1＋17％)×10％＝8 974元。

乙某应申报缴纳车购税为：105 000÷(1＋3％)×10％＝10 194 元。

乙某比甲某多缴车购税 1 220 元。

通常一般纳税人企业规模比小规模纳税人企业规模大，后续服务可能会更好。而对于能为客户提供更专业、更周到服务的一般纳税人，尽管其销售价格可能会高些，但客户从减少汽车使用的后顾之忧考虑，一般会更乐于选择这样的销售商。如果只为少缴一点车辆购置税而忽视了销售商的品质，以后所受的损失绝不是所节省的一点税所能弥补的。

五、选择优惠

在缴纳车辆购置税时，还需注意对特定群体及单位缴纳车辆购置税可享受免税、减税资格。

现行《车辆购置税暂行条例》规定：

(一)外国驻华使馆、领事馆和国际组织驻华机构及其外交人员自用的车辆免税；

(二)中国人民解放军和中国人民武装警察部队列入军队武器装备订货计划的车辆免税；

(三)设有固定装置的非运输车辆免税；

(四)有国务院规定予以免税或者减税的其他情形的，按照规定免税或者减税。目前主要包括以下几类：防汛部门和森林消防部门用于指挥、检查、调度、报汛(警)、联络的设有固定装置的指挥型号的车辆；回国服务的留学人员用现汇购买一辆个人自用固定小汽车；长期来华定居专家一辆自用小汽车。

主要税法依据：

1.《中华人民共和国增值税暂行条例》(中华人民共和国国务院令第 538 号)2008 年 11 月 10 日

2.《关于部分货物适用增值税低税率和简易办法征收增值税政策的通知》(财税

〔2009〕9号)2009年1月19日

3.《国家税务总局关于增值税简易征收政策有关管理问题的通知》(国税函〔2009〕90号)2009年2月25日

4.《财政部、国家税务总局关于固定资产进项税额抵扣问题的通知》(财税〔2009〕113号)2009年9月9日

5.《关于增值税纳税义务发生时间有关问题的公告》(国家税务总局公告2011年第40号)2011年7月15日

6.《关于纳税人转让土地使用权或者销售不动产同时一并销售附着于土地或者不动产上的固定资产有关税收问题的公告》(国家税务总局公告2011年第47号)2011年8月17日

7.《关于修改〈中华人民共和国增值税暂行条例实施细则〉和〈中华人民共和国营业税暂行条例实施细则〉的决定》(中华人民共和国财政部令第65号)2011年10月28日

8.《关于纳税人虚开增值税专用发票征补税款问题的公告》(国家税务总局公告2012年第33号)2012年7月9日

9.《关于在全国开展交通运输业和部分现代服务业营业税改征增值税试点税收政策的通知》(财税〔2013〕37号)2013年5月24日

10.《中华人民共和国消费税暂行条例》(中华人民共和国国务院令第539号)2008年11月10日

11.《中华人民共和国消费税暂行条例实施细则》(财政部国家税务总局第51号令)2008年12月15日

12.《财政部、国家税务总局关于〈中华人民共和国消费税暂行条例实施细则〉有关条款解释的通知》(财法〔2012〕8号)2012年7月13日

13.《中华人民共和国车辆购置税暂行条例》(国务院令第294号)2000年10月22日

14.《国家税务总局关于车辆购置税有关问题的通知》[国税发〔2002〕118号(816)]2002年9月11日

15.《国家税务总局关于确定车辆购置税计税依据的通知》[国税函〔2006〕1139号(821)]2006年11月30日

16.《关于保险机构代收代缴车船税有关问题的通知》(国税发〔2007〕98号)2007年8月14日

17.《中华人民共和国车船税法实施条例》(中华人民共和国国务院令第611号)

2011 年 12 月 5 日

18.《国家税务总局中国保险监督管理委员会关于机动车车船税代收代缴有关事项的公告》(国家税务总局中国保险监督管理委员会公告 2011 年第 75 号) 2011 年 12 月 19 日

19.《国家税务总局关于修改〈车辆购置税征收管理办法〉的决定》(国家税务总局令第 27 号)2011 年 12 月 19 日

第八章　个人涉税行为的申报规定

第一节　纳税申报

一、纳税申报概述

纳税申报是纳税人按照税法规定的期限和内容向税务机关提交有关纳税事项书面报告的法律行为,是纳税人履行纳税义务、界定纳税人法律责任的主要依据,是税务机关管理信息的主要来源和税务管理的重要制度。

二、纳税申报的方式

纳税申报方式是指纳税人和扣缴义务人在发生纳税义务和代扣代缴、代收代缴义务后,在其申报期限内,依照税收法律、行政法规的规定到指定税务机关进行申报纳税的形式。

申报方式核定业务流程如图 8-1 所示：

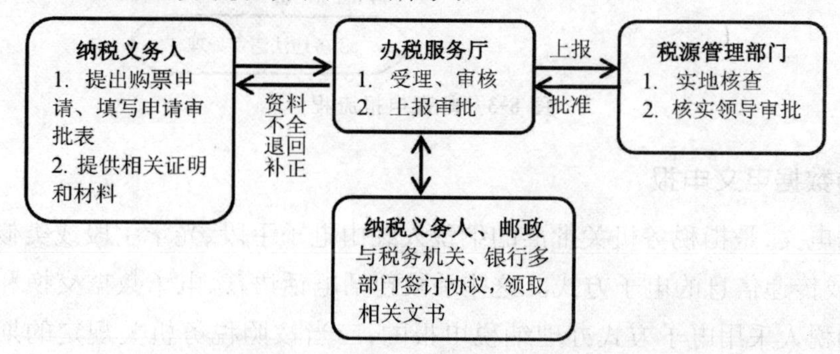

图 8-1　申报方式核定业务流程

具体来说，有以下几种申报方式：

(一)自行申报(上门申报)

纳税人、扣缴义务人按照规定的期限自行到税务机关办理纳税申报手续，是一种传统的申报方式。

上门申报流程如图 8-2 所示：

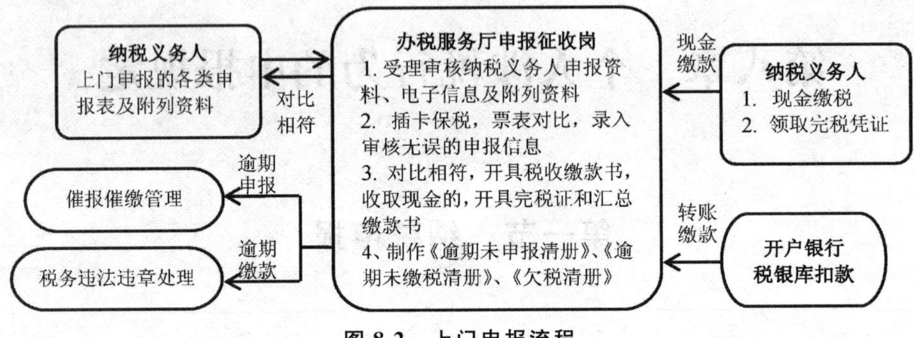

图 8-2　上门申报流程

(二)邮寄申报

经税务机关批准，纳税人、扣缴义务人使用统一规定的纳税申报特快专递信封，通过邮政部门办理交寄手续，并向邮政部门索取收据作为申报凭证。

在邮寄申报方式中以邮局邮出的邮戳日期为纳税申报日期。

邮寄申报流程如图 8-3 所示：

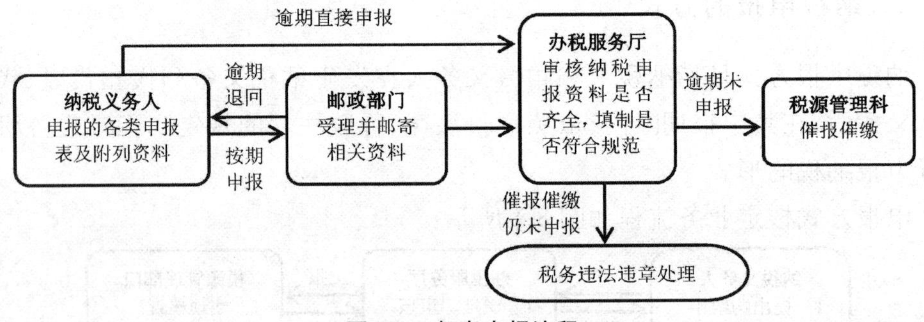

图 8-3　邮寄申报流程

(三)数据电文申报

数据电文，是指税务机关批准的纳税人经由电子手段、光学手段或类似手段生成、储存或传递信息的电子方式。这些手段包括电话语音、电子数据交换和网络传输等。纳税人采用电子方式办理纳税申报的，应当按照税务机关规定的期限和要求保存有关资料，并定期书面报送主管税务机关。

数据电文申报流程如图 8-4 所示：

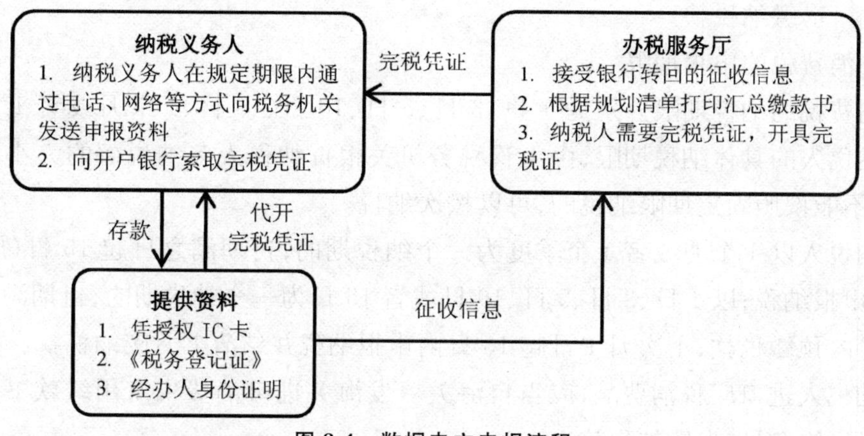

图 8-4 数据电文申报流程

三、纳税申报的办理

(一)纳税申报资料

纳税人进行纳税申报需报送以下资料：

1. 各类税种的申报表

如增值税、消费税、营业税申报表、城市维护建设税申报表、教育费附加申报表、个人所得税申报表、资源税申报表、印花税申报表、企业所得税申报表、城镇土地使用税申报表、房产税(城市房地产税)申报表、车船使用税(车船使用牌照税)申报表、土地增值税申报表。

2. 财务报表

资产负债表、利润表、现金流量表。

3. 税务机关要求提供的其他资料

4. 扣缴义务人纳税的申报资料

(二)纳税申报期限

1. 增值税的申报期限

增值税的纳税期限分别为 1 日、3 日、5 日、10 日、15 日、1 个月或者 1 个季度。纳税人的具体纳税期限，由主管税务机关根据纳税人应纳税额的大小分别核定；不能按照固定期限纳税的，可以按次纳税。

纳税人以 1 个月或者 1 个季度为一个纳税期限的，自期满之日起 15 日内(原 10 日)申报纳税；以 1 日、3 日、5 日、10 日或者 15 日为一个纳税期的，自期满之日起 5 日内预缴税款，于次月 1 日起 15 日内申报纳税并结清上月应纳税款。

纳税人进口货物,应当自海关填发海关进口增值税专用缴款书之日起 15 日内(原 7 日)缴纳税款。

2. 消费税的申报期限

消费税的纳税期限分别为 1 日、3 日、5 日、10 日、15 日、1 个月或者 1 个季度。纳税人的具体纳税期限,由主管税务机关根据纳税人应纳税额的大小分别核定;不能按照固定期限纳税的,可以按次纳税。

纳税人以 1 个月或者 1 个季度为一个纳税期的,自期满之日起 15 日(原 10 日)内申报纳税;以 1 日、3 日、5 日、10 日或者 15 日为一个纳税期的,自期满之日起 5 日内预缴税款,于次月 1 日起 15 日内申报纳税并结清上月应纳税款。

纳税人进口应税消费品,应当自海关填发海关进口消费税专用缴款书之日起 15 日(原 7 日)内缴纳税款。

3. 营业税的申报期限

营业税的纳税期限分别为 5 日、10 日、15 日、1 个月或者 1 个季度。纳税人的具体纳税期限,由主管税务机关根据纳税人应纳税额的大小分别核定;不能按照固定期限纳税的,可以按次纳税。

纳税人以 1 个月或者 1 个季度为一个纳税期的,自期满之日起 15 日内申报纳税;以 5 日、10 日或者 15 日为一个纳税期的,自期满之日起 5 日内预缴税款,于次月 1 日起 15 日内申报纳税并结清上月应纳税款。

4. 企业所得税的申报期限

缴纳企业所得税,按年计算,分月或分季预缴。

纳税人不论经营情况如何,应在每月(季)终了后 15 日内,向其所在地主管税务机关报送会计报表和预缴所得税申报表。年度终了后 5 个月内,向其所在地主管税务机关报送会计决算报表和年度所得税申报表。

纳税人进行清算时,应当在办理工商注销登记之前,向所在地主管国税机关办理企业所得税纳税申报。

纳税人在年度中间合并、分立、终止时,应当在停止生产、经营之日起 60 日内,向所在地主管国税机关办理当期企业所得税汇算清缴。

5. 个人所得税的申报期限

个人所得税中的工资、薪金所得应纳的税款,按月计征,由扣缴义务人或纳税义务人在次月 7 日内报送纳税申报表。

个人所得税中的个体工商户生产经营所得应纳的税款,按年计算,分月或分季预缴,由纳税义务人在次月 7 日内预缴,年度终了后 30 日内向税务机关申报。

个人所得税中的对企事业单位的承包经营、承租经营所得应纳的税款，按年计算，年度终了后30日内向税务机关申报。

四、纳税申报的原则与要求

(一)纳税申报的真实性原则

纳税申报的真实性原则是指纳税人在进行纳税申报时，必须保证纳税申报内容的真实性，即纳税申报要与真实的经营成果一致，要与真实的、如实记载的账簿凭证、财务会计报表和其他报税资料的记录和反映的有关内容相一致，没有虚假、漏报、多报、瞒报等情况。

从某种意义来讲，纳税申报的真实性原则是纳税人应当遵守的第一要则。

(二)纳税申报的及时性原则

纳税申报的及时性原则，是指纳税人进行纳税申报必须在税收法律、行政法规规定的期限内进行，不得逾期进行。

纳税申报的期限包括两种情况：一是税收法律、行政法规规定的期限；二是税务机关根据税收法律、行政法规规定的期限。国家对纳税申报的期限进行了明确的规定，是为了保证税款能够及时缴入国库，为财政支出提供有力的保证。

(三)纳税申报不得减略性原则

纳税申报不得减略性原则，是指纳税人在纳税期限内，无论有无应税收入，无论有无应税所得，无论有无应税项目，不论有无应纳的税款，是否享受税收减、免政策，都应当在规定的申报期限内，持纳税申报表、财务会计报表及其他纳税资料，直接到主管税务机关办理纳税申报，扣缴义务人在扣缴税款期内，无论有无代扣、代收税款，均应在规定的期限内，到主管税务机关报送代扣代缴、代收代缴税款报告表以及税务机关根据实际需要要求扣缴义务人报送的其他有关资料。向税务机关报送纳税申报表和财务会计报表及其他申报资料，不得对纳税人申报义务进行减少或省略。

五、延期纳税申报

(一)延期申报的申请条件

延期申报是指纳税人、扣缴义务人不能按照税法规定的期限办理纳税申报或扣缴税款报告。

凡纳税人因不可抗力或财务处理的特殊原因需要延期申报纳税的，税务机关本着保护纳税人、扣缴义务人合法权益的原则，经纳税人在法定的纳税期限之前提出书面延期申请后，经税务机关核准，可在核准的期限内办理。凡纳税人和扣缴义务人完全出于主观原因或有意拖缴税款而不按期办理纳税申报的，应按照税法的有关规定给予处罚。

(二)延期申报流程

延期申报流程图如图 8-5 所示：

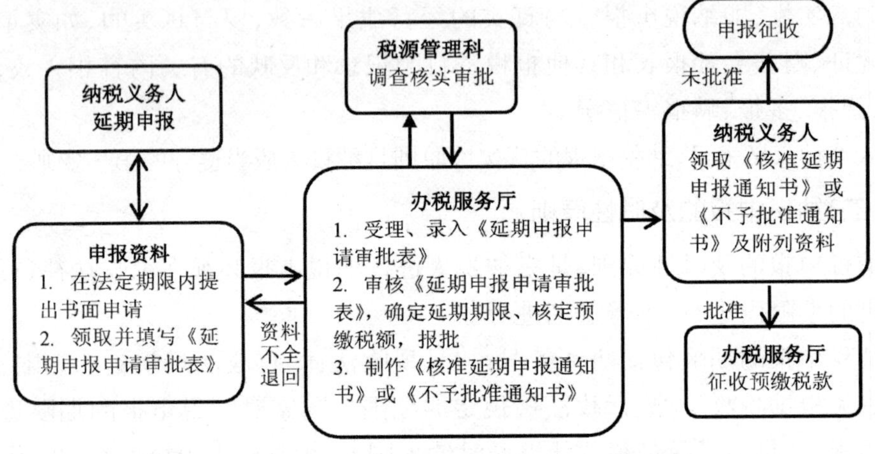

图 8-5 延期申报流程图

1. 申报资料

纳税人、扣缴义务人在规定的纳税申报期限内，向主管征收分局提出申请，呈交以下资料，领取和填写《延期申报申请审批表》一式两份。

(1)延期申报纳税申请表。

(2)税务登记证副本。

(3)不可抗力或财务处理特殊原因的相关证明资料。

按要求如实填写完《延期申报申请审批表》后报送到主管征收分局。经主管征收分局同意，可在核准的延期申报期限内办理纳税申报。

2. 业务流程

(1)申请人向税务机关提出书面申请，并领取报送《延期申报申请审批表》如表 8-1 所示一式三份。

(2)税务机关接到《延期申报申请审批表》后，纳税人报送的资料齐全且符合法定条件的，自受理申请之日起 3 个工作日内给予审批。

(3)纳税人按照上期实际缴纳的税款，或者会同主管领导核定应纳税款，组织入库并注明计算过程和税款缴纳期限。

(4)未予批准延期申报的，税务机关在接到《延期申报申请审批表》的当日，将表退还纳税人，保证纳税人按规定期限办理纳税申报。

(5)延期申报的批准期限一般不得超过1个月，最长不超过3个月。

表 8-1　延期申报纳税申请审批表

纳税人代码：□□□□□□□□□□□□□□□□□□□□

<table>
<tr><td colspan="2">纳税人名称</td><td colspan="6">（公章）</td></tr>
<tr><td colspan="2">法定代表人</td><td></td><td>办税员</td><td></td><td>电　话</td><td colspan="2"></td></tr>
<tr><td colspan="2">延期申报税种</td><td></td><td colspan="2">税款所属时间</td><td colspan="3"></td></tr>
<tr><td colspan="2">规定申报期限</td><td></td><td colspan="2">申请延期期限</td><td colspan="3"></td></tr>
<tr><td>主要
理由</td><td colspan="7">填表人　　　　　　　年　月　日</td></tr>
<tr><td colspan="8">以下由税务机关填写</td></tr>
<tr><td colspan="3">准予延期申报税种</td><td colspan="3"></td><td colspan="2"></td></tr>
<tr><td colspan="3">准予延期申报期限</td><td colspan="3"></td><td colspan="2"></td></tr>
<tr><td colspan="3">受理人意见</td><td colspan="3">部门意见</td><td colspan="2">审批意见</td></tr>
<tr><td colspan="3">签名　　年　月　日</td><td colspan="3">负责人　　年　月　日</td><td colspan="2">（公章）
审批人　　年　月　日</td></tr>
</table>

六、纳税申报违章处理

纳税人未按照规定的期限办理纳税申报，或者扣缴义务人未按规定期限向税务机关报送代扣代缴、代收代缴报告表（含零申报）的，由主管税务机关发出《责令限期改正通知书》和《税务行政处罚事项告知书》，告知纳税人改正内容和处罚事项，纳税人无异议的，主管征收机关送达《税务行政处罚决定书》，按照规定的处罚标准处罚。税务机关责令限期改正，可以处以2 000元以下的罚款；逾期不改正的，可以处以2 000元以上10 000元以下的罚款。

第二节　网上报税操作流程

一、网上报税及经办流程

(一)网上报税

网上报税是指纳税人利用报税软件,通过相关载体(软盘或者互联网),将电子化的申报数据发送给税务机关,完成申报的申报方式。

它的适用对象包括:增值税一般纳税人及其他具备电子申报条件的纳税人。

1. 国税网上报税及流程

作为纳税人,首先需办理相关的手续方可成为电子申报系统用户。

网上报税办理流程图如图8-6所示:

图8-6　网上报税办理流程图

2. 地税网上报税

以现代信息技术为手段,以征管信息系统市局数据集中处理为基础,以全省地税广域网及省局与省各专业银行的横向连接为纽带,充分利用银行及国库现有的资金清算系统,为纳税人提供方便、快捷的网上申报、网上缴款、网上银行缴款、大厅实时缴款服务,在地税机关实现税款征收无纸化、信息传递电子化、收入对账自动化的系统工程。

在此系统支持下,纳税人的申报缴款,税务机关的征收入库及会计核算都会发生一些变化。

(1)网上报税资格申请及网上报税账号管理。

纳税人填写《网上申报申请审批表》,税务机关将信息录入征管系统中,并生成网上报税资格,报税时输入税务机关告知的用户名、密码、验证码等信息登陆。

(2)选择需要填报的报表:选择需要填报的报表并据实填报有关内容,上传。

(3)网上申报作废。

(4)大厅实时缴款及网上缴款的抹账处理。

二、网上报税注意事项

1. 认定为电子报税申报方式的纳税人,一经认定不允许随意变更。如需变更申报方式,必须经主管税务机关批准后方可采用其他方式申报。

2. 凡认定为电子报税申报方式的纳税人,必须在每月法定申报征收期限最后一日下午 6 时前完成电子申报缴税,电子申报以电子申报平台收到申报数据的日期为实际申报日期。如纳税人逾期申报,则自动加收滞纳金。逾期未申报的申报事宜和欠缴税款的缴纳事宜必须到主管税务机关办理。

3. 纳税人要注意电子申报的安全和登录密码的保密,凡使用纳税人的密码和密钥进行电子报税的均视为纳税人亲自办理,由此产生的法律后果也由该纳税人承担。

4. 电子申报的纳税人在完成电子申报后,还必须在申报当月月底以前向主管税务机关报送纸质申报资料,包括:《纳税申报表》《申报表附列资料》和《纳税申报情况说明表》。

三、网上申报示意

1. 点击进入:如图 8-7 所示:

图 8-7

2. 登陆:如图 8-8 所示:

图 8-8

3.纳税人登记有关信息：如图 8-9 所示：

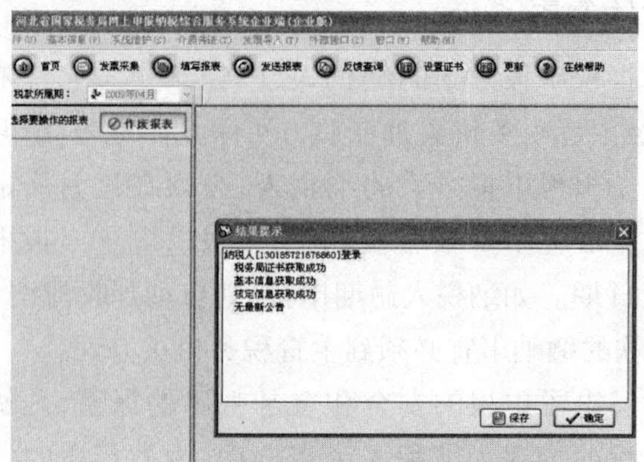

图 8-9

4.显示申报发票的空白样表：如图 8-10 所示：

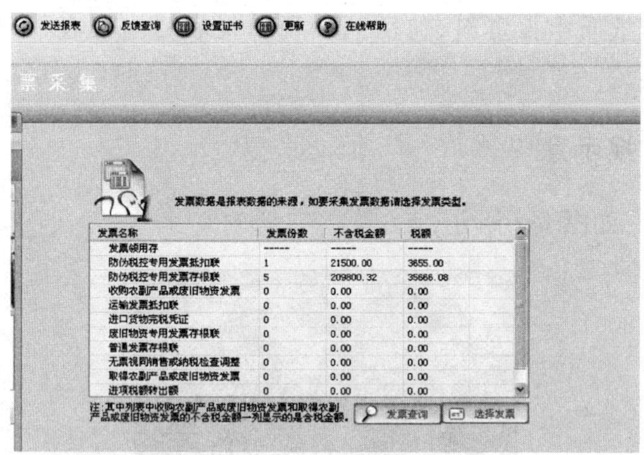

发票名称	发票份数	不含税金额	税额
发票领用存	------	------	------
防伪税控专用发票抵扣联	1	21500.00	3655.00
防伪税控专用发票存根联	5	209800.32	35666.08
收购农副产品或废旧物资发票	0	0.00	0.00
运输发票抵扣联	0	0.00	0.00
进口货物完税凭证	0	0.00	0.00
废旧物资专用发票存根联	0	0.00	0.00
普通发票存根联	0	0.00	0.00
无票视同销售或纳税检查调整	0	0.00	0.00
取得农副产品或废旧物资发票	0	0.00	0.00
进项税额转出额	0	0.00	0.00

图 8-10

第三节　税款缴纳实务

一、税款缴纳

税款缴纳是指纳税人和扣缴义务人按照税收法律和法规的规定将应纳的税款组织入库的一系列活动的总称，对于税务机关而言则是税款的征收，总之，税款缴纳是税收征收管理工作的中心环节。

二、税款缴纳的方式、适用范围及操作流程

税款缴纳的方式、适用范围及操作流程如表 8-2 所示：

表 8-2　税款缴纳的方式、适用范围及操作流程

税款缴纳方式	适用范围	操作流程
自核自缴	生产经营规模较大，财务制度健全，会计核算准确，一贯依法纳税的企业	自行计算应纳税款，自行填写、审核纳税申报表，自行填写税收缴款书，到开户银行解缴应纳税款
申报核实缴纳	生产经营正常，财务制度基本健全，账册、凭证完整，会计核算较准确的企业	依照税法规定计算应纳税款，自行填写纳税申报表，按照规定向主管国家税务机关办理纳税申报，并报送纳税资料和财务会计报表。经主管国家税务机关审核，并填开税收缴款书，纳税人按规定期限到开户银行缴纳税款
申报查定缴纳	财务制度不够健全，账簿凭证不完备的固定业户	企业如实向主管国家税务机关办理纳税申报并提供其生产能力、原材料、能源消耗情况及生产经营情况等，经主管国家税务机关审查测定或实地查验后，填开税收缴款书或者完税证，纳税人按规定期限到开户银行或者税务机关缴纳税款
定额申报缴纳	生产经营规模较小，确无建账能力或者账证不健全，不能提供准确纳税资料的固定业户，按照国家税务机关核定的营业（销售）额和征收率，按规定期限向主管国家税务机关申报缴纳税款。	纳税人实际营业（销售）额与核定额相比升降幅度在 20%以内的，仍按核定营业（销售）额计算申报缴纳税款；对当期实际营业（销售）额上升幅度超过 20%的，按当期实际营业（销售）额计算申报缴纳税款；当期实际营业（销售）额下降幅度超过 20%的，当期仍按核定营业（销售）额计算申报缴纳税款，经主管国家税务机关调查核实后，其多缴税款可在下期应纳税款中予以抵扣。需要调整定额的，向主管国家税务机关申请调升或调降定额。但是对定额的调整规定不适用实行起点定额或保本定额缴纳税款的个体工商户

三、延期缴纳税款

（一）未按规定缴纳税款的法律责任

纳税人未按规定期限缴纳税款的，扣缴义务人、代征人未按规定期限解缴税款的，除按税务机关确定的期限缴纳或者解缴税款外，还应从滞纳款之日起，按日计算缴纳滞纳税款万分之五的滞纳金。

（二）延期缴纳税款的条件及办理

1. 延期缴纳税款的条件

纳税人因有下列情形之一，不能按期缴纳税款的，可以在法律、法规或税务机关按照法律、法规确定的期限内提出申请延期缴纳税款：

(1)因不可抗力，导致纳税人发生较大损失，正常生产经营活动受到较大影响的；

(2)当期货币资金在扣除应付职工工资、社会保险费后，不足以缴纳税款的。

2. 延期缴纳税款的办理流程

延期缴纳税款的办理流程图如图 8-11 所示：

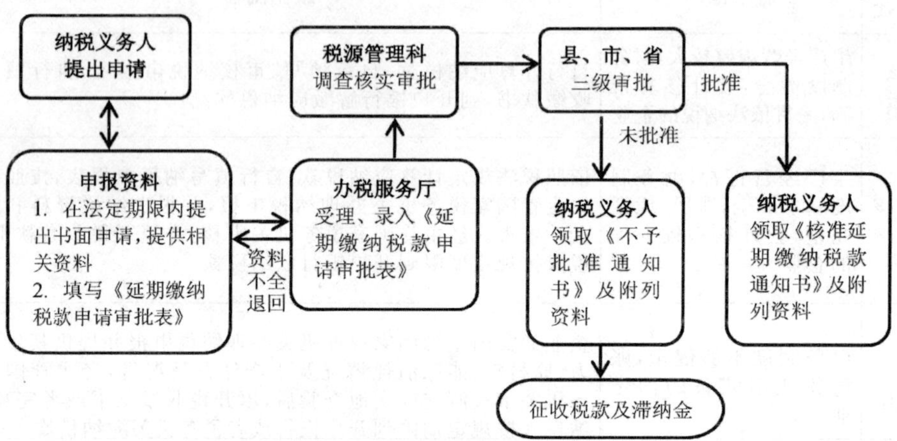

图 8-11 延期缴纳税款的办理流程图

纳税人到主管税务机关办税服务厅提出申请，填制《延期缴纳税款申请审批表》，如表 8-3 所示，并提供以下资料：

(1)申请延期缴纳税款报告；

(2)当期货币资金余额情况，核算期末及提出延期缴纳税款申请日所有开户银行名称、银行存款账户对账单及其汇总清单；

(3)当期资产负债表和应上缴、弥补款项表；

(4)应付职工工资和社会保险费的支出预算证明；

(5)税务机关要求提供的其他资料。

表 8-3 延期缴纳税款申请审批表

纳税人识别号：

<table>
<tr><td>纳税人名称</td><td colspan="5"></td></tr>
<tr><td>经济类型</td><td></td><td>开户银行</td><td></td><td>账号</td><td></td></tr>
<tr><td>延期缴纳税种</td><td></td><td></td><td></td><td colspan="2">合　计</td></tr>
<tr><td>延期缴纳税额</td><td></td><td></td><td></td><td colspan="2"></td></tr>
<tr><td>税款所属时间</td><td colspan="2">年　　月</td><td>申请延期缴纳时间</td><td colspan="2">年　月　日前入库</td></tr>
</table>

续　表

<table>
<tr><td>纳税人名称</td><td colspan="2"></td></tr>
<tr><td>延期缴纳
税款理由</td><td colspan="2">（章）
年　月　日</td></tr>
<tr><td>附送资料</td><td colspan="2"></td></tr>
<tr><td colspan="3">以　下　由　税　务　机　关　填　写</td></tr>
<tr><td rowspan="4">基层国税机
关初审情况</td><td>企业纳税信誉等级：</td><td rowspan="4">准予延期税款：
准予延期期限：
经办人：
负责人：
局长：　（章）
年　月　日</td></tr>
<tr><td>有无存在税收违法行为尚未处理：</td></tr>
<tr><td>年内有无发生新欠尚未清缴：</td></tr>
<tr><td>企业所有开户银行存款余额：</td></tr>
<tr><td>县（区）国税局审批意见</td><td>设区市国税局审批意见</td><td>省国税局审批意见</td></tr>
<tr><td>准予延期税款：
准予延期期限：
经办人：
负责人：
局长：
（章）
年　月　日</td><td>准予延期税款：
准予延期期限：
经办人：
负责人：
局长：
（章）
年　月　日</td><td>准予延期税款：
准予延期期限：
经办人：
负责人：
局长：
（章）
年　月　日</td></tr>
</table>

(三)税款征收凭据

税务机关征收税款时，必须给纳税人开具完税凭证。扣缴义务人代扣、代收税款时，纳税人要求扣缴义务人开具代扣、代收税款凭证的，扣缴义务人应当开具。

四、核定征收税款的情形

纳税人有下列情形之一的，税务机关有权核定其应纳税额：

1.依照法律、行政法规的规定可以不设置账簿的；

2.依照法律、行政法规的规定应当设置但未设置账簿的；

3.擅自销毁账簿或者拒不提供纳税资料的；

4.虽设置账簿，但账目混乱或者成本资料、收入凭证、费用凭证残缺不全，难以查账的；

5.发生纳税义务，未按照规定的期限办理纳税申报，经税务机关责令限期申报，逾期仍不申报的；

6.纳税人申报的计税依据明显偏低，又无正当理由的。

税务机关核定应纳税额的具体程序和方法由国务院税务主管部门规定。

五、未办理税务登记企业税款如何缴纳

对未按照规定办理税务登记的从事生产、经营的纳税人以及临时从事经营的纳税人，由税务机关核定其应纳税额，责令缴纳；不缴纳的，税务机关可以扣押其价值相当于应纳税款的商品、货物。扣押后缴纳应纳税款的，税务机关必须立即解除扣押，并归还所扣押的商品、货物；扣押后仍不缴纳应纳税款的，经县以上税务局(分局)局长批准，依法拍卖或者变卖所扣押的商品、货物，以拍卖或者变卖所得抵缴税款。

六、税收保全措施

(一)何谓税收保全措施

税务机关有根据认为从事生产、经营的纳税人有逃避纳税义务行为的，可以在规定的纳税期之前，责令限期缴纳应纳税款；在限期内发现纳税人有明显的转移、隐匿其应纳税的商品、货物以及其他财产或者应纳税的收入的迹象的，税务机关可以责成纳税人提供纳税担保。如果纳税人不能提供纳税担保，经县以上税务局(分局)局长批准，税务机关可以采取下列税收保全措施：

1.书面通知纳税人开户银行或者其他金融机构冻结纳税人的金额相当于应纳税款的存款；

2.扣押、查封纳税人的价值相当于应纳税款的商品、货物或者其他财产。

(二)税收保全措施解除或实施

纳税人在前款规定的限期内缴纳税款的，税务机关必须立即解除税收保全措施；限期期满仍未缴纳税款的，经县以上税务局(分局)局长批准，税务机关可以书面通知纳税人开户银行或者其他金融机构从其冻结的存款中扣缴税款，或者依法拍卖或者变卖所扣押、查封的商品、货物或者其他财产，以拍卖或者变卖所得抵缴税款。

(三)注意

个人及其所扶养家属维持生活必需的住房和用品,不在税收保全措施的范围之内。

纳税人在限期内已缴纳税款,税务机关未立即解除税收保全措施,使纳税人的合法利益遭受损失的,税务机关应当承担赔偿责任。

七、税收强制执行措施

(一)税收强制执行措施

从事生产、经营的纳税人、扣缴义务人未按照规定的期限缴纳或者解缴税款,纳税担保人未按照规定的期限缴纳所担保的税款,由税务机关责令限期缴纳,逾期仍未缴纳的,经县以上税务局(分局)局长批准,税务机关可以采取下列强制执行措施:

1. 书面通知其开户银行或者其他金融机构从其存款中扣缴税款;

2. 扣押、查封、依法拍卖或者变卖其价值相当于应纳税款的商品、货物或者其他财产,以拍卖或者变卖所得抵缴税款。

(二)税收强制执行措施的实施

税务机关扣押商品、货物或者其他财产时,必须开付收据;查封商品、货物或者其他财产时,必须开付清单。

税务机关采取强制执行措施时,对前款所列纳税人、扣缴义务人、纳税担保人未缴纳的滞纳金同时强制执行。

(三)注意

税务机关采取税收保全措施和强制执行措施必须依照法定权限和法定程序,不得查封、扣押纳税人个人及其所扶养家属维持生活必需的住房和用品。

八、欠缴税款的责任和义务

(一)欠缴税款需要出境的

欠缴税款的纳税人或者他的法定代表人需要出境的,应当在出境前向税务机关结清应纳税款、滞纳金或者提供担保。未结清税款、滞纳金,又不提供担保的,税务机关可以通知出境管理机关阻止其出境。

(二)税收的地位

1. 税务机关征收税款,税收优先于无担保债权,法律另有规定的除外。

2. 纳税人欠缴的税款发生在纳税人以其财产设定抵押、质押或者纳税人的财产被留置之前的,税收应当先于抵押权、质权、留置权执行。

3. 纳税人欠缴税款,同时又被行政机关决定处以罚款、没收违法所得的,税收优先于罚款、没收违法所得。

税务机关应当对纳税人欠缴税款的情况定期予以公告。

欠缴税款数额较大的纳税人在处分其不动产或者大额资产之前,应当向税务机关报告。

欠缴税款的纳税人因怠于行使到期债权,或者放弃到期债权,或者无偿转让财产,或者以明显不合理的低价转让财产而受让人知道该情形,对国家税收造成损害的,税务机关可以依照合同法第七十三条、第七十四条的规定行使代位权、撤销权。

税务机关依照前款规定行使代位权、撤销权的,不免除欠缴税款的纳税人尚未履行的纳税义务和应承担的法律责任。

九、税款多缴情况的处理

纳税人超过应纳税额缴纳的税款,税务机关发现后应当立即退还;纳税人自结算缴纳税款之日起 3 年内发现的,可以向税务机关要求退还多缴的税款并加算银行同期存款利息,税务机关及时查实后应当立即退还;涉及从国库中退库的,依照法律、行政法规有关国库管理的规定退还。

十、少缴税款情况的处理及其法律责任

1. 因税务机关的责任,致使纳税人、扣缴义务人未缴或者少缴税款的,税务机关在 3 年内可以要求纳税人、扣缴义务人补缴税款,但是不得加收滞纳金。

2. 因纳税人、扣缴义务人计算错误等失误,未缴或者少缴税款的,税务机关在 3 年内可以追征税款、滞纳金;有特殊情况的,追征期可以延长到 5 年。

3. 对偷税、抗税、骗税的,税务机关追征其未缴或者少缴的税款、滞纳金或者所骗取的税款,不受前款规定期限的限制。

第四节　法律责任

一、违反税务管理基本规定行为的处罚

(一)根据《中华人民共和国税收征收管理法》(以下简称《征管法》)第六十条及其细则第九十条规定:“纳税人有下列行为之一的,由税务机关责令限期改正,可以处2 000元以下的罚款;情节严重的,处2 000元以上1万元以下的罚款”:

1.未按照规定的期限申报办理税务登记、变更或者注销登记的;

2.未按照规定设置、保管账簿或者保管记账凭证和有关资料的;

3.未按照规定将财务、会计制度或者财务、会计处理办法和会计核算软件报送税务机关备查的;

4.未按照规定将其全部银行账号向税务机关报告的;

5.未按照规定安装、使用税控装置,或者损毁或擅自改动税控装置的;

6.纳税人未按照规定办理税务登记证件验证或者换证手续的。

(二)纳税人不办理税务登记的,由税务机关责令限期改正;逾期不改正的,由工商行政管理机关吊销其营业执照。

(三)纳税人未按照规定使用税务登记证件,或者转借、涂改、损毁、买卖、伪造税务登记证件的,处2 000元以上1万元以下的罚款;情节严重的,处1万元以上5万元以下的罚款。

二、扣缴义务人违反账簿、凭证管理的处罚

《征管法》第六十一条规定:“扣缴义务人未按照规定设置、保管代扣代缴、代收代缴税款账簿或者保管代扣代缴、代收代缴税款记账凭证及有关资料的,由税务机关责令限期改正,可以处2 000元以下的罚款;情节严重的,处2 000元以上5 000元以下的罚款。”

三、纳税人、扣缴义务人未按规定进行纳税申报的法律责任

《征管法》第六十二条规定:“纳税人未按照规定的期限办理纳税申报和报送纳税资料的,或者扣缴义务人未按照规定的期限向税务机关报送代扣代缴、代收

代缴税款报告表和有关资料的,由税务机关责令限期改正,可以处 2 000 元以下的罚款;情节严重的,可以处 2 000 元以上 1 万元以下的罚款。"

四、对偷税的认定及其法律责任

(一)《征管法》第六十三条规定:"纳税人伪造、变造、隐匿、擅自销毁账簿、记账凭证,或者在账簿上多列支出或者不列、少列收入,或者经税务机关通知申报而拒不申报或者进行虚假的纳税申报,不缴或者少缴应纳税款的,是偷税。对纳税人偷税的,由税务机关追缴其不缴或者少缴的税款、滞纳金,并处不缴或者少缴的税款 50%以上 5 倍以下的罚款;构成犯罪的,依法追究刑事责任。"

"扣缴义务人采取前款所列手段,不缴或者少缴已扣、已收税款,由税务机关追缴其不缴或者少缴的税款、滞纳金,并处不缴或者少缴的税款 50%以上 5 倍以下的罚款;构成犯罪的,依法追究刑事责任。"

(二)《中华人民共和国刑法》(以下简称《刑法》)第二百零一条规定:"纳税人采取伪造、变造、隐匿、擅自销毁账簿、记账凭证,在账簿上多列支出或者不列、少列收入,经税务机关通知申报而拒不申报或者进行虚假的纳税申报的手段,不缴或者少缴应纳税款,偷税数额占应纳税额的 10%以上不满 30%并且偷税数额在 1 万元以上不满 10 万元的,或者因偷税被税务机关给予二次行政处罚又偷税的,处 3 年以下有期徒刑或者拘役,并处偷税数额 1 倍以上 5 倍以下罚金;偷税数额占应纳税额的 30%以上并且偷税数额在 10 万元以上的,处 3 年以上 7 年以下有期徒刑,并处偷税数额 1 倍以上 5 倍以下罚金。"

"扣缴义务人采取前款所列手段,不缴或者少缴已扣、已收税款,数额占应缴税额的 10%以上并且数额在 1 万元以上的,依照前款的规定处罚。"

"对多次犯有前两款行为,未经处理的,按照累计数额计算。"

五、进行虚假申报或不进行申报行为的法律责任

《征管法》第六十四条规定:"纳税人、扣缴义务人编造虚假计税依据的,由税务机关责令限期改正,并处 5 万元以下的罚款。"

"纳税人不进行纳税申报,不缴或者少缴应纳税款的,由税务机关追缴其不缴或者少缴的税款、滞纳金,并处不缴或者少缴税款 50%以上 5 倍以下的罚款。"

六、逃避追缴欠税的法律责任

《征管法》第六十五条规定:"纳税人欠缴应纳税款;采取转移或者隐匿财产

的手段，妨碍税务机关追缴欠缴的税款的，由税务机关追缴欠缴的税款、滞纳金，并处欠缴税款 50%以上 5 倍以下的罚款；构成犯罪的，依法追究刑事责任。”

《刑法》第二百零三条规定：“纳税人欠缴应纳税款，采取转移或者隐匿财产的手段，致使税务机关无法追缴欠缴的税款，数额在 1 万元以上不满 10 万元的，处 3 年以下有期徒刑或者拘役，并处或者单处欠缴税款 1 倍以上 5 倍以下罚金；数额在 10 万元以上的，处 3 年以上 7 年以下有期徒刑，并处欠缴税款 1 倍以上 5 倍以下罚金。”

七、骗取出口退税的法律责任

《征管法》第六十六条规定：“以假报出口或者其他欺骗手段，骗取国家出口退税款的，由税务机关追缴其骗取的退税款，并处骗取税款 1 倍以上 5 倍以下的罚款；构成犯罪的，依法追究刑事责任。”

对骗取国家出口退税款的，税务机关可以在规定期间内停止为其办理出口退税。

《刑法》第二百零四条规定：“以假报出口或者其他欺骗手段，骗取国家出口退税款，数额较大的，处 5 年以下有期徒刑或者拘役，并处骗取税款 1 倍以上 5 倍以下罚金；数额巨大或者有其他严重情节的，处 5 年以上 10 年以下有期徒刑，并处骗取税款 1 倍以上 5 倍以下罚金；数额特别巨大或者有其他特别严重情节的，处 10 年以上有期徒刑或者无期徒刑，并处骗取税款 1 倍以上 5 倍以下罚金或者没收财产。”

八、抗税的法律责任

《征管法》第六十七条规定：“以暴力、威胁方法拒不缴纳税款的，是抗税，除由税务机关追缴其拒缴的税款、滞纳金外，依法追究刑事责任。情节轻微，未构成犯罪的，由税务机关追缴其拒缴的税款、滞纳金，并处拒缴税款 1 倍以上 5 倍以下的罚款。”

《刑法》第二百零二条规定：“以暴力、威胁方法拒不缴纳税款的，处 3 年以下有期徒刑或者拘役，并处拒缴税款 1 倍以上 5 倍以下罚金；情节严重的，处 3 年以上 7 年以下有期徒刑并处拒缴税款 1 倍以上 5 倍以下罚金。”

九、在规定期限内不缴或者少缴税款的法律责任

《征管法》第六十八条规定：“纳税人、扣缴义务人在规定期限内不缴或者

少缴应纳或者应解缴的税款，经税务机关责令限期缴纳，逾期仍未缴纳的，税务机关除依照本法第四十条规定采取强制执行措施追缴其不缴或者少缴的税款外，可以处不缴或者少缴税款50%以上5倍以下的罚款。”

十、扣缴义务人不履行扣缴义务的法律责任

《征管法》第六十九条规定：“扣缴义务人应扣未扣、应收而不收税款的，由税务机关向纳税人追缴税款，对扣缴义务人处应扣未扣、应收未收税款50%以上3倍以下的罚款。”

十一、不配合税务机关依法检查的法律责任

(一)《征管法》第七十条规定：“纳税人、扣缴义务人逃避、拒绝或者以其他方式阻挠税务机关检查的，由税务机关责令改正，可以处1万元以下的罚款；情节严重的，处1万元以上5万元以下的罚款。”

逃避、拒绝或者以其他方式阻挠税务机关检查的情形：

1. 提供虚假资料，不如实反映情况，或者拒绝提供有关资料的；

2. 拒绝或者阻止税务机关记录、录音、录像、照相和复制与案件有关的情况和资料的；

3. 在检查期间，纳税人、扣缴义务人转移、隐匿、销毁有关资料的。

4. 有不依法接受税务机关检查的其他情形的。

(二)税务机关依照《征管法》第五十四条第(五)项的规定：“到车站、码头、机场、邮政企业及其分支机构检查纳税人有关情况时，有关单位拒绝的，由税务机关责令改正，可以处1万元以下的罚款；情节严重的，处1万元以上5万元以下的罚款。”

十二、非法印制发票的法律责任

(一)《征管法》第七十一条规定：“违反本法第二十二条规定，非法印制发票的，由税务机关销毁非法印制的发票，没收违法所得和作案工具，并处1万元以上5万元以下的罚款；构成犯罪的，依法追究刑事责任。”

(二)《刑法》第二百零六条规定：“伪造或者出售伪造的增值税专用发票的，处3年以下有期徒刑、拘役或者管制，并处2万元以上20万元以下罚金；数量较大或者有其他严重情节的，处3年以上10年以下有期徒刑，并处5万元以上50万元以下罚金；数量巨大或者有其他特别严重情节的，处10年以上有期徒刑或

者无期徒刑，并处 5 万元以上 50 万元以下罚金或者没收财产。"

"伪造并出售伪造的增值税专用发票，数量特别巨大，情节特别严重，严重破坏经济秩序的，处无期徒刑或者死刑，并处没收财产。"

"单位犯本条规定之罪的，对单位判处罚金，并对其直接负责的主管人员和其他直接责任人员，处 3 年以下有期徒刑、拘役或者管制；数量较大或者有其他严重情节的，处 3 年以上 10 年以下有期徒刑；数量巨大或者有其他特别严重情节的，处 10 年以上有期徒刑或者无期徒刑。"

（三）《刑法》第二百零九条规定："伪造、擅自制造或者出售伪造、擅自制造的可以用于骗取出口退税、抵扣税款的其他发票的，处 3 年以下有期徒刑、拘役或者管制，并处 2 万元以上 20 万元以下罚金；数量巨大的，处 3 年以上 7 年以下有期徒刑，并处 5 万元以上 50 万元以下罚金；数量特别巨大的，处 7 年以上有期徒刑，并处 5 万元以上 50 万元以下罚金或者没收财产。"

"伪造、擅自制造或者出售伪造、擅自制造的前款规定以外的其他发票的处 2 年以下有期徒刑、拘役或者管制，并处或者单处 1 万元以上 5 万元以下罚金；情节严重的，处 2 年以上 7 年以下有期徒刑，并处 5 万元以上 50 万元以下罚金。"

（四）非法印制、转借、倒卖、变造或者伪造完税凭证的，由税务机关责令改正，处 2 000 元以上 1 万元以下的罚款；情节严重的，处 1 万元以上 5 万元以下的罚款；构成犯罪的，依法追究刑事责任。

十三、有税收违法行为而拒不接受税务机关处理的法律责任

《征管法》第七十二条规定："从事生产、经营的纳税人、扣缴义务人有本法规定的税收违法行为，拒不接受税务机关处理的，税务机关可以收缴其发票或者停止向其发售发票。"

十四、银行及其他金融机构拒绝配合税务机关依法执行职务的法律责任

（一）银行和其他金融机构未依照《征管法》的规定在从事生产、经营的纳税人的账户中登录税务登记证件号码，或者未按规定在税务登记证件中登录从事生产、经营的纳税人的账户账号的，由税务机关责令其限期改正，处 2 000 元以上 2 万元以下的罚款；情节严重的处 2 万元以上 5 万元以下的罚款。

（二）为纳税人、扣缴义务人非法提供银行账户、发票、证明或者其他方便，导致未缴、少缴税款或者骗取国家出口退税款的，税务机关除没收其违法所得外，

可以处未缴、少缴或者骗取的税款1倍以下的罚款。

(三)《征管法》第七十三条规定："纳税人、扣缴义务人的开户银行或者其他金融机构拒绝接受税务机关依法检查纳税人、扣缴义务人存款账户，或者拒绝执行税务机关做出的冻结存款或者扣缴税款的决定，或者在接到税务机关的书面通知后帮助纳税人、扣缴义务人转移存款，造成税款流失的，由税务机关处10万元以上50万元以下的罚款，对直接负责的主管人员和其他直接责任人员处1 000元以上1万元以下的罚款。"

十五、擅自改变税收征收管理范围的法律责任

《征管法》第七十六条规定："税务机关违反规定擅自改变税收征收管理范围和税款入库预算级次的，责令限期改正对直接负责的主管人员和其他直接责任人员依法给予降级或者撤职的行政处分。"

十六、不移送的法律责任

《征管法》第七十七条规定："纳税人、扣缴义务人有本法规定的第六十三条、第六十五条、第六十六条、第六十七条、第七十一条规定的行为涉嫌犯罪的，税务机关应当依法移交司法机关追究刑事责任。"

"税务人员徇私舞弊，对依法应当移交司法机关追究刑事责任的不移交，情节严重的，依法追究刑事责任。"

十七、税务人员不依法行政的法律责任

《征管法》第八十条规定："税务人员与纳税人、扣缴义务人勾结，唆使或者协助纳税人、扣缴义务人有本法第六十三条、第六十五条、第六十六条规定的行为，构成犯罪的，按照《刑法》关于共同犯罪的规定处罚；尚不构成犯罪的，依法给予行政处分。"

"税务人员私分扣押、查封的商品、货物或者其他财产，情节严重，构成犯罪的，依法追究刑事责任；尚不构成犯罪的，依法给予行政处分。"

十八、渎职行为的法律责任

(一)《征管法》第八十一条规定："税务人员利用职务上的便利，收受或者索取纳税人、扣缴义务人财物或者谋取其他不正当利益，构成犯罪的，依法追究刑事责任；尚不构成犯罪的，依法给予行政处分。"

(二)《征管法》第八十二条规定:“税务人员徇私舞弊或者玩忽职守,不征收或者少征应征税款,致使国家税收遭受重大损失,构成犯罪的,依法追究刑事责任;尚不构成犯罪的,依法给予行政处分。”

“税务人员滥用职权,故意刁难纳税人、扣缴义务人的,调离税收工作岗位,并依法给予行政处分。”

“税务人员对控告、检举税收违法违纪行为的纳税人、扣缴义务人以及其他检举人进行打击报复,依法给予行政处分;构成犯罪的,依法追究刑事责任。”

(三)《刑法》第四百零四条规定:“税务机关的工作人员徇私舞弊,不征或者少征应征税款,致使国家税收遭受重大损失的,处 5 年以下有期徒刑或者拘役;造成特别重大损失的,处 5 年以上有期徒刑。”

(四)《刑法》第四百零五条规定:“税务机关的工作人员违反法律、行政法规的规定,在办理发售发票、抵扣税款、出口退税工作中,徇私舞弊,致使国家利益遭受重大损失的,处 5 年以下有期徒刑或者拘役;致使国家利益遭受特别重大损失的,处 5 年以上有期徒刑。”

十九、不按规定征收税款的法律责任

《征管法》第八十三条规定:“违反法律、行政法规的规定提前征收、延缓征收或者摊派税款的,由其上级机关或者行政监察机关责令改正,对直接负责的主管人员和其他直接责任人员依法给予行政处分。”

《征管法》第八十四条规定:“违反法律、行政法规的规定,擅自作出税收的开征、停征或者减税、免税、退税、补税以及其他同税收法律、行政法规相抵触的决定的,除依照本法规定撤销其擅自作出的决定外,补征应征未征税款,退还不用征收而征收的税款,并由上级机关追究直接负责的主管人员和其他直接责任人员的行政责任;构成犯罪的,依法追究刑事责任。”

此外,《征管法》第七十四条还对行政处罚的权限作出了规定,指出:“罚款额在 2 000 元以下的,可以由税务所决定。”

二十、违反税务代理的法律责任

税务代理人违反税收法律、行政法规,造成纳税人未缴或者少缴税款的,除由纳税人缴纳或者补缴应纳税款、滞纳金外,对税务代理人处纳税人未缴或者少缴税款 50%以上 3 倍以下的罚款。

第五节　年所得12万元以上个人所得税自行申报指南

根据我国税法规定，每年1月1日至3月31日，上年年所得超过12万元的个人要向主管税务机关办理个人所得税自行申报。地税机关提醒相关纳税人及时办理个人所得税自行申报。

一、"年所得12万元以上"是指什么？

年所得12万元以上，是指纳税人在一个纳税年度取得以下各项所得的合计数额达到12万元，具体为：

（一）工资、薪金所得：是指未减除费用（每月3 500元）及附加减除费用（每月1 300元）的收入额。

上述减除费用，是指在工资薪金所得个人所得税计算过程中的扣除标准，人们常说的"月收入3 500元以上才要缴个人所得税"，实际上指的就是这个。附加减除费用主要适用于外籍个人、华侨和香港、澳门、台湾同胞以及在中国境内有住所而在中国境外任职或者受雇取得工资、薪金所得的个人。实践中最常见的情况是，中方员工计算个人所得税时扣除的是3 500元，而外籍员工则是扣除4 800元（3 500+1 300）。

（二）个体工商户的生产、经营所得：按照年度应纳税所得额计算。

（三）对企事业单位的承包经营、承租经营所得：按照每一纳税年度的收入总额计算。

（四）劳务报酬所得、稿酬所得、特许权使用费所得：均指未减除法定费用（每次800元或者每次收入的20%）的收入额。

（五）财产租赁所得：指未减除法定费用（每次800元或者每次收入的20%）和修缮费用的收入额。

（六）财产转让所得：按照应纳税所得额计算，即按照以转让财产的收入额减除财产原值和转让财产过程中缴纳的税金及有关合理费用后的余额计算。

（七）利息、股息、红利所得，偶然所得和其他所得：按照收入额全额计算。

上述"所得"的统计口径，均为纳税人于当年1月1日至12月31日期间实际取得的所得，而不论所取得的是所属何时的所得，如补发往年、预发下年等。

往年预发当年、以后年度补发当年等收入,均不计入当年所得中。

二、哪些收入可以不计算在年所得内?

可以不计算在年所得中的收入主要包括:

(一)省级人民政府、国务院部委和中国人民解放军军以上单位,以及外国组织、国际组织颁发的科学、教育、技术、文化、卫生、体育、环境保护等方面的奖金;

(二)国债和国家发行的金融债券利息;

(三)按照国家统一规定发给的补贴、津贴;

(四)福利费、抚恤金、救济金;

(五)保险赔款;

(六)军人的转业费、复员费;

(七)按照国家统一规定发给干部、职工的安家费、退职费、退休工资、离休工资、离休生活补助费;

(八)依照我国有关法律规定应予免税的各国驻华使馆、领事馆的外交代表、领事官员和其他人员的所得;

(九)中国政府参加的国际公约、签订的协议中规定免税的所得;

(十)在中国境内无住所,但是居住1年以上5年以下的个人,其来源于中国境外,且由境外支付的所得(应经主管税务机关批准);

(十一)按照国家规定单位为个人缴付和个人缴付的基本养老保险费、基本医疗保险费、失业保险费、住房公积金(简称"三险一金")。

【例8-1】 2012年,某纳税人全年取得工资收入160 000元,稿酬所得8 000元,偶然所得12 000元,个人按照规定缴纳了"三险一金"15 000元,单位按照规定为个人缴付"三险一金"30 000元,则这个纳税人应申报的年所得为165 000元。具体计算过程是:工资收入160 000元-个人按照规定缴纳的"三险一金"15 000元+稿酬所得8 000元+偶然所得12 000元。单位为个人缴付的"三险一金"30 000元(未计入个人工资收入)不需计入年所得,个人按照规定缴纳的"三险一金"15 000元可以从工资收入中剔除。

【例8-2】 孙女士是某科研所研究人员,2012年取得工资薪金收入140 000元,提供劳务获得劳务费收入20 000元,省政府发放科技进步奖5 000元,购买国债获得利息收入5 000元,个人按照规定缴纳了"三险一金"13 000元,单位按照规定为个人缴付"三险一金"26 000元,赵女士应按多少收入申报其2012年年度收入总额?

分析：孙女士 2012 年应申报的年所得为 147 000 元。具体计算过程是：工资薪金收入 140 000 元＋劳务费收入 20 000 元－个人按照规定缴纳了“三险一金”13 000 元。国债利息收入 5 000 元、省政府发放科技进步奖 5 000 元，免纳个人所得税，不需计入年所得，单位为个人缴付的“三险一金”26 000 元（未计入个人工资收入）不需计入年所得，个人按照规定缴纳的“三险一金”13 000 元可以从工资收入中剔除。

三、已经如实按期缴纳了个人所得税，为什么第二年初还要再申报一次？是还要再收一次税吗？

这是一些纳税人对年所得 12 万元以上的个人所得税自行申报的误解。12 万元自行申报不等于再缴一次个人所得税。年初的这项申报义务，本质上可以视为纳税人就上年度所得向税务机关做的一个“声明”，告知税务机关我取得了这些收入，并已经按规定完税。当然，此项申报也起到了拾遗补漏的作用，少缴的税可以补缴，减少了纳税人的涉税风险；多缴的税可以确认并退税、抵税等，也避免了纳税人的损失。

四、在哪里办理年所得 12 万元以上自行申报？

（一）在中国境内有任职、受雇单位的，向任职、受雇单位所在地主管税务机关申报。

（二）在中国境内有两处或者两处以上任职、受雇单位的，选择并固定向其中一处单位所在地主管税务机关申报。

（三）在中国境内无任职、受雇单位，年所得项目中有个体工商户的生产、经营所得或者对企事业单位的承包经营、承租经营所得（以下统称生产、经营所得）的，向其中一处实际经营所在地主管税务机关申报。

（四）在中国境内无任职、受雇单位，年所得项目中无生产、经营所得的，向户籍所在地主管税务机关申报。在中国境内有户籍，但户籍所在地与中国境内经常居住地不一致的，选择并固定向其中一地主管税务机关申报。在中国境内没有户籍的，向中国境内经常居住地主管税务机关申报。

【例 8-3】 林先生在 A 房地产公司任职，同时他还利用业余时间为其他单位提供一些劳务，其取得的年所得超过了 12 万元，林先生应该向 A 房地产公司所在地主管地方税务机关进行申报。

五、如何到办税服务厅办理自行申报手续?

申报时需要准备分项目年所得及已缴纳税款等数据和本人有效身份证件原件(如果委托他人代为申报,须携带纳税人本人及委托人的有效身份证件、委托协议),按以下步骤进行申报:

(1)在办税服务厅领取《自然人基本信息采集(维护)表》和《个人所得税纳税申报表(适用于年所得 12 万元以上的纳税人申报)》;

(2)填写完毕后,送交给办税服务厅工作人员;

(3)领取地税机关加盖的申报表回执联;

(4)如需要补缴税款,补缴税款并领取完税凭证(具体见本节第八部分)。

个人有效身份证件,主要有中国公民的居民身份证、华侨和外籍人员的护照、港澳台同胞的回乡证、中国人民解放军的军人身份证件等。

六、如何在网上办理自行申报手续?

如果您已经向主管税务机关办理过基本信息采集,且本次申报不涉及补税和退税的,可以按以下步骤办理网上申报:

(1)登录各地地税局网站,点击“纳税申报”进入自然人申报窗口;

(2)登录自然人申报窗口输入纳税人的身份证件号码(或登记号)及登录密码;

(3)维护并确认《自然人基本信息采集(维护)表》中内容无误;

(4)点击“按年申报”,在线填写《个人所得税纳税申报表(适用于年所得 12 万元以上的纳税人申报)》;

(5)提交申报表完成本次申报。

注:如没有办理过基本信息采集,或基本信息发生变动,或涉及补税或退税的纳税人,需到主管税务机关办税服务厅进行纳税申报。

七、自行申报时要报送哪些资料?

纳税人需要根据一个纳税年度内的所得、应纳税额、已缴(扣)税额、抵免(扣)税额、应补(退)税额等情况,如实填写并报送《个人所得税纳税申报表(适用于年所得 12 万元以上的纳税人申报)》和个人有效身份证件复印件。

八、如果有税款需要补缴的，该怎么办？

(1)缴纳现金：直接以缴纳现金的方式在办税服务厅完税，并领取完税凭证。

(2)POS 机刷卡：以“刷卡转账”的方式在办税服务厅完税，并领取完税凭证。

(3)指定账户扣税：在网上申报通过指定账户扣税后，可至主管税务机关领取完税证明或在网上打印扣款凭证。

目前除授权委托单位代理申报可支持指定账户扣税，其余需补税的个人尚不支持指定账户扣税功能。

九、可以委托他人办理申报吗？

纳税人可以委托有税务代理资质的中介机构或者他人代为办理纳税申报。目前主要采取纳税人授权任职单位、由任职单位代纳税人向主管税务机关申报的方式，并可以在网上办理。

十、有没有辅助申报工具让申报工作变得简单？

税务局开发了年所得 12 万元以上个人所得税自行申报辅助软件，可以点击下载、使用。这个软件可以根据纳税人所在单位今年已经扣缴申报的个人所得税数据和本次填报的数据自动生成一张《个人所得税纳税申报表》，纳税人核对无误后，通过网上办税服务厅上传提交后即可完成申报(注：须先在实体办税服务厅办理基本信息采集并领取网上办税服务厅登录密码。以前年度进行过年所得 12 万元以上个人所得税自行申报的可以直接使用)。

十一、没有按期申报该负哪些法律责任？

年所得 12 万元以上的纳税人，如果没有在纳税申报期内办理纳税申报，根据《征管法》第六十二条的规定：“由税务机关责令限期改正，可以处 2 000 元以下的罚款；情节严重的，可以处 2 000 元以上 1 万元以下的罚款。”另外，按照《征管法》第六十四条第二款的规定：“如果纳税人不进行纳税申报，因此造成不缴或者少缴税款的，由税务机关追缴其不缴或者少缴的税款、滞纳金，并处不缴或者少缴的税款 50%以上 5 倍以下的罚款。”

十二、不如实申报该负哪些法律责任？

如果不如实进行年所得 12 万元以上个人所得税申报，有可能构成偷税。对纳税人偷税的，根据《税收征收管理法》第六十三条的规定："由税务机关追缴其不缴或者少缴的税款、滞纳金，并对其处不缴或者少缴的税款50%以上5倍以下的罚款；涉嫌犯罪的，依法移送司法机关处理。"另外，根据《税收征收管理法》第六十四条第一款的规定："纳税人编造虚假计税依据的，由税务机关责令限期改正，并处5万元以下的罚款。"

主要税法依据：

1.《中华人民共和国税收征收管理法》(第九届全国人民代表大会常务委员会第二十一次会议通过)2001年4月28日

2.《中华人民共和国税收征收管理法实施细则》(国务院令第362号)2002年9月7日

3.《国家税务总局关于贯彻〈中华人民共和国税收征收管理法〉及其实施细则若干具体问题的通知》(国税发〔2003〕47号)2003年4月23日

4.《国家税务总局关于提高增值税和营业税起征点后加强个人所得税征收管理工作的通知》(国税发〔2003〕80号)2003年7月1日

5.《财政部、国家税务总局关于规范个人投资者个人所得税征收管理的通知》(财税〔2003〕158号)2003年7月11日

6.《财政部、国家税务总局关于严格执行个人所得税费用扣除标准和不征税项目的通知》(财税〔2004〕40号)2004年2月6日

7.《纳税担保试行办法》(国家税务总局令第11号)2005年5月24日

8.《国家税务总局关于印发〈税收减免管理办法(试行)〉的通知》(国税发〔2005〕129号)2005年8月3日

9.《关于印发〈个人所得税自行纳税申报办法(试行)〉的通知》(国税发〔2006〕162号)2006年11月6日

10.《国家税务总局关于明确年所得12万元以上自行纳税申报口径的通知》(国税函〔2006〕1200号)2006年12月15日

11.《国家税务总局关于修改年所得12万元以上个人自行纳税申报表的通知》(国税函〔2007〕1087号)2007年11月2日

12.《国家税务总局关于印发〈纳税服务投诉管理办法(试行)〉的通知》(国税发〔2010〕11号)2010年1月21日

13.《中华人民共和国发票管理办法实施细则》(国家税务总局令第25号)2011年2月14日

14.《国家税务总局关于进一步加强高收入者个人所得税征收管理的通知》(国税发〔2010〕54号)2010年5月31日

15.《国家税务总局关于进一步做好个人所得税完税凭证开具工作的通知》(国税发〔2010〕63号)2010年6月28日

参考文献

[1] 庄富怡.阳光下的纳税筹划——个人所得税篇[M].北京:石油工业出版社,2012.

[2] 蔡昌.个人所得税法解读与税收筹划实战[M].北京:中国财政经济出版社,2012.

[3] 庄粉荣.个人财富增值的税收筹划[M].北京:机械工业出版社,2008.

[4] 财政部注册会计师考试委员会办公室.税法[M].北京:经济科学出版社,2013.